▲学然后知不足，在办公室学习

▲ 和老朋友基辛格每年都见面

▼ 在美国前国务卿鲍威尔家的花园里（2013年9月）

▲与日本前首相中曾根（左）、时任日本首相鸠山由纪夫（右）在一起（2009年）

▼和老朋友联合国秘书长潘基文在联合国相见（2012年）

▲ 出席第13届东盟地区论坛合影

▲2013年9月访问美国。从左至右：董建华、哈德利、斯考克罗夫特、李肇星、崔天凯

▼ 接受澳门大学授予的荣誉博士学位（2008年）

▲ 访问尼日利亚

▲与马达加斯加青少年合影

▲在莫斯科和当地孩子们玩耍

▲ 眺望祖国的南海

▼ 西沙是祖国的一部分

▲ 和夫人秦小梅在土耳其

▼ 全家福：我和夫人、儿子儿媳、孙子孙女

▼ 逗孙子（2013年5月）

说不尽的外交

说不尽的外交

李肇星◎著

中信出版社 · CHINACITICPRESS · 北京 ·

图书在版编目（CIP）数据

说不尽的外交 / 李肇星著 . —北京：中信出版社，2014.1（2025.1 重印）
ISBN 978-7-5086-4270-3
I. ①说… II. ①李… III. ①李肇星 – 回忆录 ②外交 – 概况 – 中国 IV. ① K827=7 ② D82
中国版本图书馆 CIP 数据核字（2013）第 237095 号

说不尽的外交

著　　者：李肇星
策划推广：中信出版社（China CITIC Press）
出版发行：中信出版集团股份有限公司
（北京市朝阳区东三环北路 27 号嘉铭中心　邮编　100020）
（CITIC Publishing Group）
承 印 者：河北鹏润印刷有限公司

开　　本：787mm×1092mm　1/16　　插　　页：4
印　　张：22.5　　字　　数：277 千字
版　　次：2014 年 1 月第 1 版　　印　　次：2025 年 1 月第 22 次印刷
书　　号：ISBN 978-7-5086-4270-3 / K · 347
定　　价：58.00 元

目录

第一部分 大国往事

第一章

美国：对手还是朋友

我所接触的美国总统 // 003
与美国国务卿打交道 // 014
在台湾问题上针锋相对 // 025
处理“炸馆事件” // 035
告别“最惠国待遇” // 047
“9·11”事件发生后 // 051
大道无遮拦 // 054

第二章

俄罗斯：莫斯科不相信眼泪

提意见，可以；欺负人，不干 // 057
领导人常来常往，老百姓互谅互让 // 065
苏联为什么会解体 // 071

第三章

法国：埃菲尔铁塔披上“中国红”

我把鹅肝捂坏了 // 079
法国人的礼数真是到家了 // 081

“抽，现在就抽” // 083
“我的飞机问题就是你的台湾问题” // 086

第四章
英国：走出恩怨
帝国虽死余威犹在 // 089
翻译也能化解尴尬 // 090
交涉未必那么正式 // 092
吵架也是一种谈判 // 094
“解禁”只为争取平等 // 095

第二部分　远亲不如近邻

第五章
朝鲜：既友好相处，也实话实说
北大同学：友情虽无价，公私却分明 // 101
六方会谈：劝美国不易，劝朝鲜也难 // 105

第六章
巴基斯坦：不只是喜欢，更是热爱
中巴是哥们儿 // 111
路过一下就行 // 114

第七章
印度：99.9%与0.1%
印度学者：多亏了“当代玄奘”季羡林 // 117
邓小平：印度无须担心来自中国的战争威胁 // 119
毛泽东：我们东方人有团结起来的感情 // 122

第八章

泰国："我们是亲戚"

"中泰一家亲" // 127
没有免费的"晚餐" // 129
海啸无情人有情 // 131

第九章

日本：剪不断理还乱

看日本民族一分为二 // 135
向广岛市民晓之以理 // 137
见小泉首相借古喻今 // 139
与麻生外相"厕所外交" // 139
对日本大使严词"训斥" // 142
谈历史问题寸步不让 // 144

第三部分　穷朋友·好朋友·真朋友

第十章

肯尼亚 7 年：我把青春献给了你

"红卫兵"添乱 // 151
学做外交官 // 152
"秀才"遇上兵 // 156
自负出洋相 // 158
小事见真情 // 160

第十一章

在莱索托当代办：第一次做"一把手"

钱其琛副外长：好好干，没问题 // 163
乔纳森首相：吃饭问题是当务之急 // 166

关宗山二等秘书：我们中国外交官的生活是严肃的 // 167
塞科纪亚外交大臣：这里就是你们的家 // 170
莱齐耶三世：你是莱索托人民的老朋友 // 173

第十二章
非洲七国行：心甘情愿苦亦甜
贝宁：疟疾是这样得上的 // 177
赤道几内亚：石油是这样改变国运的 // 179
几内亚比绍：总统是这样换来换去的 // 181
乍得："邦交国"是这样被争取过来的 // 182
中非：援助是这样送到心坎上的 // 184
厄立特里亚：兄弟是这样成为冤家的 // 185
博茨瓦纳："小康之国"是这样炼成的 // 186

第十三章
阿尔巴尼亚：关系好过头就会出问题
此情难忘 // 189
倾力相助 // 191
兄弟反目 // 192
回归正常 // 194

第十四章
南斯拉夫：一个国家的消亡
欧洲"火药桶" // 197
冷战陪葬品 // 200
对华"一条心" // 202

第十五章
古巴：卡斯特罗为什么能行
哈瓦那感人的一幕 // 207
“吓不怕、压不垮、打不倒的大胡子” // 209
古巴的几个“为什么” // 210

第四部分　多边舞台过招

第十六章
世妇会：为中国妇女事业做点事儿
顶着压力准备 // 219
憋着劲儿开会 // 220
静下心来总结 // 224

第十七章
人权会：中国不是任人捏的软柿子
为的就是争口气 // 227
中国大使好样的 // 229
我在一旁敲边鼓 // 230
美国成了孤家寡人 // 232

第十八章
反恐战：阿富汗人把战争当作一种消遣
“帝国的坟墓” // 235
拉登的基地 // 237
中国的邻居 // 239

第十九章
联合国：文山会海，明争暗斗
问题不少，作用不小 // 241
开会迟到，听会睡觉 // 245
既是讲台，也是舞台 // 249
会费多少，按规矩办 // 251
台湾二字，重如千钧 // 252

第五部分　大事、小事、天下事

第二十章
外交“扩容”：从“非典型肺炎”到“非典型外交”
“非典”惊动全球 // 257
蝗虫不认国界 // 260
事事都有外交 // 261

第二十一章
外交为民：有困难，找使领馆
领事保护：能管尽量管 // 267
解救人质：有勇也有谋 // 268
外交为民：再累也心甘 // 272

第二十二章
人文外交：八仙过海，各显神通
音乐：用音符缔结友好 // 275
熊猫：比大使更受欢迎 // 276
体育：我的“乒乓外交” // 279
语言：英国人也说OK // 280

第二十三章

公共外交：与老百姓面对面

学当发言人 // 283
上好“必修课” // 287
倡导“大外宣” // 292
网聊天下事 // 294
启动开放日 // 300

第六部分 乐在其中

第二十四章

书到用时方恨少

“半瓶醋”也救急 // 305
词源学挺管用 // 307
“不知者”会露怯 // 309
好学者能感人 // 312
“小学生”爱学习 // 313

第二十五章

我的礼仪入门课

饭桌上的学问 // 317
外国人的周到 // 318
领导人的风范 // 319
进行中的改革 // 320

第二十六章

多交朋友，善交朋友

送上门的朋友 // 325
聊出来的朋友 // 326
交出来的朋友 // 327

第二十七章
动口不动手
“忽悠”阿根廷外长 // 329
“偶遇”塞内加尔总统 // 331

第二十八章
来而不往非礼也
在不知不觉中宣传 // 337
在依法依规中送礼 // 338
在意外情况下解围 // 338

第二十九章
外交官的基本功
心里有祖国 // 341
言行守纪律 // 343
语言要学好 // 345
时刻准备着 // 346

后　记　**读者喜欢是我的心愿** // 349

第一部分

大国往事

中国是一个大国，不想称霸，也不谋求势力范围，只是一心一意想着和平发展。尽管如此，中国这么一个热爱和平、重视合作的国家与其他大国相处也不容易，其中的纵横捭阖、波澜壮阔，构成了中国外交大画卷的重要篇章。

第一章　美国：对手还是朋友

中美关系谁不想搞好？“好”，是大多数人的希望，因为作为世界上最大的发展中国家和最大的发达国家，两国没有理由不友好相处。中美关系谁在想搞坏？“坏”，恐怕只是极少数人的心思，但他们的能量不可小视。一路走来，中美关系一直在向前发展，但从未一帆风顺，总是出现这样或那样的问题。

我当过新中国第6任驻美大使，长期参与对美工作，对中美关系有不少亲身感受，有说不完的话……

我所接触的美国总统

多年来，我在工作中与6位美国总统有过交往：他们有的在台上，有的已离任；有的是短时间相处，有的是多年交往；有的是“不打不相识”，有的是一见如故。

尼克松：要当一次店小二

1989 年 10 月，美国前总统尼克松对中国进行友好访问。我陪同尼克松乘飞机去杭州参观，之后坐火车从杭州到上海，在车上我们俩天南海北聊得很愉快。

尼克松不知道是从中国电影还是书本里了解到，中国过去把服务员叫“跑堂的”或“店小二”，白毛巾搭在肩膀上，给人端茶倒水，嘴里吆喝着“楼上请”，就像老舍《茶馆》里演的那样。

那天，尼克松兴致很高，快 80 的老头儿突然萌发童心，笑着对我说：“李先生，我想当一回店小二。”我不想打击他的积极性，便同意和他配合。

就这样，尼克松找了块白毛巾搭在肩上，一手提着水壶，一手拿着茶杯，走到我面前，点头哈腰，客气地说：“先生，请喝水。”我连忙说“谢谢”。然后，他又去为下一位中方陪同人员送水。这是我平生第一次也是唯一一次“享受”总统当服务员的待遇。我喜欢尼克松平易近人的态度和童心未泯的心态，更钦佩他为发展中美关系所做的一切。

在新中国成立以后的较长时间里，中美两国处于冷战对抗状态。美国一直拒绝承认中华人民共和国，阻挠新中国恢复在联合国的合法席位，并派遣第七舰队进入台湾海峡。到了 20 世纪 70 年代，美国深陷越南战争泥潭，在与苏联的全球争霸中处于守势。那时，中国与苏联的关系也十分紧张，苏联在中苏、中蒙边境陈兵百万，对中国安全形成严重威胁。面对这种形势，美国认识到，结束与中国的敌对状态符合其战略利益。

毛泽东主席、周恩来总理通过“乒乓外交”拉开了中美关系改善和发展的历史序幕，然后有了美国总统助理基辛格的秘密访华。1972 年 2 月 21 日，尼克松总统在两国没有外交关系的情况下来华，无疑是一次历史性创举。这次“破冰之旅”实现了中美领导人“跨越太平洋的历史性握手”，标志着“一个时代结束了，另一个时代开始了”。经过曲折和耐心的谈判，两国在2月28日尼克松结束访华时发表了“上海公报”。在周总理举行的欢送宴会上，尼克松不无骄傲地说：“我们访问中国的这一周，是改变世界的一周。”

尼克松访华和“上海公报”的发表开启了中美关系的新篇章，启动了两国关系正常化的进程。尼克松承诺，如果再次当选，他愿在第二任期内实现中美关系正常化。1973年1月，尼克松连任总统。同年7月，中美在对方首都互设联络处，两国关系迈出重要的一步。尼克松因“水门事件”于1974年8月下台，但他关心、支持、推动中美关系的努力一直伴随他走到人生的终点。

不管美国国内如何评价尼克松，作为中美友好交往的开拓者之一，他的名字已载入史册。

卡特：不吵不相知

美国有人对卡特总统的评价是：在任上几无建树，离任后成就非凡。卡特离开白宫后多次参与国际争端的调解，并通过“卡特中心”在发展中国家推进“民主进程”。

起初，卡特对中国的人权政策不理解，总喜欢拿美国的标准来评价中国的人权状况。有一次，我同他争了起来，对他的看法提出异议，说：在中国这样的发展中国家，生存权、发展权才是最大的人权。美国人没有饿过肚子，就理解不了。1960年、1961年我上大学时，最害怕的一件事情就是丢饭票。不丢饭票也常吃不饱，丢了就只能挨饿。失去自主谈民主，饿着肚子谈自由，究竟有多大意义?！难怪中国有人说，你们美国有些政客是站着说话不腰疼。

我和卡特是“不吵不相知”，慢慢成了朋友。有一年，卡特邀请我和夫人秦小梅去他在佐治亚州的庄园做客。他向我们讲述自己种花生和做木匠的经历，他夫人亲自给我们上茶。我呢，就讲起了小时候帮爷爷种花生和拉大锯锯木头的事。听我说到爷爷一会儿要我“别怕弯腰累，小孩子没有腰”，一会儿又说“直起腰来，歇一会儿吧”，卡特总统笑得开心极了。

我离开外交部长的岗位后，和卡特共同参加了南非前总统曼德拉倡议、由前总统或总理以及大学者等组成的“国际长老会”。我官儿最小，年龄最小。2007 年，我们一起去南非约翰内斯堡开会。卡特见到我就说，最新调查显示，日本女性平均寿命为 85 岁，津巴布韦女性平均寿命才 34 岁。这么大的差距说明一个问题，平等是具体的。人人平等只是一个理想，不知道还要过多少年才能实现。瞧，卡特在人权问题上境界大为提高！

有一次，他对我说，中国与美国在人权问题上确有不同看法。如果你在美国的大街上随意采访美国人，问他们就人权而言什么最重要，他们一定会不假思索地说言论自由、集会自由、宗教自由等等。但如果去发展中国家，例如中国，问同样的问题，人们会说“有房子住”、“有一份工作”、“有受教育的权利”、“有医疗保障”等等。可见，对于发达国家和发展中国家的民众而言，他们所理解的人权问题是有很大差异的。通过交流，西方人对中国的某些误解和偏见是可以减少和改变的。

在另一次国际会议后，卡特给我提意见：“李先生，你说的话怎么和中国政府的立场那么一致？你现在不当外交部长了，能不能说一点儿心里话，说一点儿自己的话？”我笑着回敬道：“我说的都是心里话，可能碰巧与中国政府的立场一致。”

玩笑归玩笑，我对卡特是敬重的，因为他在担任总统期间中美实现了建交。1976 年卡特当选总统后表示：“没有什么事态发展比实现中美关系正常化具有更重大的意义。”被誉为谈判能手的美国汽车工会主席伍德科克被卡特派到中国，担任驻华联络处主任，开始了他与中国领导人特别是邓小平的直接沟通。

1978年12月15日，双方终于达成一致，卡特政府接受了中方提出的与台湾“断交”、“废约”、从台湾“撤军”三原则，中美发表联合公报，宣布两国将于1979年1月1日正式建交。这份公报最为重要的一项内容是，明确一个中国原则，美国承认中华人民共和国政府是中国唯一合法政府，这比“上海公报”又进了一大步。建交后不久，邓小平同志应卡特邀请成功访问美国，中美关系进入新阶段。不过，中美建交当年，美国国会就通过了《与台湾关系法》，为以后中美关系的发展设置了又一个障碍。

卡特在2002年获得诺贝尔和平奖，可他说，他一生当中最大的成就是促成了美中建交。事实证明，中美建交是两国关系的历史性飞跃，也是中国对外开放进程中的一件大事。

里根：从敌视到友好

2004年6月11日，我作为胡锦涛主席的特使参加了美国政府在华盛顿国家大教堂为里根前总统举行的国葬仪式。

那一天，华盛顿天空阴沉，细雨绵绵，仿佛也在哀悼里根的逝去。美国总统布什，几位健在的前总统克林顿、老布什、福特、卡特，美国政府各部门高官，美国各界人士及各国贵宾共约4 000人参加了仪式，为里根总统送上最后一程。

上午11点，里根总统的灵柩从国会山运抵教堂，由8名仪仗兵缓缓抬进教堂大厅，灵柩上覆盖着美国国旗。随着唱诗班数十名少年清澈的颂歌响彻教堂，国葬仪式正式开始。英国前首相撒切尔夫人、里根当年的副总统及继任者老布什先后致辞。最后，小布什代表美国政府致悼词。仪式结束后，仪仗兵护送灵柩至停在教堂外的灵车上。这时候，教堂鸣钟40下，以表达对这位第40任美国总统的哀思。

看着里根总统的灵柩，我不禁想起曾陪同他参观西安兵马俑那次快乐旅行，更感慨他的传奇经历。

他是美国历史上第一位由影坛跨入政坛的总统，是当选时年纪最大的总统，也被认为是 20 世纪美国最重要的总统之一。里根上台后，在国内推行减税计划，放宽政府控制，刺激了美国经济增长。据美国朋友说，他改造了共和党保守派，是美国现代保守派的主要政治代表，他的政治理念至今仍对美国政坛有着重要影响。在外交上，美国媒体认为他的外交政策为结束“冷战”奠定了基础。里根以直率、乐观、幽默的个人魅力赢得了美国民众的心，1989 年他离任时的支持率高达 63%，创下了自罗斯福总统以来的最高纪录。

在里根执政时期，中美关系是“低开高走”，用美国人的话说，是“先敌视后友好”。1980 年美国总统大选期间，为赢得选票，里根公开表示，如当选总统，他将与台湾互设“官方联络处”，恢复“官方关系”。里根还承诺，将优先考虑台湾的防御需要。这说明，意识形态色彩浓厚的里根一开始感情上是倾向于“老朋友”台湾的。当选后，里根准备邀请国民党中央委员会秘书长蒋彦士出席就职典礼，打算允许台湾在美国增设“北美事务协调委员会”分支机构，酝酿向台湾出售先进武器。

中美关系面临严峻挑战。邓小平同志明确指示：要同美国开展一场斗争，如果我们不采取强硬政策，肯定今后问题会层出不穷。要准备中美关系倒退到 1973 年互设联络处时的水平，甚至退到 1972 年尼克松访华以前。那个时候，荷兰向台湾出售了两艘潜艇，我们果断地把中荷关系降为代办级，也给了美国人一个警告。

邓小平同志指出，对美斗争要立足于“不怕”，也要讲策略、注意方法。我们原则坚定，策略灵活，多方努力，迫使美方让步，让已经抵达华盛顿的台湾官方人士以因病“住进了医院”为由，没有出席里根就职典礼。后来，双方就售台武器问题进行谈判，并在 1982 年 8 月 17 日发表了中美第三个联合公报，史称“八 · 一七公报”。美国在公报中就对台军售问题向中方做出三项承诺：美国不寻求执行一项长期向台湾出售武器的政策；向台湾出售的武器在性能和数量上将不超过中美建交后近几年供应的水平；逐步减少对台湾的武器出售，并经过一段时间直至最后的解决。

1984 年里根访华是中美关系好转的标志。这一访问推进了两国在各领域的交往与合作。此后，两国关系稳定发展。里根曾把中国称作“战略盟友”。中美开展军事合作被视为里根任内一项有魄力的决定。有美国专家评论说，在里根总统任内，中美关系逐渐进入“蜜月”期。双方高层往来频繁，务实合作得到发展。当时正值中国改革开放的第一个高潮，中美经贸、科技、教育等领域的交流对中国经济建设起到一定的推动作用。

里根在任上为中美关系所做的好事，中国人民不会忘记。

老布什：知子莫若父

老布什总统是第二次世界大战的美国英雄。他那时是美国海军飞行员，在一次对日作战中，他的飞机被日军击中坠毁，他跳伞落到了海里，几天后幸运地获救。有人后来问他：“你哪来这么大的勇气？”他回答：“是为了逃生，因为日本兵打中了我的飞机，我没有勇气就没命了。”他没有豪言壮语，而是实话实说，告诉人们：生命可贵，生存第一。

老布什是中国人民的老朋友。20 世纪 70 年代初他担任美国驻华联络处主任期间，喜欢自己骑着自行车，在北京胡同里转悠。1989 年初就任总统后，他打破惯例，很快就偕夫人来中国访问。访问期间，中方在钓鱼台国宾馆送给他们夫妇的礼物就是自行车，一辆男式的，一辆女式的。

按理说，对中国比较了解和友好的老布什上台后，中美关系应该发展得顺利一些。但是，他访华后不久发生了北京政治风波，美国带头制裁中国，中美关系急转直下，跌入低谷。后来，中美关系又受到冷战结束和美国国内政治的冲击。1992 年美国总统大选期间，老布什为了扭转竞选颓势，争取右翼保守势力的支持，决定向台湾出售 150 架F–16 战斗机。这件损害中国核心利益的事理所当然地受到中国政府和人民的坚决反对。损人未必利己，老布什还是败在克林顿的手下。

国际形势的发展常有一些“想不到”。老布什时期，中美关系有理由更上一层楼，结果却“高开低走”，麻烦不断。

2001 年初，我从驻美国大使的任上调回北京工作。临走前，老布什专门让我坐他的专机到休斯敦家中吃饭。他的大儿子小布什即将就任美国总统，我也想与老布什好好聊聊。

吃饭的时候，老布什说：“我现在是全世界最值得骄傲的父亲。北京有的人是不是对我的儿子当总统有点儿担心？”我说：“没那事儿，对你儿子当选，我们很高兴，也发了贺电。你儿子跟中国是有感情的，在你常驻北京期间他到过中国。”老布什说：“当时他对中国的印象不是太好。”我说：“这也没关系，不少中国人对当时中国的印象也不太好。那时中国在搞‘文化大革命’，社会秩序混乱，经济到了崩溃的边缘。现在我们彻底否定了‘文革’，在集中精力搞经济建设。你儿子如果现在再去中国的话，他的印象肯定会很好。”老布什说：“那就请你转告江泽民主席、转告中国人民两句话，第一句话，世界上没有任何人比我这个当父亲的更加了解自己的儿子，这叫‘知子莫若父’；第二句话就是，我儿子一旦上台，会为发展美中关系而努力，他了解美中关系的重要性。他竞选期间把中国说成是美国的战略竞争者，那是竞选语言，还有好多人说他对中国不好，那不是事实，中方不必担心。”

老布什的国务卿贝克在旁边插话说，新政府不会像克林顿那样凭“民意调查”制定外交政策，不会根据《纽约时报》某篇有关人权问题的社论或文章攻击中国。我开玩笑说：“现在有两个布什总统，我们不好区分，怎么办？”老布什和贝克出了个主意：“以后你给国内写报告时就说

'B–ONE'（B–1）是老布什，'B–TWO'（B–2）指小布什。"我调侃道："那不成了美国两种战略轰炸机吗？"

克林顿："通融"出来的 9 分钟

1998 年 3 月 16 日，我作为新任驻美大使向克林顿递交国书。美国规定，大使作为一个国家的特命全权代表，到任递交国书时，可以检阅美国的五军仪仗队。美国不是三军仪仗队，而是由陆军、空军、海军、海军陆战队、海岸警卫队组成的五军仪仗队。作为大使，我检阅的五军仪仗队每个军种有两个礼兵代表。

根据美国礼宾规定，新任大使向总统递交国书时，可以带夫人和家属，但不能带馆员。我赴任时夫人秦小梅正好在外交部驻香港特派员公署任国际部主任，我的孩子也不在美国，我觉得自己一个人去"吃亏"，便向美国国务院礼宾司提出，我想带一位同事去。礼宾司坚决不同意我另外带人，但"通融"了一下，把总统会见我的时间由 5 分钟延长到 9 分钟。就这样，我在白宫向克林顿总统递交了国书，并与他进行了和其他大使相比时间最长的交谈。那次，在我之前递交国书的是来自人口较少的一个国家的女大使，她带了丈夫、孩子、父母、公婆共十余人，但只与总统交谈约 3 分钟。

"9 · 11"事件前，美国白宫在圣诞夜是对外开放的。按惯例，美国总统当晚会邀请外国驻华盛顿使节到白宫过圣诞节，总统还会与这些使节一一寒暄。国务院礼宾司规定，到白宫过圣诞节的大使不能带同事，但可以带家属。

1998 年圣诞节的时候，我是一个人去的。我从白宫出来时，又看到一位非洲国家的大使带夫人和五个孩子欢欢喜喜到白宫过节。

到了第二年圣诞节，我才带着已经到馆任参赞的夫人以及当时在美国学习的儿子、侄女、侄子到白宫过节。他们都是第一次到白宫，带着好奇和兴奋和美国总统一起过圣诞节，受到克林顿总统夫妇热情接待。事后，我对美方礼宾官员表示感谢并开玩笑说，我可没有打破上述两位大使带的人数纪录。

克林顿属于美国“二战”后“婴儿潮”一代，上台时才47岁，成为仅次于西奥多·罗斯福和肯尼迪的美国历史上第三年轻的总统。克林顿英俊潇洒，能说会道，深受美国选民尤其是女性选民的喜欢。他记性好。据说有一次在白宫与到访的日本首相会谈，可能谈的时间太长，克林顿想调整一下自己的心态，便悄悄写了张纸条，要求参加会谈的美方人员写出最近5任日本首相的名字。日本首相换得比较频繁，任期最短的只有几个月，这在世界上是出了名的。结果，陪同会谈的美国官员都没写全，只有克林顿自己全写出来了。

克林顿执政8年，美国经历了“二战”后最长的经济繁荣期，但中美关系却大起大落，发生了好几件大事，有点儿让人应接不暇。

1993年发生了美国指责中国向伊朗运送化学武器的“银河号”事件，1994年双方围绕美国将人权与最惠国待遇挂钩的问题激烈争吵，1995年李登辉访美给中美关系造成巨大困难，一直延续到1996年。

1997年10月和1998年6月中美两国元首互访，双方决定“致力于建立面向21世纪的建设性战略伙伴关系”，标志着1989年后美国对华制裁政策的终结。然而，“好景”不长，1999年5月发生震惊世界的“炸馆事件”，中美关系受到严重冲击。1999年11月，中美就中国加入世界贸易组织达成协议，美国国会经过数月激烈辩论和反复较量通过了《对华永久正常贸易关系法案》，由克林顿在2000年10月签署成为法律。中美关系在曲折中向前发展，经贸合作发展从此驶入快车道。

我觉得，克林顿对中美关系的最大贡献是支持两国就中国加入世界贸易组织达成协议，推动国会给予中国永久正常贸易关系地位（最惠国待遇）。为解决这个问题，就中方而言，在前方我驻美大使馆刘晓明公使等劳动很辛苦，在后方杨洁篪副外长和商务部副部长龙永图等我的许多年轻战友工作很给力。

小布什：冷雨中的就职典礼

有一次，我应邀在武汉一所著名高校谈国际形势。有同学问我老布什和小布什最大的共同点和不同点是什么。我说，他们最大的不同就是，老布什是父亲，小布什是儿子；他们最大的共同点是，两人都是美国总统，都是为美国利益服务的。

小布什获得了美国历史上的一项冠军和一项亚军。冠军是，小布什是美国历史上首位由最高法院裁决而产生的总统。一项亚军是，他和老布什是美国历史上的第二对父子总统。第一对父子总统是亚当斯父子，他们分别担任美国第2任和第6任总统。

2000年的总统大选堪称美国历史上竞争最为激烈的一次大选。当时我在华盛顿。选举结果当天出不来，原因是小布什与民主党竞争对手、克林顿的副总统戈尔在佛罗里达州票数差距太小，按当地法律规定可以重新计票。两人在全国所得选举人票数差距不大，佛州的选票将决定谁当总统。

按惯例，美国新总统选出后，我国领导人会发贺电。那天江泽民主席从北京亲自打电话到驻美使馆了解情况，我在电话中向江主席详细汇报了美国新总统为什么还定不下来。

佛罗里达重新计票和打官司拖了30多天。最后，联邦最高法院做出裁决，小布什获胜。戈尔不失风度地说，他不同意最高法院的裁决，但接受裁决。没当上总统的戈尔后来致力于环保事业，2007年获得诺贝尔和平奖。

我对小布什印象比较深的一件事情是他的就职典礼。那是2001年1月20日，华盛顿下着小雨，天气寒冷，美方为客人们准备了一件小雨衣，典礼办得庄重、节俭。老布什、克林顿和不少政要都来了。小布什宣誓就任第43任美国总统，并发表就职演说。

我和夫人秦小梅参加了典礼，在寒冷的小雨中坐了两个多小时。秦小梅和同去的几位大使夫人在现场就病倒了，被紧急送往海军陆战队设在白宫的临时医疗站接受治疗。

小布什上台后，不少中国人对中美关系有一定期待。殊不知，小布什的外交理念与其说像他爸老布什，不如说更像里根。他任用了一批强硬的新保守派，一开始就把中国视为“战略竞争者”，并声言要全力协防台湾。后来两国军机在海南岛近海上空发生了“撞机事件”，中国人民极为愤慨。

2001年的“9 · 11”事件迫使美国调整全球战略，谋求加强同中国的合作。2002年10月，小布什邀请江泽民主席到他在得克萨斯州的克劳福德私人牧场做客。总体看，小布什在任8年，中美关系得到改善和发展。美国人普遍认为，由于伊拉克战争，小布什的外交遗产乏善可陈，而稳定发展的中美关系是为数不多的亮点之一。

小布什的国务卿鲍威尔说过这么一句话：中美关系处于30年来的最好时期。一方面，这是客套话，是外交辞令；另一方面，也说明美国在焦头烂额的情况下希望跟中国保持良好关系。对我们来说，中美关系在小布什任上8年避免了大起大落，这对中国外交和国内建设以及世界的和平稳定都是有利的。在同一时期，中国取得了举世瞩目的发展成就。这二者之间是有一定内在联系的。

与美国国务卿打交道

美国国务卿是我们处理中美关系打交道的主要伙伴。美国国务卿的权力比多数国家的外长要大，是美国政治架构里的第 5 号人物，礼宾排序仅次于总统、副总统（兼参议长）、众议长、临时参议长。

基辛格、奥尔布赖特、鲍威尔、赖斯这 4 位国务卿对中美关系的发展都起过重要作用，我和他们有过比较多的交往。

基辛格：被“忽悠”去澳门

基辛格是美国政坛的常青树，著名的战略家。他先后担任过总统国家安全事务助理和国务卿，这在美国历史上是第一人。

基辛格对中美关系的贡献是众所周知的，他是 20 世纪 70 年代初结束中美严重对抗、打开中美关系大门的关键人物之一。1971 年他第一次秘密访华，并于次年陪同尼克松对中国进行历史性的访问，双方谈成著名的“上海公报”。

“上海公报”中有这样一段话：“海峡两岸的中国人都认为只有一个中国，台湾是中国的一部分，美国政府不挑战这一立场。”这一经典表述是基辛格正式提出的。2009 年，一位中国台湾学者问他：“38 年后，您会不会修正这个说法？”基辛格很坚决地说：“不，如果我们现在要重写公报，只会用同样的话表达同样的观点。”

2012 年 1 月，在北京举行的中美二轨高层对话会上，中国人民外交学会副会长陈永龙问基辛格当时是怎么想出那句话的。他说：“这不是我的发明，但我是第一个使用者。当年我和周恩来总理谈判很艰难，我讲的意见周不同意，周提的方案我不同意。我们从北京一直谈到杭州。在西湖时，我想起看过的一份材料，美国国务院两个年轻外交官提出这个表述，但被上级‘枪毙’了。我觉得这个提法也许可行，想不到提出一试，中方就接受了。”对双方来说，有关台湾问题的这个表述是最大公约数。那天晚上我是研讨会有关台湾议题的中方主持人，我利用同基辛格一起去洗手间的机会赞扬他在关键时刻虚心向部下学习，并说："你看，还是毛主席说得好，群众是真正的英雄。"他点头称是。

离开政坛之后，基辛格几十年来一直关注并致力于中美关系的发展，有时在两国领导人之间传递信息，充当中美之间的重要非官方渠道。

2009 年 5 月，我和基辛格一起去参加澳门理工大学校庆。我原先得到的消息说，基辛格表示，李肇星去他就去。我到了澳门后才知道，有人对基辛格说："李肇星已答应去，他希望你也去。"反正我们一起被"忽悠"去了一趟澳门。

演讲前，基辛格抢先向我建议，两人都把演讲费捐给四川汶川地震灾民。基辛格当时虽然已经 86 岁高龄，却坚持要站着发表演讲。他说："现在站着演讲是我唯一的体育运动了。如果我坐着演讲，那就表明我的生命力不行了。"

在基辛格的坚持下，我和他各讲半个小时，各回答问题一刻钟，一共 45 分钟都是站着说话。我在开场白中说，当基辛格博士 1971 年第一次来中国时，我在遥远的非洲工作，根本没想到会和这位传奇式的人物同台。我曾非常仔细地研读了基辛格参与起草的中美"上海公报"，并且告诉自己，要成为一个好外交官，就必须从基辛格身上、从大洋彼岸学很多东西。

2009 年底，基辛格来北京参加中国人民外交学会举办的中美关系研讨会。见到我时，基辛格来了点儿幽默。他说："李先生，你看我的眼睛。我有只眼睛动过手术，现在看不见了。"我安慰他说："是吗？我怎么看不出来？说明你手术做得很成功。"他说："是的，手术的效果很好。我现在只有一只眼睛能看清东西，却得到两个意想不到的收获。一是书法有改进，原来我的字只有我的秘书克里斯能认识，现在大家都能认识了。二是现在精力更集中，看问题更准确了。"我忙笑着说："那恭喜你了。"

有一次，国内有家电视台拍摄了有关基辛格的节目，找到基辛格请他提意见。他友好地拒绝了，很幽默地说："相信中国朋友说的和报道的都会比我本人更好。"

2011 年，基辛格带着他的新著《论中国》①来北京。当他把这本 600 多页的英文书赠给我时，不无调侃地说："李，这本书的作者并不伟大，但你要是能看完它，一定会成为伟大的读者。"

美国人大多坦诚、直率。和美国人打交道不能假客气，如果我说一定会读完你的大作之类的客气话，基辛格也不会相信，不如实话实说。我笑着说："我恐怕难以从头到尾读完，但会仔细阅读我关注的部分，争取当半个或四分之一个'伟大读者'。"这位"伟大的作者"听了很高兴，说他也是忙里偷闲，有选择地读书。

在聊天中，基辛格还问我："李，我一辈子与无数人打过交道，你知道我当国务卿的时候与哪个国家的外长打交道吃过亏吗？"我想了想反问他："苏联外长？"他说："不是，是一个小国的外长。"我说："真想不到你这么精明的人也会吃亏。"他说："高明的外交是让自己得到最大的便宜，同时又让对方能够接受。"

我们之间的友谊一直延续至今。原因之一可能是，多年前我跟他提到他很早就提出的一个观点，那就是，不管是否有苏联存在，中美关系都极为重要。我问他："你怎么这么有远见，那么早就预见到苏联解体？"他说："感谢你还记得我那句话，我很感动。"

我感激他，还有一个小小的原因。我自常驻联合国代表任上奉调回国前，他专门在纽约华尔道夫饭店设宴为我送行，而且特意安排了"西餐中吃"，就是点西餐，但像中国宴会那样上七八道菜，还上了他不喝、只收藏的中国茅台。我说我不喝白酒，他就把餐厅老板叫来，老板说他什么酒都有。我其实什么酒也不喝，便说：我只要青岛啤酒。饭店老板耸耸肩，

① 《论中国》中文版已于 2012 年 10 月由中信出版社出版。——编者注

说青岛啤酒没有。不久，这家饭店便有了青岛啤酒。我无意中为家乡特产做了广告，也多亏基辛格博士给我提供了机会。

奥尔布赖特：14 条领带和 1 条裙子

奥尔布赖特国务卿生于捷克斯洛伐克，后随父亲移居美国，上过大学，做过教授，后来到美国国会当过议员助手，还曾在卡特政府国家安全委员会供职，1992 年总统大选期间担任克林顿的外交顾问。克林顿上台后，奥尔布赖特受到重用，出任美国常驻联合国代表，属“内阁级大使”。

1996 年克林顿竞选连任后，奥尔布赖特担任国务卿，成为美国历史上第一位女国务卿，当时被美国媒体誉为“美国最有权力的女人”。奥尔布赖特以强硬著称，伊拉克人骂她是“蛇一样的女人”。她却得意于这个称呼。有一次，她作为安理会轮值主席要见伊拉克常驻联合国代表，特意戴了一枚蛇形胸针。

1993 至 1995 年，我担任中国常驻联合国代表。当时的美国常驻联合国代表是奥尔布赖特。有一年多的时间里，我们在安理会各保持两项纪录：我是 5 个常任理事国代表中最年轻和唯一能说联合国工作语言之一——中文的，她是学历最高的和安理会 15 个代表中唯一的女性。奥尔布赖特在一篇文章中风趣地写道：那一届安理会由 14 条领带和 1 条裙子组成。

我们交往很多，时间长了，也就很熟悉。她跟我说过一些知心话。有一次她拿出一张几个年轻人合影的老照片给我看。她说，上面一个长得英俊潇洒的小伙子当年喜欢她，可捷克后来成了共产党领导的国家，她随父母来了美国，这事就黄了。还有一次她告诉我，她离婚后按照中国孔子说的，不再嫁人，而且保留夫姓。

那个时候，非洲的索马里发生内战。安理会讨论索马里问题的时候，多数国家主张联合国不要干预。美国不同意，摆出一大堆理由，硬是推动安理会同意派兵。最后，克林顿政府向索马里派了兵，挺一派、打一派。

没过多久，索马里内战的形势发生了变化。被美国人打击的一派占了上风，与美国大兵打起巷战。美军拥有很多高精尖武器，确实很厉害，但打巷战、打“麻雀战”不行。在一次战斗中，索马里一派军阀一下子打死了 18 名美军士兵，还拖着他们的尸体游街示众。

美国老百姓从电视上看到这些画面，十分震惊，向政府施加了强大压力。克林顿顶不住了，决定从索马里撤军。

应奥尔布赖特的要求，安理会再次讨论索马里问题。和之前出兵很有理由一样，现在美国人提出撤兵也很有理由。奥尔布赖特在会上振振有词地说：“索马里正在发生的事情，属于内部事务，应由索马里人民自己解决，任何外国都不应干涉。因此，美国政府决定从索马里撤军。”

她话音刚落，就有一位大使调侃说，奥尔布赖特今天搞错了，把中国大使李肇星的稿子拿去念了。大家哄堂大笑。

有一次，联合国开会讨论亚洲问题。这次会议是开放的，游客可以旁听，记者可以采访。朝鲜大使到会发言，讲话很长，几十分钟都没停下来。他在讲话中多次点名批评“美帝国主义”，强烈程度比较罕见。

全场都在静静等待着被点名批评的美国大使奥尔布赖特做出反应。她像是胸有成竹，又像是临阵磨枪，举手要求答辩。

在得到会议主席的同意后，奥尔布赖特先简要重申美方立场，然后故作严肃地说：“听了朝鲜大使阁下的发言，我感到很高兴，听到那些只有在五六十年代才能听到的话，我自己好像也回到了那个年代，觉得一下子年轻了二三十岁。朝鲜大使让我更高兴的是，今天旁听会议的人当中有我的女儿，她快临产了。要像朝鲜大使这么讲下去，可能会议还没结束，我就可以得到‘提拔’当姥姥了。这难道不是一件令人愉快的事吗？”众人听罢，大笑不已。

担任国务卿之后，奥尔布赖特比较重视改善与朝鲜的关系，试图结束美朝之间的敌对状态。2000 年她应邀访问平壤，成为历史上第一位访朝的美国国务卿。她得知朝鲜最高领导人金正日酷爱篮球，经常收看NBA（美国职业篮球联赛）比赛，就赠送了一件独特的礼物——美国著名球星乔丹签名的篮球。当时世界舆论普遍认为，奥尔布赖特访朝标志着美朝关系由对抗趋向缓和。

奥尔布赖特回国后本想着手筹备克林顿总统对朝鲜进行历史性访问。在白宫最后的日子里，克林顿却决定集中精力斡旋巴以冲突，而把朝鲜领导人邀请他访问平壤的事搁到了一边，错过了一次难得的机会。克林顿和奥尔布赖特后来都后悔不已。

1995 年 5 月，我离任回国。年轻同事告诉我，我走了以后，奥尔布赖特给中国外交官出了一个谜语：中国有三位男大使曾与她共过事，但与她“拥抱过”、“贴过脸”的只有一位，请猜他是谁。谜底是李肇星。原来，我到纽约赴任后，奥尔布赖特来拜会我。不知是出于西方礼节，还是为了显示友好，她在朝我走来时伸出了双臂。这时，我已经来不及想了，自然而然伸出双臂迎了上去，左右左地贴脸，友好地拥抱，然后落座交谈。

1997 年，我与奥尔布赖特再度重逢时，好言劝她：“你荣任国务卿，我向你表示诚挚的祝贺。我们过去在联合国时是同事，现在你高升了，我为你高兴，也为你当过外交官的爸爸高兴，但希望你当国务卿后美方不要再在日内瓦联合国人权会上搞反华提案。你们一搞提案，我们就得反对，你们又得失败，这样很伤感情。”听完我的话，她不为所动，固执地说：“我知道我们会失败。但这对美国来说，是个原则问题。即使失败，我们也得搞！”

这就是奥尔布赖特。

鲍威尔："官职常有变迁，朋友总是朋友"

鲍威尔出身贫苦，"美国梦"在他身上得到生动体现。他父母是牙买加移民，父亲是码头搬运工，母亲是缝纫工。鲍威尔大学毕业后参加过越南战争，指挥过海湾战争，军衔升至四星上将，登上美国军界的最高位置——参谋长联席会议主席，是美国历史上第一位担任这一职务的黑人。他涉足政界较早，担任过里根总统的国家安全事务助理。2001年小布什入主白宫后，鲍威尔又成为美国历史上第一位黑人国务卿。他的自传《我的美国之路》是一本鼓励美国年轻人奋发向上的畅销书。

我在美国学术界的一些朋友半开玩笑地说，美国有个怪现象：文官好战，武官好和；女官好斗，男官温柔。鲍威尔被认为属于温和派。他积极主张发展中美关系，对小布什政府内的"鹰派"起过牵制作用。

有一年，鲍威尔访华。在正式会谈之前，他让双方的译员和陪同都离开，和我单独说了几句话："我们是好朋友，但两国在人权问题上有不同看法，你说服不了我，我也说服不了你。我看，我们不必在人权问题上浪费时间，我们有更重要的问题要讨论。但我也不能不向公众作个交代。你看这样行不行？会谈结束后，我们在记者会上就说双方就人权问题进行了认真讨论，阐明了各自的立场。"

我说："那好啊。"看来，美国朋友是很务实的。

有一次，我与鲍威尔通电话，他在家里接听。我在电话中好像听到狗叫，就问他是怎么回事。鲍威尔调侃道："我的狗也知道是我最好的朋友来电话了，它想参加我们的讨论。"说完，鲍威尔叫着夫人的名字，让她把狗牵走。

还有一次，我们在柏林见面。我对鲍威尔说："我给你打电话，要是打扰了你的家人，你多包涵啊。"他说："没关系，不过有时你找我的时候，我在飞机上；还有的时候，我在睡梦中。记得有一次，你的部下与我的部下联系时，已经是凌晨两点了。”

我说：“也难怪，两国首都之间有十二三个小时（美国实行夏时制时为 12 个小时）的时差。”鲍威尔指着陪同会见的外交部美大司刘结一司长说：“可能是他把时差给忘了。”我马上接过话茬儿说：“没准儿是他那块美国制造的手表不准。”

2007 年 4 月 28 日，我从外长的岗位上退下来。鲍威尔得知这一消息后，美国时间当天就给我写信。他在信中说：“这些年我们合作得很好，成了好朋友。一个人的官职常有变迁，部长会成为前部长，总统也会成为前总统，但朋友总是朋友。”

这段话让我很感动，我给他回了一封热情洋溢的信。

赖斯：我们都成了“孤儿”

赖斯国务卿也不一般，她年轻时就在老布什政府当过高官，小布什 2000 年竞选总统时，她是外交政策顾问。在小布什 8 年任期内，她先是担任总统国家安全事务助理，后又出任国务卿。赖斯是美国历史上第一位先后担任总统国家安全事务助理和国务卿的女性。

赖斯从政前是斯坦福大学的教授，拥有博士学位。她出任总统国家安全事务助理时，我即将从驻美大使的岗位上奉调回国。记得第一次同她见面前，我和驻美使馆的同事还研究过如何称呼她，是叫官衔还是叫博士，商量来商量去，最后决定按美国人的习惯叫她“赖斯博士”。

2006 年 8 月 26 日，赖斯国务卿给我打电话谈伊朗核问题。事情都谈完了，她冷不丁地向我抱怨中国支持委内瑞拉，说美方刚刚获得消息，中国已经表示支持委内瑞拉竞选 2007 至 2008 年的联合国安理会非常任理事国，美方对此甚感惊讶。如这一消息属实，对美方将是一个大问题，也将给美中关系带来损害。美方反对委内瑞拉这样的国家进入安理会。

我不知道赖斯提出此事的具体背景，但我清楚，美国人一向和委内瑞拉总统查韦斯不对付，却又从委内瑞拉大量进口石油，是典型的实用主义。美国人自己和委内瑞拉做生意，却对中委加强互利合作心怀不满，现在又不允许中国支持委内瑞拉进入安理会，有点儿“只许州官放火，不许百姓点灯”的味道。我手头没有准备好的表态口径，就直截了当把赖斯给挡了回去：“我对国务卿女士表示惊讶也感到‘惊讶’。委内瑞拉是联合国会员国，是美国重要贸易伙伴，委内瑞拉一半以上的原油都出口到美国。中美都与委内瑞拉保持着正常的国家关系，美国对中委之间的那点儿事不要大惊小怪。”赖斯可能觉得理亏，只好表示美中常驻联合国代表团可就具体问题保持联系。

2005 年初，赖斯国务卿访华，我要和她举行会谈。年轻的同事们忙了好长时间，为我准备了大量材料。

会谈一开始，考虑到赖斯是客人，我让她先讲。她说，美中贸易严重不平衡，原因就是人民币汇率被严重低估。现在美国政府正面临国会议员和美国民众的巨大压力，他们要求向中方施加压力，推动中国政府允许人民币升值。希望中方能理解，并采取行动。

我没想到她先谈起了人民币汇率问题，决定反守为攻。我说：“赖斯博士，任何一个国家的外交工作都离不开政治。这没有错。但你们美国好像什么事情都政治化。这使我想起中国多年前那场没有什么文化的‘文化大革命’。不知道你是不是熟悉中国的这段历史，当时‘四人帮’搞政治挂帅，口号就是‘宁要社会主义的草，不要资本主义的苗’。现在‘文革’那套在中国没有市场了，怎么在你们美国受到了追捧？你们把经贸问题政治化和情绪化，必然会影响两国经贸合作大局。中国有许多好的东西可以学，但希望你们不要学‘四人帮’那一套，不要受‘四人帮’的影响。”

赖斯表示，她知道“文革”，但不了解“四人帮”。我向她作了比较通俗的介绍。

我接着说："中美贸易不平衡的原因你应该清楚。中国把好东西卖到你们美国，而你们美国的好东西却不肯卖给中国，这不公平，也没道理。你们不卖给我们高科技产品，只卖给我们小麦、大豆、葡萄酒。但你们美国大豆做的豆腐没有我们东北大豆做的豆腐好吃，你们加州的葡萄酒也不如我们山东的张裕葡萄酒好喝。"

我还说："我们将本着对人民负责的态度，积极稳妥地推进人民币汇率机制改革。中国人有个特点，讲得好听一点儿是民族秉性，难听一点儿是倔脾气，对别人的压力或指手画脚一向很反感。你说你面临很大的压力，你受的压力哪有我大？你们美国才有535名国会议员，中国有近3 000名全国人大代表；你们美国只有3亿人，我们中国有13亿。现在中国老百姓都在提意见，说中国外长对美国太客气了，我承受的压力才大呢。"

我当时琢磨，国家领导人还要会见赖斯，吵架的事情应该在工作层面做，领导人那儿要多谈友好、多谈合作。我劝赖斯，人民币汇率问题最好就此打住，你说得越多，越没有用；你不干预，说不定什么时候我们会"独立自主地"动起来。在后来的会见中，她果然没有再谈这个问题。

在欢迎宴会上，赖斯对我说，中方派了高级礼宾官去机场接她，还安排滑冰运动员和她一起滑冰，她非常高兴。她还谈到小时候并不顺利的经历。我也告诉她我小时候受的苦以及解放前我姥爷得病没钱治、姥姥后来饿死的情况。她说，这有利于她了解今天的中国。

若干年后，我们作为前外交部长和前国务卿再次相聚。她告诉我，她的父母都过世了，她现在更加体会到父母当年对她有多好。我说，我有同感。我安慰她说："我比你更早失去父母，现在我们都成了孤儿，更可以集中精力为巩固和发展中美友好多做些事情。"她点点头。

在和赖斯聊天的过程中，我发现一个过去没太注意的中美人民的共同点：我们都爱自己的父母，但小时候又都对父母的一些要求有过不理解。用外交套话说，父母对孩子的"关注"很多，孩子对父母的"关注"则少得不成比例。意识到这一点，往往为时太晚。所以，我常对年轻同事说，事态纷繁，做事则应简明扼要——“在家孝敬父母，在外热爱祖国，可也。”

在台湾问题上针锋相对

中国过去有一个流行的说法：“阶级斗争年年讲，月月讲，天天讲。”而在中美建交以来几十年的风风雨雨中，我无论是担任外交部发言人、副部长、部长，还是常驻联合国代表、驻美国大使，听得比较多的一个词是台湾，说得比较多的是台湾问题。像我在美国工作那几年，1999 年驻美使馆就台湾问题与美方交涉 70 多次，2000 年达 93 次。为什么会这么多呢？

台海危机：化危为机

从上世纪 90 年代初开始，随着台湾岛内形势和中美关系的发展变化，美国国内的亲台反华势力蠢蠢欲动，企图进一步利用台湾问题向中国施压。1995 年 5 月，美国国会众议院以 396 票对 0 票、参议院以 97 票对 1 票分别通过议案，敦促政府允许李登辉访美。不久，克林顿政府违背当初向中方做出的承诺，允许李登辉到康奈尔大学参加活动。

美方允许李登辉赴美，是破坏中美关系政治基础的行为，是对李登辉及“台独”分裂势力搞“两个中国”、“一中一台”活动的鼓励和支持。中国政府做出强烈反应，包括召回驻美大使李道豫。中美关系受到严重冲击。

我们通过各种方式与美方斗争。中方强调，发展中美关系是有原则的，这就是中美三个联合公报确定的原则，其核心就是台湾问题，在原则问题上中方决不会让步。克林顿政府多次表示美国对华政策没有变化，重申反对“两个中国”和“一中一台”，第一次表态反对台湾独立。美方还对台湾地区领导人今后访美做出了严格限制，宣称美国今后处理这个问题将遵循“非官方的、个人的、逐案考虑，并且是很少的”这一原则。美方提出，克林顿总统希望在纪念联合国成立50周年活动期间与江泽民主席在纽约会晤。

1995年10月24日，中美两国元首在纽约会晤。江主席就台湾问题进一步做了克林顿的工作，克林顿表示，美方将恪守美中三个联合公报，承认只有一个中国，台湾是中国的一部分，美国不希望台湾问题成为两国分歧的来源。

但台湾问题的麻烦并未到此结束。1996年台湾地区举行领导人选举。为了警告“台独”分裂势力，解放军在台湾海域附近进行导弹演习，而美国竟然派出两个航母战斗群在台湾以东近海游弋，炫耀武力。外界把这次紧张对峙称为“台海危机”。美国的举动引起中国政府和人民的强烈愤慨，中方向美方提出严正交涉。经过我们的斗争，美国人看到了中国政府捍卫国家主权的决心，也担心被“台独”分裂势力拖入一场危险的战争，对台湾问题的敏感性有了进一步认识。

这似乎形成了一个规律：我们每每要在台湾问题上和美国斗争一次，美国才会有所收敛，“规矩”一段时间。然后美方“旧病复发”，又干坏事，我们又要进行斗争。

1997年10月26日至11月3日，江泽民主席对美国进行国事访问，双方发表联合声明。美方重申坚持一个中国的政策，遵守美中三个联合公报的原则，中美关系得到改善。1998年6月25日至7月3日，克林顿总统访华，在上海图书馆与上海市民代表举行圆桌会议时，进一步阐述了美对台政策：美国不支持台湾独立；不支持“两个中国”、“一中一台”；不支持台湾加入任何必须由主权国家参加的国际组织。这就是美对台“三不”政策。当时，我作为驻美大使正好在现场，觉得克林顿的“三不”对

“台独”分裂势力和美国国内亲台反华势力是一个警告。本来三个联合公报里面都有类似的内容，“三不”是三个公报原则的应有之义，但这些话由美国总统公开、系统地讲出来，意义就不一样了。克林顿回国后，因为对台“三不”政策受到国内一些人的批评指责。

我担任驻美大使期间，除了与美国政府打交道，还经常就台湾问题做美国民众的工作。有一天下午，我来到美国“全国新闻俱乐部”，向出席美国全国记者年会的媒体“大腕”发表演讲。演讲的主题是中美关系，我介绍了两国关系的发展情况和存在的问题以及中国的政策立场。我讲完后是 30 分钟的问答。我明白，这 30 分钟才是真正的考验，那些“大腕”会向我提出各种问题。

有一位记者问：“这里有一个与台湾有关的文学问题。莎士比亚说过，名字并不能说明什么，玫瑰不管叫什么名字，闻着都是香的。似乎你们与台湾的争论主要是名字及其被认可之争，难道中国就不能按莎士比亚的精神放松一些吗？”

台湾问题一直是美国人问得最多的一个问题，也是我们最关切的问题，不能有丝毫的含糊。我回答说：“这是一个很有意思的问题。据我所知，莎士比亚是个知识渊博的人，他的许多著作闻名于世。这些著作不仅是英国也是全世界的宝贵财富。但是，我想他当时对台湾问题肯定还是一无所知的。台湾是中国的一部分，对中国来说，这是个非常重要的基本问题，它关系到我们的主权、领土完整和近 13 亿中国人民的感情。美国为自己的统一曾竭尽全力，我相信美国朋友能理解为什么台湾问题对我们那么重要。”

另一位记者问：“大使先生，像中国一样，我们也十分关注台湾海峡两岸的局势，希望两岸以和平方式解决分歧，但大陆方面在台湾对面部署了数百枚导弹，且不断增加数量。请大使先生对此做出评论。”

问题提完，全场一片安静，等待我的答案。我先心平气和地说，关于台湾问题，我刚才已经谈了基本看法，不再重复。随后，我故意提高声调，话锋一转，对那位提问者说："关于所谓部署导弹的问题，你能保守秘密吗？"

那位记者好像不敢相信自己的耳朵——中国大使愿意回答这么敏感的问题？他又不放心地问了一句："什么？你问我能够保密吗？"我肯定地答道："是的，你能保密吗？"他有点儿吃惊，沉默片刻，高声回答："我当然能保密！"

这时，在场的记者都以为我会"爆料"什么重要新闻。一阵短暂的骚动之后，他们都把目光投向了我，全场静得几乎能听到人们的呼吸。我迎着众人的目光，微微一笑，轻松地说道："先生，你能保密，我也能。"

众人一听，马上明白那位记者上当了，全场很快爆发出热烈的掌声与笑声。我这样回应记者，是向一位美国前总统学的。

反对"台独"：说话算数

小布什上任之初，美国的两岸政策大幅度向台湾倾斜。当政百日，他接受美国广播公司（ABC）节目主持人查尔斯 · 吉布森采访。当吉布森问到如果台湾遭到攻击，美国是否有责任去保卫台湾时，布什说了"尽其所能帮助台湾自卫"这样的话。自尼克松以来，还没有一位美国总统做过这样的表示。我们对布什的谈话提出了严正交涉。

2001 年 4 月，美国宣布将向台湾出售 4 艘基德级驱逐舰、8 艘常规动力潜艇和 12 架P–3C 反潜巡逻机等先进武器，总额达 40 亿美元。布什政府的做法向"台独"分裂势力发出了十分严重的错误信息。陈水扁在推进"台独"的道路上越走越远。

"9 · 11"事件后，美国对外战略出现重大调整，中美关系不断改善，而台海局势却趋于紧张。布什政府认识到台湾问题的重要性和敏感性，在各种场合重申一个中国原则和三个联合公报。同年 8 月，陈水扁抛出“一边一国”论，美国政府立即表示，美国坚持一个中国的政策没有改变。2002 年 10 月，江泽民主席到小布什总统在得克萨斯州的克劳福德牧场做客时，当面做布什工作。江主席指出，“台独”势力的分裂活动是对台湾地区稳定和中美关系发展的最大威胁，“台独”就意味着灾难。小布什听后，第一次明确表态反对“台独”。

2003 年 12 月，温家宝总理访美。在记者会上，小布什以十分清晰的语言、近乎指名道姓地反对陈水扁搞“统独”公投。他说：“台湾领导人的言行表明，他可能想要做出单方面改变现状的决定，对此我们是反对的。”小布什的话表明，美国认识到维护台海地区的稳定符合美国自身利益，而“台独”分裂势力与此背道而驰。

通过我们做工作，中美在台湾问题上达成共识：必须维护台湾海峡地区的和平与稳定，不允许台湾问题引发中美之间新的对抗。这一共识对保持此后 5 年中美关系稳定发展发挥了重要作用。

2004 年 10 月，鲍威尔国务卿访华。他在接受媒体采访时明确表示，美国奉行一个中国政策，台湾不是独立的，台湾不享有一个国家的主权。这实际上是给“台独”分裂势力当头一棒。无论是 2006 年陈水扁制造废除“国统会”事件，还是 2007 年陈水扁极力推动“入联公投”，均遭到美国政府的反对。

时间长了，美国领导人对我们在台湾问题上的立场和关切就熟悉了。有一次，小布什与胡锦涛主席见面，小布什一上来就主动说：“主席先生，我知道你最关心台湾问题，我愿再次重申，美国奉行一个中国政策，遵守美中三个联合公报。在台湾问题上我的立场是一贯的、坚定的，那就是反对单方面改变台海现状。我说话算数。”胡主席对此表示赞赏。

议员找茬儿：愿意奉陪

我在美国工作的时候，有一次不得不和别人打了一次笔仗，起因就是台湾问题。

1999 年 3 月，亲台的联邦参议员赫尔姆斯提出了《加强台湾安全法》议案，鼓吹美国向台湾出售战区导弹防御系统和潜艇等先进武器。赫尔姆斯是参议院外交关系委员会主席，位高权重。

根据国内指示，驻美使馆全力以赴做工作，争取阻止美国国会通过上述议案。2000 年 2 月 3 日，刘晓明公使就众议院通过《加强台湾安全法》议案举行记者会，阐明了中方立场，并告诫美方，如果美国国会通过《加强台湾安全法》(指参众两院都通过)，其后果会比当年李登辉访问康奈尔大学严重得多，将不仅仅是中国召回驻美大使的问题。

刘晓明在与旅美华人华侨座谈会上分析说，在国会推动议案的只是少数反华议员，多数投赞成票的议员并不了解台湾问题的重要性和敏感性。有的议员连议案的案文都没有认真读过，还有的议员随大溜是指望总统否决。如果他们了解台湾的历史，了解中美三个联合公报和美国历届政府做出的承诺，就不会这样投票了。刘晓明开玩笑说，国会有些人对台湾问题的了解还不如中小学生。会后，台湾“中央社”记者对座谈会作了断章取义的报道。

几天后，我收到赫尔姆斯的来信。他在信中说，刘晓明先生几天前在记者会上批驳《加强台湾安全法》的某些言词令他目瞪口呆，这番话是不是表明一旦国会通过《加强台湾安全法》，中国就要对台动武？刘晓明还批评支持该议案的国会议员对台湾问题的了解“只及小学生的水平”，这是对国会议员的“人身攻击”。显然，赫尔姆斯对刘晓明的评论是借题发挥。于是，我回了封信，回应了他在信中的指责，再次就《加强台湾安全法》议案做工作。我在信中说：

我在查阅了有关记录后得出的结论是：刘晓明公使在记者会上所说的话并无错误或不当之处。他确实提醒过人们，1995年允许李登辉访问美国的决定曾经使两国关系严重倒退。他要表达的意思是，如果《加强台湾安全法》议案果真成为法律，其后果只会更加严重。我完全赞同这一观点。

某些议员对台湾问题的由来及中美关系的发展过程缺乏了解也是不争的事实，特别是他们对中美三个联合公报中美国在台湾问题上的承诺缺乏了解。你自己的这封信就是一个很好的例子。美国承认中华人民共和国是中国的唯一合法政府已逾20年，而你仍然称中国的台湾省为“在台湾的中华民国”，称台湾地区领导人为“总统”。仅仅说这是“无知”或“不了解”，实在是很客气的了。

据我记忆所及，他（刘晓明）从来没有把你和任何一位国会同事比作过“小学生”。我能想到的最接近的比较是，有些美国学者曾经说过，连小学生都知道台湾是中国的一部分，但许多政治人物好像还不懂得这个事实。

我愿与你私下讨论相互间存在的一些基本的价值观方面的分歧……但是如果有人硬要把公开辩论强加在我的头上，本人愿意奉陪到底。

祝你新年快乐！

我原以为赫尔姆斯在收到我的回信后会认真反思一下自己在台湾问题上的所作所为。不料，几天后赫尔姆斯把他给我的信和我的回信都刊登在《华盛顿时报》上。舆论评称，中国大使与美国参议员为台湾问题展开了一场公开论战。这件事也成了我外交生涯中唯一的一次“笔仗”。

赫尔姆斯反华已渗透到骨子里。他从来不称“中国”为“中国”，而是“共产党中国”、“红色中国”。我在美国工作的那几年，从来没有听见或看到赫尔姆斯说过中国一句公道话，只要他谈起中国，都是指责之词。美国国会审议的所有涉华议案，只要是批评或反对中国的，他都投赞成票；反之，他都投反对票。仅在过去的三届国会，赫尔姆斯就单独或与他人共同提出了46个反华议案。即便如此，我们还是坚持不懈地做他的工作。

这就是外交。搞外交和平常过日子不一样，两个人不是吵一架后就老死不相往来了。如果平常我们不喜欢一个人，不搭理他就得了。但在外交工作中，不管我们多么不喜欢甚至讨厌一个人，如果工作需要，还得同他打交道，还得想办法做工作。

后来，赫尔姆斯通过中间人传递口信说，他不想与中方公开对抗，愿与中国大使私下会晤。他敬重中国人民，但与中国政府的看法确实不同。他对给予中国永久正常贸易关系持积极态度。

笔仗没有改变赫尔姆斯的反华立场，但对他还是有所触动的，使他认识到不要轻易得罪中国。更重要的是，通过使馆和国内一起做工作，我们取得了对美涉台外交斗争的一场胜利，赫尔姆斯提出的《加强台湾安全法》议案最终在美国国会流产。

台湾问题：核心利益不容挑战

我在从事对美工作的时候，就台湾问题向美方交涉过很多次，最严肃的一次交涉是找美国驻华大使雷德“谈话”。

那是2002年初，美国政府允许台湾的所谓“国防部长”汤曜明访美。3月16日，我在外交部召见美国驻华大使雷德，就一段时间以来美方干涉中国内政、破坏中美关系的行径，向美方提出严正交涉。我说：

> 美国政府日前不顾中方坚决反对，允许台湾所谓“国防部长”汤曜明赴美开会。美国国防部常务副部长沃尔福威茨等政府官员居然煞

有介事地会见汤曜明，还与他讨论什么台海局势等问题。据报道，美方又在酝酿让台湾军方某官员和臭名昭著的“麻烦制造者”李登辉于近期去美活动。更有甚者，美国国防部向国会提交的所谓“核态势评估报告”公然声称，美国的核力量要为应对台海可能的冲突作好准备。在短短的一个多月里，美方做了一连串践踏《联合国宪章》精神和中美三个联合公报原则、干涉中国内政和伤害中国人民感情的坏事。中国政府和人民对此表示强烈愤慨和坚决反对。

对美方的上述行径，人们不禁要问：美方究竟要把中美关系引向何方？你们口口声声讲希望两岸和平解决问题，难道这样做是在推动和平吗？你们再三说要奉行一个中国政策，遵守中美三个联合公报，可你们的所作所为，哪一点符合三个联合公报？中美曾就核武器“互不瞄准”达成了协议，美方也多次表示无意威胁中国。现在为何要向中国人民炫耀核武力？

中国从未干涉过美国内政，从未做过对不起美国人民的事。同时，必须明确告诉少数政治偏执狂：中国人民永远不会屈服于任何外来威胁，包括核讹诈。中国人民受欺负的时代已经一去不复返了。如果说搞威胁还有什么用处的话，那就是只能进一步提高中国人民对某些人的警惕，更加坚定中国人民捍卫国家主权、领土完整和民族尊严的决心！

西方人喜欢说“没有免费的午餐”，这不无道理。中美关系从来就是双向、互利的，而不是任何一方对另一方的赠予或恩赐；只有恪守中美三个联合公报，妥善处理台湾问题，中美关系才能稳定和发展。三个联合公报是中美关系的政治基础，而美国政府在三个联合公报中是作了严肃承诺的。东方人常讲“人无信而不立”，这同样有道理。人尚且如此，一个国家如果言而无信，又如何立足于世界民族之林！

勤劳、智慧的中国人民绝不会容忍自己国家的内政受到干涉，而让美国少数死守冷战思维、混淆是非、认友为敌的人从中渔利。相信务实、聪明的美国人民也不会允许那些伪善、愚昧的所谓“鹰派”一味蛮干下去，损害美国人民的名声和切身利益。伟大的中美两国人民不会任由那些人给中美关系制造麻烦，将世界引向动荡。

美方应立即纠正错误，遵守中美三个联合公报，不做害人害己的事，多做有利于加强中美互信和合作的事。希望美方做出明智的选择。

雷德大使不得不极其耐心、认真地听完我的长篇大论，并答应把我交涉的内容如实报告美国最高当局。

中美之间围绕台湾问题的斗争是长期的。时至今日，美国不时向台湾出售先进武器。有一次，我在全国人大记者招待会上不点名地批评美国说，海峡两岸的中国人情同手足、血浓于水，我们在进行友好交流、加强友好交往的时候，个别国家向台湾出售先进武器，这就像弟兄二人正要拥抱的时候，有人给其中一方递上一把匕首，其用心何在？

随着中国国力增强和两岸关系改善，中国在与美国的交往中主动权会越来越多。这让美国人更加清楚地认识到，中国的核心利益是不容挑战的，在台湾等涉及中国核心利益的问题上，美国要小心行事。有些美国专家甚至提出，美国继续把台湾视为“不沉的航空母舰”越来越得不偿失，倒不如彻底解决台湾问题，进而从美中合作中获得更多好处。长远看，这种明智的想法会在美国逐渐为人接受。

从整个外交来说，台湾问题的存在，始终是中国外交需要应对的一大挑战。1993 年我到联合国工作时，很快就有一种悲壮感。当时联合国大大小小 189 个会员国，像我们中国这样还没有实现完全统一的国家却没几个。我们在台湾问题上投入了不少外交资源。任何一个国家，无论大小，只要说坚持一个中国原则，承认中华人民共和国政府是代表全中国的唯一合法政府，你就得感谢人家。更不用说，一些别有用心的国家还经常利用台湾问题向中国施压或达到其他目的。在美国当大使时，我就听到一个敌视中国的人说过这么一句话：人权问题、最惠国待遇问题都不能有效地牵制中国，唯独台湾问题“最能刺痛中国人的神经”。

外交部流传着一个笑话，外交部前发言人沈国放有一次和朋友喝酒，喝高了开始说“酒话”，嘴里一直念叨着两句话：世界上只有一个中国，台湾是中国领土不可分割的一部分。俗话说，酒后吐真言，这位发言人的真言恰恰说明了台湾问题在中国外交官心中的分量。

现在，中国已经成为世界第二大经济体，但我还总是对年轻同事说，中国再发展再强大，也不能骄傲自满，也不能丢掉忧患意识，其中一个原因就是与世界上其他大国不同，中国还没有实现完全统一，这一点中国外交官千万不能忘记。我曾听过国防大学金一南教授的一次讲座，他说毛主席曾说，一个国家没有实现完全统一就谈不上强大。我还没有找到这句话的具体出处，但我赞成。

处理“炸馆事件”

在我担任驻美大使的三年里，最难的日子莫过于1999年处理以美国为首的北约轰炸我驻南斯拉夫联盟使馆这一重大事件。

事件的起因是科索沃战争。原来，南斯拉夫联盟内部不和，科索沃要独立，南联盟不同意，双方发生冲突。以美国为首的北约借口科索沃地区发生人道主义灾难，对南联盟发动空中打击。5月7日凌晨，从美国本土起飞的B–2轰炸机使用了5枚精确制导的重型炸弹，从不同角度轰炸我驻南联盟使馆，新华社记者邵云环、《光明日报》记者许杏虎和他的爱人朱颖当场牺牲，使馆20多位同志受伤，馆舍遭到严重损坏。

我是那天下午（美国东部时间）从美国有线电视新闻网（CNN）上看到我驻南使馆被炸这个消息的。直觉告诉我，中美关系将会因这一前所未有的突发事件陷入危机。我马上召开使馆党委会，分析形势，研拟对策，就下一步工作做出部署，包括成立应急小组、收集各方面信息。我本已订好机票回国述职，又马上向国内请示留在华盛顿。

祖国和人民愤怒了。中国政府发表了严正声明，最强烈抗议北约野蛮侵犯中国主权、粗暴践踏中国尊严的罪恶行径，要求以美国为首的北约对此承担全部责任。全国人大、全国政协、各民主党派、全国工商联、各人民团体以及新闻单位纷纷发表声明或举行座谈，声讨以美国为首的北约的血腥暴行。

大江南北、长城内外，义愤填膺的高校学生和人民群众纷纷举行示威游行，严厉声讨以美国为首的北约的暴行，坚决支持中国政府维护国家主权和民族尊严的严正立场。他们高呼“强烈谴责美国霸权主义行径”、“中国不可欺，中华民族不可侮”，发出了“爱我中华”、“振兴中华”的呼声。这些自觉、正义的行动，显示了中华民族的伟大爱国主义精神和巨大民族凝聚力，体现了中国人民维护世界和平、捍卫国家主权、反对霸权主义的坚强意志。其间也有少数愤怒的学生游行时向美国驻华使领馆抛掷了矿泉水瓶等物品，砸坏了一些窗户的玻璃。

我感到自己责任重大，要作好准备迎接即将到来的暴风骤雨。在那些悲愤的日子里，看到北约的暴行以及事件发生后美方的狡辩，我心中燃起万丈怒火；一想到祖国和人民，又增添了无穷力量。

人们常说，外交是没有硝烟的战场。外交官身处斗争一线，肩负着维护祖国尊严和利益的重大责任。作为驻美大使，当时我真有如履薄冰、如临深渊的感觉。在处理“炸馆事件”过程中，驻美使馆处在风口浪尖；对我个人来说，这是一次严峻考验。多年的外交经历告诉我，对坏人坏事既要疾恶如仇，又要从容冷静。我心里明白，光有愤怒是解决不了问题的，在巨大挑战面前，需要严格执行国内指示，依靠使馆同志，还要有应对复杂局面的智慧与能力。

“逼”出来的道歉

“炸馆事件”后，第一个和我打交道的美国政府官员是副国务卿皮克林，时间是5月8日晚。他向我递交了北约关于“炸馆事件”的声明和美国国务院发言人的谈话稿。我说，美方对事件所作的种种辩解是完全站不住脚的，也是中方根本不能接受的。美方轻描淡写地把事件说成“意外事故”，而且没说过一句公开道歉的话，怎能不令中国人民感到气愤？美国一向以所谓人权卫士自居，却做出如此野蛮的行径，请问美国人权何在？良知何在？

皮克林离开使馆没多久，美方就提出奥尔布赖特国务卿紧急要求深夜来使馆见中国大使，并说国务卿已在赶往使馆的路上。这很罕见，因为平时都是大使去国务院见国务卿。不一会儿，奥尔布赖特就带着皮克林、美国参谋长联席会议副主席罗斯顿、白宫国安会亚洲事务高级主任李侃如和几个保镖来到使馆。

我没有马上出来，而是先让何亚非公使衔参赞与其周旋——我要等中国驻华盛顿的记者赶到后再见她。

我出来时已是晚上11点半了，奥尔布赖特好像有预感，一见到我就郑重其事地提出，她今晚奉总统之命来使馆，只见大使一人，不见记者。我心里本来就有气，听了她的话更不想给这位在联合国共过事的老朋友好脸色。我神情严肃，口气强硬，当即回应道：你见不见记者不是我的事，但你知道，在“炸馆事件”中遇难的三名中国公民当中，邵云环是中国最大通讯社新华社的一位女记者，许杏虎是《光明日报》的年轻记者，他们的同行们能不关心这次事件吗？

奥尔布赖特说，这次事件是一起非常严重的意外，克林顿总统、她本人和美国政府对发生这一不幸事件深感痛心和遗憾。总统对记者的谈话和她致唐家璇外长的信都表达了这种心情。总统还提出希望与江泽民主席通电话，直接向江主席解释。事件发生后，她一直想和唐外长通话，但未获中方答复。奥尔布赖特还表示，美方关切美国驻华使领馆人员的安全。

我听了她的话，对她没有首先表示道歉很气愤。我说，美国自诩人权卫士，却完全无视中国人民的人权，将屠杀中国人的罪行轻描淡写说成是所谓意外，不但不立即向中国政府和人民公开道歉，反而阻挠联合国安理会谴责这一暴行。我严肃地要求奥尔布赖特代表美国政府向中国人民正式道歉。

奥尔布赖特要求休会 5 分钟，好让她和助手们商量商量。她商量完之后对我说，为表示美方的重视和歉意，请我再次报告北京，克林顿总统和她愿分别同江主席和唐外长通话，向中方表示道歉。

这时，中国驻华盛顿的记者都赶来了，围在会客室外面。奥尔布赖特得知这一情况后就问我，使馆有没有后门。她的意思是想走后门，避开会客室外面的中国记者。我心想：哼，这回你还想溜掉，没门儿！我故意很认真地告诉奥尔布赖特："在中国使馆，你的安全是有保证的，我们没有后门。"

会见一结束，我顾不上送奥尔布赖特出门，立刻跑回办公室向国内汇报。奥尔布赖特在回忆录中称，她同我告别后，一群中国记者挡住了她的去路，"严厉责问美国为何杀害他们的同事"。她见状退回会客室，后来通过手下告诉中国记者，她将发表一个简短声明，但不回答提问，记者可以摄像和拍照。

奥尔布赖特在声明中说："我今天来这里，是要重申美国政府早些时候对中国人员在贝尔格莱德的死难所表达的深深歉意。我们并没有轰炸中国大使馆的意图。今天早些时候，我已经向唐外长发出一封道歉信，信中说我理解这一事件在中国人民中间引起的强烈情绪。我也与李大使讨论了我国外交官在中国使领馆的安全问题。"

这是美国政府主要官员在"炸馆事件"后第一次公开表示道歉，是我们迫使美方在公开道歉问题上走出的第一步。

最后，奥尔布赖特在保镖的护卫下离开使馆，她始终没开口。

“炸馆事件”初期，美国政府不仅错过了道歉的最好时机，更是在国际社会纷纷谴责美国这一行径后，轻描淡写地将事件称为“误炸”，并用“惋惜”和“遗憾”等说辞来搪塞。中国人民在整个过程中感觉到的，不是美方的真诚歉意，而是趾高气扬的傲气。美国人自己都说，克林顿政府在事件发生后起初所作的道歉不认真、不真诚，更错误地把“炸馆事件”与南斯拉夫米洛舍维奇的“种族清洗”政策联系在一起，没法让人理解。

也许美国政府感到了中国政府和人民的压力，态度慢慢发生变化。5月9日，克林顿就“炸馆事件”给江主席写信，表示“对发生在中国驻贝尔格莱德使馆的悲惨场面和人员伤亡表示道歉和诚挚的哀悼”。克林顿还希望在江主席方便的情况下通电话。

克林顿为了表示自己的诚意，决定在白宫会见中国大使。5月13日，我和刘晓明公使、何亚非公参一起去白宫。出发前，我们带了一本吊唁簿。

一坐下来，克林顿就郑重地要求我转达他对遇难者家属的道歉和慰问。我允予转达，又明确表示：这三位遇难同胞不只是他们父母的儿女，还是中国人民的儿女，所以总统先生应该向中国政府和中国人民道歉。我还一字一句地说：“中国人特别重视白纸黑字，所以请总统先生将道歉写下来。”随后，我将带去的吊唁簿交给克林顿。

克林顿沉默了一会儿，拿起笔在吊唁簿上写下了一句话：“对死难者表示深切的哀悼，对其家属和中国人民表示真诚的歉意。”

签名后，克林顿对我说，他心情格外沉重，愿再次向中国政府和人民及死难者家属表示深切的哀悼。他和美国人民都对这一事件深感不安，这绝不是美国和北约蓄意所为。他保证，美国将进行全面、彻底的调查，并及时公布调查结果。

不知什么原因，这件事被美国报纸知晓并予以报道。报道说，克林顿在吊唁簿上写了道歉词，且附有照片为证。有家报纸添油加醋，评论说李肇星逼克林顿写检讨，美国总统像个犯了错误的小学生在老师面前写检讨。我当时看到报道心里还有点儿不高兴，那家报纸的记者凭什么这么看低中国人，把中国大使比成一名小学老师，我即使当不了美国大学教授，起码也够得上中学老师。可美国朋友后来安慰我说：说你像小学老师是很高的评价；在美国，只有小学生才最听老师的话，最尊敬老师。有一家小报则批评克林顿对中国太软，软得连中国人都认为他可以加入中国共产党。评论调侃道，克林顿给中方写的不是道歉信，而是入党申请书。

多年后，有人问及这件事，我告诉他们，我和我的同事从来没有对媒体说过这件事，之后也没有美国人就走漏消息一事找过我，真不知道是谁泄的密。大家都知道，美国泄密是司空见惯的事情。我后来听说，一些不喜欢克林顿的美国政客也攻击他，说他对中国太软。

“吵”出来的尊重

除了与美国政府严正交涉，我和使馆还积极主动争取美国人民的理解和同情。

当时受《考克斯报告》（诬蔑中国通过发射美国卫星窃取美国技术）的影响，美国国内对华强硬派的气焰比较嚣张，中美关系的气氛不太好。“炸馆事件”发生后，一向标榜公正、客观、“自由的”美国舆论有一些同情中国人民的声音，但总体上很“讲政治”，与美国政府保持“高度一致”，并未如实报道中国驻南使馆无端遭到袭击的惨剧，却更多关注和报道美国驻华使领馆受到中国民众“包围”、“袭击”等情况。

我信奉“有理走遍天下，无理寸步难行”，觉得在这个时候需要把事实和道理讲给美国老百姓听，让他们去评判。我相信，公道自在人心，即使在美国，主持正义的人也肯定占多数。我和使馆的同事们想方设法争取美国舆论，让更多的美国人了解事件的真相，了解中国政府的立场和中国人民的愤怒，积极配合国内，迫使美国政府真心实意地向中国人民道歉。

我知道，美国媒体不是那么好打交道的。也有同事好心地提醒我："李大使，你上美国电视的谈话具体内容没有得到国内明确授权和答问口径，这行吗？要是出了差错怎么办？如何向国内交代？"但是为了做工作，我顾不了那么多，只能"明知山有虎，偏向虎山行"。在短短的一周内，我分别接受了美国几乎所有主要电视台的访谈。

第一场采访是美国公共广播公司（PBS）著名节目吉姆·莱勒的《新闻时间》。主持人莱勒一上来就问我：你相信"炸馆事件"是一次错误和意外吗？难道你不相信美国总统、国务卿、国防部长迄今所作的解释吗？

我一听就感觉到，这是美国人的普遍想法，必须进行有理、有力的回击，就有意放慢语速一字一句地说："在进行彻底的调查之前，没有人会相信这是一次'误炸'。美国是世界上最强大的军事大国，北约有世界上最强大的军队，你们一向自诩情报如何准确，难道你们会犯这样的低级错误吗？美方必须认清这一事件的实质，这是对中国主权的严重侵犯，也是对国际法和国际关系准则的挑战，已经引起中国人民的强烈愤慨和普遍抗议。中国外长唐家璇已经向美国政府提出了正式道歉、调查、公布结果并处罚责任人的 4 项要求。"

5 月 8 日，我来到美国广播公司《本周》专题节目直播室，较量的对手是美国电视界最负盛名的"铁嘴"之一山姆·唐纳德。10 日，我与美国有线电视新闻网名牌主持人拉里·金在电视上"打擂台"。

5 月 16 日，我接受美国全国广播公司（NBC）著名新闻评论家、金牌电视主持人拉瑟特的采访。那时，江泽民主席已应约与克林顿总统通话，围绕"炸馆事件"的较量已从美方正式道歉转到调查真相和惩处相关责任人。

"中国驻南斯拉夫使馆被炸后，美国总统至少已经向中国道歉 5 次。

中国是否接受了美国的道歉？”听得出来，拉瑟特的发问有指责中国之意。

我必须抓住最有理的地方与对方进行辩论，便理直气壮地说：“对中国驻南斯拉夫使馆的轰炸，不是一个普通的事件。这是暴行，是以美国为首的北约犯下的恐怖暴行，在世界外交史上是罕见的。美国总统与中国国家主席通电话时，承诺要进行彻底、全面的调查。现在，中国人民在等待着这样的调查。”

“那么，你们还没有接受美国总统的道歉？”拉瑟特紧追不舍地问。我没有直接回答他的问题，而是义正词严地指出：“我所说的是，当务之急是进行全面、彻底的调查。中国人民有权知道调查的结果，有权知道这场暴行的背后隐藏着什么。”

拉瑟特开始进攻，他说：“在美国，现在有许多对中国反应的议论。让我念几段《华盛顿邮报》的社论：中国对这次轰炸的反应就像一个极权主义国家。国家控制的媒体用不真实和不全面的报道煽动老百姓的怒火，政府为示威者提供汽车、布告和事先批准的口号。中国政府是否在煽动老百姓？”

这番话让我很生气。我这人有个毛病，越生气，嘴就越快。我连珠炮似的以最强烈、最直接的语言表达一个中国人的愤怒：“只有精神变态和扭曲的人才会说出这样颠倒黑白的话。自5月7日那个黑色的星期五以来，我一直在读这类东西。在那一天，中国人民受到伤害，中国的主权遭到侵犯。那一天，将作为以美国为首的北约破坏国际法和侵犯人权的日子而被载入史册。”

我不能被动防守，必须进行反击。我接着说：“有些人说，是中国政府‘煽动’老百姓示威。你认为中国老百姓还要由政府来‘煽动’吗？是这一暴行本身引发了这场示威。中国人民被激怒了。这是理性和合法的行为。关于对轰炸的调查，我对这个国家的一些政客，包括国会山上一些人的做法感到非常吃惊。这是一个擅长调查的国家，有一个擅长调查的国会。但是这样一场暴行发生了，造成那么多死伤，他们在做什么？试问，他们为什么那么沉默、那么冷漠？”

拉瑟特又提出了“政治献金”、“中国间谍”等问题，我不让他牵着鼻子走，不掉进他设下的陷阱，始终把对话集中在谴责美国轰炸中国驻南使馆的主题上。

采访结束前，早有准备的拉瑟特拿出美国国务院的年度人权报告，念完有关段落后说：“让我转到另一个问题，在进入下一个千年的时候，中国是否允许人们有宗教信仰自由，是否会允许妇女不被强迫堕胎和绝育？”我毫不客气地说：“如果你读过中国的《宪法》，你就会知道我们的法律保证公民的宗教信仰自由。我们的计划生育政策符合国家利益，受到绝大多数老百姓的赞同。至于人权问题，全中国、全世界人民都对你们杀害中国无辜平民的人权记录感到震惊。这就是你们所要提倡的人权吗？”

在舌战美国媒体的同时，我注意利用我们自己的媒体发出声音，以正视听。5 月 17 日，我接受了驻美中国记者的联合采访，批驳了美国一些政府高官及西方媒体在“炸馆事件”上的奇谈怪论，全面介绍我们的立场和要求。

在这次危机中，我和美国人展开了一场又一场的较量，我作为中国驻美大使被美国媒体描绘成“强硬派”，美国报纸形容当时的我经常脸上“极具哀容与愤怒”。也正是在这次事件后，我被媒体形容为“铁嘴钢牙”，一个咄咄逼人、不肯退让半步的斗士。其实，我真不是什么铁嘴钢牙，我的心和嘴都是肉长的，我嘴里说的只是普通好人的心里话。

在向美国群众阐述我们的立场时，我心平气和。在一次宴会上，一位美国女士见到我开口便问：“我们美国说过对不起了，怎么中国还没完没了？我们炸了你们使馆，你们的大学生也砸了我们使馆的玻璃。我们错了，你们也错了。”我说：“我们的学生是扔石头砸了玻璃，这是中国政府不愿看到的事情，而且毕竟你们使领馆人员是安全的，怎么能与你们军队的导弹袭击我们使馆造成重大伤亡相提并论？”那位美国女士说：“砸玻璃也不对嘛。”我回答：“你很有教养，阅历也丰富。我只想知道你是不是母亲，有没有孩子。你可以不回答……”听到美国女士说有孩子后，我接着说：“那好。假如你的孩子在自己的使馆无端地被别国导弹炸死，我相信，作为母亲你不会将孩子被炸死与个别人砸坏几块玻璃当作一回事，你同意吗？”她点了点头，没再说什么。

“斗”出来的赔偿

“炸馆事件”发生后，驻美使馆时刻与首都北京保持着密切联系，严格执行国内指示，及时与美方进行交涉，报回情况并提出建议，供国内决策参考。我和使馆的同事们化悲痛为力量，全力以赴做好各方面的工作。

在我们的强大压力和坚决斗争下，美国政府纠正了危机初期的错误，逐步满足我方提出的基本要求。克林顿本人和美国政府高官多次表示道歉。5 月 12 日，我会见了美国总统国家安全事务助理伯杰。他说，凭他对克林顿的人品、对华政策和美国政府决策机制的了解，美国总统绝不会故意下令轰炸中国使馆。克林顿致信江主席并公开表示道歉是真诚的。据他所知，克林顿上台 6 年多来就美国的过失行为向外国政府和人民道歉，这还是头一次。

一个星期后，美方向我方提出解决“炸馆事件”的“四步方案”：副国务卿皮克林作为美国总统特使来北京，报告调查结果；一个月后奥尔布赖特访华；再一个月后伯杰访华；克林顿 9 月在亚太经合组织领导人非正式会议期间同江主席举行会晤，全面恢复两国关系。

使馆身处一线，是国内决策的参谋。我们注意广泛接触美国各界人士，了解情况，调查研究，尽可能对形势做出准确分析与判断。不少美国朋友告诉我们，“炸馆事件”是美国这个超级大国所犯的“超级错误”。老布什总统的国家安全事务助理斯考克罗夫特对我说，他和克林顿政府没有什么个人交情，但相信美国不会有意轰炸中国使馆，克林顿的道歉和调查承诺是诚恳的。

6 月份，中方接待了美国政府特使皮克林访华，美方向中方表示道歉，并通报了其对事件的调查结果。后来，美方解聘了 1 名责任人，处分了其他 6 名责任人。我们与美方经过多轮谈判，于 2000 年初就赔偿问题达成协议，美方支付中方伤亡人员赔偿金 450 万美元、中国驻南使馆财产损失赔偿金 2 800 万美元。中国人是讲道理的，我们也赔偿了美驻华使领馆的财产损失。

几年后，我作为外长去东欧某国访问，在使馆碰到一位职员。他告诉我，当年美国飞机轰炸我驻南使馆时，他在驻南使馆工作，那天晚上正在睡觉，在睡梦中被一声巨响惊醒，从浓烟中跑了出来。他说，他也是捡了条命，事后想起来还后怕。我对美国人说过，中国政府一向重视维护中国公民的权利。美国飞机轰炸我驻南使馆，使馆的每个同志都受到不同程度的影响，每个人的精神都受到不同程度的伤害，美国人赔几个钱算什么！

从某种意义上说，“炸馆事件”是一场生动的爱国主义教育课。对外交官来说，永远是祖国和人民利益至上。当祖国母亲受到欺凌的时候，我们作为她的孩子无不怒火万丈，恨不得马上针锋相对、以牙还牙。但在处理具体问题的时候，我们又要牢记，我们是外交官，必须服从大局，服从组织，要想大事，谋大局。中国的大局是什么？无疑是经济建设和改革开放，是实现中华民族的伟大复兴。邓小平同志说过，不论发生了什么事情，只要不是大规模的外敌入侵，我们都要紧紧抓住经济建设这个中心不放。这就意味着，我们外交官的首要任务是为国内建设创造有利的外部条件。作为祖国的儿女，我们要做的就是以自强不息的精神，把满腔的爱国主义热情转化为维护国家利益、促进祖国发展的实际行动。我们国家只有发展了、强大了，才能在国际斗争中赢得更大主动权、立于不败之地。

如果有人问我，在应对这次事件中我最不能忘怀的是什么？

我会说，是对主权、生命、尊严的捍卫。江泽民主席在与克林顿通话时坚定地说："我们是一个有 12 亿人民的国家，每一个中国人的生命都是极其珍贵的。这是中国政府必须维护的最根本的人权。"这句话掷地有声，震动了美国人。美国政府不得不重视，美国媒体不得不收敛。

我会说，是中国人民的爱国热情。中国人民在"炸馆事件"后所表现出来的爱国主义热情震撼了美国一些人，使他们看到了中国人民的力量，产生了敬畏之心。有祖国和人民做强大后盾，我们外交官在前方就更能挺起腰杆，有所作为。在关键时刻，外交官需要有勇有谋，敢于斗争、善于斗争，为祖国和人民争一分利，赢得尊严、赢得朋友。

我会说，公道自在人心。极少数美国政客与媒体罔顾事实，缺少良知，但大多数美国民众对中国是友好的，是讲道理、明是非的。数以千计的人来我驻美国使馆吊唁邵云环、许杏虎、朱颖，近 5 000 位美国各界朋友和旅美侨胞、留学生发来慰问信，一天之内我接到上百个美国朋友打来的电话。

我还会说……

"炸馆事件"是美国政府对中国人民欠下的又一笔账，中国政府和人民是大度的，本着向前看的态度，继续发展与美国人民的友好合作。我们有中国共产党的坚强领导，有勤劳、勇敢、智慧、团结的十几亿中国各族人民，我们有信心、有能力把祖国建成一个强大国家，也能为逐步建立一个更民主、更合理的国际秩序做出应有贡献。

告别“最惠国待遇”

2000年10月10日是我担任驻美大使期间难忘的一天。美国总统克林顿在白宫签署了给予中国永久正常贸易关系法案，消除了长期困扰中美关系的一大难题。

最惠国待遇：为何是个事儿

最惠国待遇是国际贸易中一项通行的做法，常指缔约国双方在通商、航海、关税、公民法律地位等方面相互给予的不低于现时或将来给予任何第三国的优惠、特权或豁免待遇。

这种世界各国通行的做法在美国却走了样。美国1974年《贸易法》规定，“非市场经济国家”，除了与美国缔结贸易协定、允许“自由移民”的，不能享有美国最惠国待遇，但总统有权提出免予执行一年。这就是俗称的“杰克逊–瓦尼克修正案”，当时主要针对苏联。这样，美国总统要给予任何非市场经济国家最惠国待遇，就得向国会提出免予执行该条款的要求。

苏联解体后，美国国会一些议员出于意识形态偏见，把最惠国待遇作为武器用来对付中国。从1990到2000年（1991年海湾战争期间和1993年克林顿上台第一年除外），每年美国国会都要就是否给予中国最惠国待遇进行辩论，持续两个多月，但讨论的不是中国是否允许自由移民，而是人权、宗教、计划生育、台湾、西藏、核不扩散、贸易逆差、劳改产品等不相干的问题。这实际上成为美国国会牵制政府对华政策和要挟中国的重要手段。

那些年，不管两国关系出现什么问题，都会反映到美国国会审议对华最惠国待遇的辩论中。美国国内各种反华势力千方百计利用最惠国待遇问题制造噪音、杂音，给两国关系带来严重干扰，导致中美关系出现“上半年波动、下半年稳定”的怪现象。美国这么做还在国际上造成一种印象，好像美国每年都要恩赐什么东西给中国，中国有求于美国；中国得听话，否则就会被美国国会“修理”。中国老百姓很不高兴，明明是互利共赢的事情，美国凭什么拿最惠国待遇说事儿，向中国施压？这不是霸权主义又是什么？最惠国待遇问题成了当时中美关系的一大不稳定因素，也是对美工作的难点。

中美入世谈判：黑发人谈成白发人

从1986年正式提出恢复关税及贸易总协定（世界贸易组织的前身）缔约国地位的要求起，中国积极与有关国家进行双边谈判，有些进展较快，有些遇到困难。我们锲而不舍，前后谈了十多年。美国是世界上最大的经济体，对中国要价很高，中美又互为重要贸易伙伴，美国自然是我们入世谈判的重点。

1999年4月，朱镕基总理访问美国，我作为驻美大使陪同访问。当时由于《考克斯报告》、政治献金案、人权等问题，特别是中国在科索沃战争问题上坚持原则，美国反华势力闹得很凶，给双方有关中国入世的谈判造成很大干扰。代表团和驻美使馆想尽办法，做了不少工作，但最后阶段的谈判仍未达成一致。

后来朱总理到外地访问，克林顿后悔了，打电话希望朱总理能延长访问，双方再谈一次。朱总理淡定回答：要再谈就到北京来，做客出了门，哪有回去的道理。在机场送行时，大家心情比较沉重，我与朱总理拥抱告别。这是我外交生涯中唯一一次与我国高级领导人拥抱。

不过在朱总理访美期间，双方达成了《中美农业合作协议》，这是关于中国入世谈判一揽子协议的重要组成部分。美方承诺，美国支持中国于1999年加入世贸组织。

后来，我们多方做工作，美方在中国入世问题上不得不趋于务实。这里至少有两个原因：

一是美国政府未能在朱总理访美期间就中国入世问题达成协议遭到国内的普遍批评。不少国会议员认为克林顿政府坐失良机，担心中国收回已经做出的承诺，批评克林顿不签协议是“政治上的胆怯行为”。美国工商界对克林顿临阵退缩更为恼火。在他们看来，白宫在一个能给美国带来数十亿美元的贸易协议前畏畏缩缩，只是因为害怕在国会山会有一场恶战。媒体也批评克林顿缺乏政治勇气。

二是美国国会给予行政部门贸易谈判的5年“快轨授权”将会在2000年3月1日到期。如果中美在此之前达不成协议，国会反华势力可能会借重新授权之机发难，拿中国入世协议开刀。克林顿政府担心前功尽弃。

这样，1999年11月15日，经过长时间、多回合的谈判，中美两国政府在北京就中国入世达成双边协议，为中国加入世贸组织扫清了最大障碍。

2001年11月10日，世界贸易组织第四届部长级会议在多哈以全体协商一致的方式，审议并通过了中国加入世贸组织的决定。12月11日，中国正式加入世界贸易组织，成为其第143个成员。谈及中国入世谈判，朱镕基总理曾感慨地说：“我们已经谈了15年……黑发人谈成了白发人。”

永久正常贸易关系：一个唱白脸，一个唱红脸

根据世贸组织规定，成员之间应相互给予对方无条件的最惠国待遇。中国入世后，美国1974年《贸易法》就会与这一规定发生冲突。美国面临选择：要么给予中国永久最惠国待遇（后改称对华永久正常贸易关系），使美国能从中国加入世贸组织中获得好处；要么援引互不适用条款，将中国开放市场带来的机会拱手让给别国。

美国政府向中方承诺，全力推动国会解决永久正常贸易关系问题。克林顿把它作为自己的“政治遗产”和任期最后一年的外交要务，并为此成

立了一个特别内阁协调班子，负责政府的游说活动。

美国工商企业界将是中国入世的最大受益者。他们以“支持美中贸易企业界联盟”为核心，以“企业界圆桌会议”、美国商会、美中贸易委员会、美国贸易紧急委员会为骨干，发起了规模空前的游说活动。美国三大广播公司和美国有线电视新闻网长时间播放支持对华永久正常贸易关系的广告：从太空俯视地球，看到美国和中国，接着出现中国商人、学生和他们的老师，还有人在打篮球。画外音说：拥有13亿人口的中国是世界上最大的市场，新的贸易协议将使中国向美国的商品和服务打开市场大门。现在是国会做出选择的时候了，是选择孤立还是接触？我们对国会说，投赞成票与中国开展贸易。

在那段时间里，驻美使馆的同志们把推动美国国会通过给予中国永久正常贸易关系的议案作为最重要的任务，全力以赴开展工作。我们在充分调研的基础上，分清“敌”“友”，在策略上团结和依靠大多数，孤立极少数，形成最广泛的统一战线，尽可能把工作做到每个国会议员的办公室和选区。

我在各种场合对美国人说：除美国以外，中国与200多个国家和地区都有正常的贸易关系。实际上，国家间相互给予永久正常贸易关系并不是一件礼物，更不是恩赐，而是对双方都有利的平等安排，也是世界贸易组织的一项基本原则。少数人吹毛求疵，企图无事生非，为通过永久正常贸易关系议案制造麻烦，伤害的不仅仅是中国，美国的利益也许损失更大。美国政府和克林顿本人对这一问题作过承诺。你们总要求中方做这做那，而自己却做得很少。中国说话是算数的，也希望美方拿出具体行动。如果国会真为美国人民的利益着想，真为中美关系着想，就应该通过对华永久正常贸易关系议案。

我与美国人对话时，眼睛也盯着国内老百姓。当时国内对入世也有争议。一些脆弱行业，如农业、纺织业等，受到的冲击可能会比较大。有专家担心，2 000 万纺织工人、上亿农民会受到影响。这种担心是可以理解的，但经过努力可以趋利避害，更何况其他许多行业会从中得到好处，显然利大于弊。我注意不把入世的好处说得太满，而是突出互利双赢。

通过各方共同努力，美国国会众、参两院分别于 5 月 24 日、9 月 20 日通过有关议案。议案总体上是积极的，但也埋下一些“钉子”，包括建立由政府官员和国会议员组成的所谓“中国问题委员会”，“评估”中国的人权、宗教、劳工状况并提出建议。这是国会与白宫妥协的产物，也是国会与白宫一个唱白脸、一个唱红脸的结果。

美国舆论普遍认为，这是自尼克松总统 1972 年访华以来中美关系向前迈出的一大步，是中美关系改善和发展的重要转折点，标志着两国关系将进入一个新阶段。

“9·11”事件发生后

我是无神论者，但人也许有时真的会有某种感应。2001 年 9 月 11 日的晚上，德国交响乐团访华，我应邀去保利剧院看演出。看着看着，我好像感觉到要发生什么事情，演出还没结束，就走出剧院，想回办公室看看有什么事没有。因为没到约定的时间，司机不在。正巧一位好心的哈尔滨人认出了我，主动提出开车送我回外交部。几年之后，我在哈尔滨向时任黑龙江省委书记吉炳轩提到此事，向黑龙江人民表示敬佩。吉书记笑答：我们这里就是雷锋多。

我回到办公室，打开电视随便看看，立马看到纽约世界贸易大楼冒着浓烟，美国有线电视新闻网正报道美国遭到恐怖袭击。没过几分钟，江泽民主席打来电话：肇星，你在办公室加班，很好。你看电视了吗？我说，我正在看，美国好像发生恐怖袭击了。江主席说：就这事，你马上带助手过来开会；带谁、带几个，你随便，要快！

我来不及和别人打招呼，叫上正在部里加班的亚洲司司长傅莹和美大司参赞张昆生，一起赶往中南海。

一路上，我在想，出了这么大的事，中国该怎么办？当时，发生在同年 4 月的“撞机事件”给双方造成的对立情绪还在。美国对华政策强硬的一面上升，小布什政府事实上已把中国定位为美国的“战略竞争者”。中国民众对美国在“撞机事件”中“欺人太甚”和小布什关于“保卫台湾”的论调十分不满。同时，中国是一个负责任的大国，在国际上一向坚持原则、主持公道，按事情本身的是非曲直决定自己的立场。谁对，我们就支持谁、赞成谁；谁不对，我们就批评谁、反对谁。我们一贯坚定反对恐怖主义，不管它发生在什么地方。现在，从国际道义和原则立场出发，我们都不能因“撞机事件”而对美国发生的灾难幸灾乐祸，不能因为心里有气或不喜欢美国搞霸权主义就对恐怖主义睁一只眼、闭一只眼。一码归一码，我们反对霸权主义，也反对恐怖主义。我们不愿意看到无辜平民受到伤害，应该让美国政府和人民看到中国政府和人民的正义感和同情心。

大家在会上进行了讨论，最后会议决定，中国政府应该对“9 · 11”事件迅速做出反应，向美国政府和人民表示同情和支持。事件发生后仅 5 个小时，江主席就紧急致电小布什总统，代表中国政府和人民，向美国政府和人民表示深切的慰问，并对死难者表示哀悼。江主席指出，中国政府一贯谴责和反对一切恐怖主义的暴力活动。

第二天晚上，江主席又与小布什通电话，再次强烈谴责“这起骇人听闻的恐怖活动”，并表示愿向美方提供“一切必要的支援和协助”。小布什在电话中表示，非常感谢江主席的慰问电，江主席是最早慰问他的外国领导人之一。外交部发言人朱邦造专门发表谈话，代表中国政府表示：“美国纽约和华盛顿地区一些地方受到严重袭击，造成重大人员伤亡，我们对此深感震惊。中国政府一贯谴责和反对一切恐怖主义的暴力活动。”在联合国，中国投票支持美国提出的安理会反恐决议。

唐家璇外长给鲍威尔国务卿发去慰问电。我连续打电话给美国驻华大使雷德、在中国出席“21 世纪的中国与世界”论坛的美国前总统国家安全事务助理布热津斯基、前助理国防部长傅立民、美中关系全国委员会会长何立强表示慰问。中国驻美使领馆、常驻联合国代表团降半旗致哀。

国内舆论也很关注“9 · 11”事件，觉得国际社会应该联合起来打击恐怖主义。

说起来，美国人永远是很“讲政治”的。有一个国内新闻代表团那时正好访问华盛顿，看到电视里的画面随意评论了几句，美国人听了不高兴，立即要求他们中断访问、提前回国。

有一位美国记者问中国驻纽约总领事张宏喜：“听说你们国内有人对‘9 · 11’事件的发生表示高兴，你对此有何看法？”张宏喜说：“你知道中国有多少人口？13 亿！遇到一件事情，你总不能让 13 亿人说哭就都哭、说笑就都笑吧！中国对‘9 · 11’事件怎么看，你应该看我们国家领导人的表态，看我们政府的态度，看我们使领馆的态度。”他回答得很精彩。

我们不光说得好，做得也好。中国政府很快派出多名专家向美方提供力所能及的帮助。

对中国在“9 · 11”事件后给予美方的支持，小布什政府多次表示“感激”和“高兴”。尤其考虑到当时中美关系的状况，美国人感到这一支持难能可贵。鲍威尔国务卿在一个外交场合说，中国作为一个负责任的联合国安理会常任理事国，在全球反恐中发挥着重要作用。

江主席与布什总统 10 月 19 日在上海亚太经济合作组织领导人非正式会议期间举行会晤。小布什说：“美国感谢中国政府在‘9 · 11’事件发生后立即做出反应，毫不犹豫地明确支持美国人民反对恐怖主义。我多次对同事讲，中国是一个伟大的国家。我高度重视美中关系。在目前情况下，我离开美国是一件很困难的事。但我还是来到中国，因为美中关系太重要了。如果此次亚太经合组织会议在其他国家举行，我很可能不会参加。”

我知道，小布什心直口快，他的这段话不像外交辞令，而是心里话。

外交工作讲究审时度势。“9 · 11”事件的发生以及中国政府的及时反应和积极应对，拉近了中美人民之间的感情，对于推动小布什政府初期中美关系的改善和稳定发展具有重要意义。

有人说“9 · 11”事件救了中美关系，这有点儿言过其实，但也不是一点儿道理都没有。没有“9 · 11”事件，中美关系肯定也会好转，只是时间可能晚一些，因为中美两国人民的共同利益太多了。这一事件只不过给中美关系转圜提供了一次机遇。

大道无遮拦

2009 年 1 月 12 日，中国人民外交学会与美国威尔逊中心基辛格中美关系研究所在北京举办纪念中美建交 30 周年研讨会。我作为外交学会名誉会长在开幕式上讲了下面这段话：

> 中美建交具有划时代意义。30 年后，回顾这一事件，更深感如此。
>
> 30 年前，中美老一代领导人秉持和平与发展理念，摒弃战略对抗，推动两国关系正常化；如今，中美友好正展现出强大的生机与广阔前景。
>
> 30 年前，中美严重对立；如今，两国已成为建设性合作伙伴，拥有 60 多个对话机制、30 多个政府间合作协议。
>
> 30 年前，两国人民相互隔绝；如今，两国缔结友好省州 35 对、姊妹城市 132 对，每天有 5 000 多人往来于太平洋上空。
>
> 30 年前，邓小平同志问卡特总统：“中国能否派 5 000 名留学生到美国学习？”卡特总统说：“可以派两万！”30 年来，中国赴美留学生总数已达 40 万人。他的这一决定在当时被认为极富远见卓识、

慷慨大胆。

30年前，中美年贸易额只有9.9亿美元。据一篇报道透露，1971年，基辛格博士悄悄访华时曾允许每位随行人员购买100美元的中国货。而到了2008年，中美双边贸易额已达3 337亿美元。

30年前，中美金融交往为零；如今，两国利益交织。地球变小了，面对百年不遇的金融危机，中美也成了需要相互关照的“邻居”。一位美国学者甚至创造了“中美国”（Chimerica）一词，表明两国已你中有我，我中有你。

随着两国在各领域的交流加深，彼此的影响已在不经意间渗透到普通百姓的生活中。从芭比娃娃、可口可乐、耐克、麦当劳到米老鼠，从遍布各地商场的“中国制造”、姚明参与NBA到郎平执教美国女排并获北京奥运会亚军，中美友好给两国人民带来了实实在在的好处。

……

我说的这些都是众人皆知的事实。回顾过去，中美关系的发展让我们这些参与者高兴，也让两国人民高兴。展望未来，我们应该继续推动中美关系的发展，造福两国人民和世界人民。我前后在美国工作过6年，到过美国50个州，经历过两国关系的风风雨雨，尤其珍惜中美友好合作。我们一向坚持用全面的、辩证的眼光看问题，对中美关系也应当这样。

中国是世界上最大的发展中国家，美国是世界上最大的发达国家，两国对世界和平与发展负有共同责任。两国不能解决世界上的所有问题，但没有中国和美国的合作，世界上任何重大问题的解决都是难以想象的。中美关系搞坏了，两国谁都承担不起，全世界也会跟着遭殃。中美只能友好合作，没有别的选择，这是由中美关系的性质决定的。在全球化的时代，需要用全球视野、战略思维看待和处理中美关系。

“大道无遮拦”。我喜欢福建一位僧人为日本一座大庙写的这句佛语。中美关系就是不怕遮拦、不可遮拦的大道。无论遇到什么困难曲折，中国人民和美国人民都必须长期友好下去。通过共同努力，中美两个伟大国家一定会走出一条相互尊重、互利合作的新型大国关系之路。

第二章　俄罗斯：莫斯科不相信眼泪

说起中俄关系，一些词自然而然地会从我的脑海里跳出来："老大哥"、"一边倒"、"一条线"、"北极熊"、"苏修"（苏联修正主义）、"苏联霸权主义"、"战略协作伙伴"……这些中国人耳熟能详的说法折射出大半个世纪中俄（苏）关系发展的曲折历程和两国人民之间的恩恩怨怨。

提意见，可以；欺负人，不干

1988年12月1日，我作为外交部新闻司司长陪同钱其琛外长访问苏联，同行的还有苏欧司司长戴秉国、亚洲司副司长张青、俄语翻译宫建伟等。

差点儿去苏联留学

在飞往莫斯科的苏航班机上，我回想起自己与苏联的情缘和中苏关系的历历往事。

我们这一代人是读着苏联的书长大的，多少有些“苏联情结”。小时候我就知道，俄国十月革命的胜利开辟了人类的新纪元，也给中国送来了马克思列宁主义。我在姥姥家上小学时就学唱《红莓花儿开》、《喀秋莎》等苏联歌曲。

1953 年 3 月 5 日，苏联领导人斯大林逝世。此后的一天，我作为王戈庄小学六年级学生和中国少年儿童队（这年 6 月改名为中国少年先锋队）副大队长和其他同学肃立在半降的五星红旗下哭得昏天黑地：伟大的革命导师斯大林同志去世了，怎么得了，天是不是要塌下来了？

我初中最喜欢的两本书都是苏联人写的。上初一时，我用一个星期天读完科斯莫杰米扬斯卡娅的《卓娅与舒拉的故事》，书中两位年轻主人公为了保卫祖国不惜牺牲的英雄气概让我深受感动和鼓舞。那个时候，苏联的英雄人物保尔 · 柯察金是中国少年儿童的偶像，我用另一个星期天一口气激动地读完奥斯特洛夫斯基在病中顽强写完的《钢铁是怎样炼成的》。记得这本书是梅益同志从英文翻译成中文的，文字极具感染力，读完后印象深刻，有些句子我至今还能背下来：“人最宝贵的东西是生命，生命属于我们只有一次。一个人的生命应该这样度过：当他回首往事的时候，他不因虚度年华而悔恨，也不因碌碌无为而羞耻。”这句话影响了我的一生。

我后来还读了屠格涅夫的《猎人笔记》、法捷耶夫的《青年近卫军》和普希金的《上尉的女儿》。那时一般中学，特别是城里的重点中学都教俄语，我们胶南中学是解放后一个新建县的新建中学，后来原属藏马县的一所中学被合并到我们县，胶南中学才成了胶南一中。因为找不到俄文教师，我们在无奈之下学了英语。没想到，英语后来为我打开了通向世界的一扇窗户。

1959 年仲春的一天，学校领导颇为神秘地把我叫去，让我准备进北京外国语学院留苏预备部。这对我一个乡下孩子来说，真是天大的喜事。但留苏的事因中苏关系恶化而未能实现。校长说，留苏不成就好好考清华北大山大吧！我喜欢代数，但不大爱学几何和三角，思来想去没敢报考清华，第一志愿报了北京大学中文系，第二志愿是北京大学西语系英文专业，第三志愿报了该系法文专业，第四志愿为该系德文专业，第五志愿报了北大历史系，第六志愿为北大法律系，第七志愿为复旦大学中文系……没想到北大以第二志愿录取了我。可以说，中苏关系的变化多少影响了我的人生轨迹。

苏联确实变“修”了

到北京上大学和参加工作后，我慢慢了解和明白：苏联是个伟大的国家，它地大物博，文化厚重，曾为人类贡献了无数英才，创造了诸多辉煌，第二次世界大战后崛起成为超级大国。它作为中国最大邻国对中国的外交和经济社会发展产生过独一无二的影响。

中苏关系是影响20世纪中国历史进程最重要的双边关系之一。新中国成立后，采取“一边倒”的外交政策，与苏联结盟，加入社会主义阵营。在社会主义建设初期，我们提出向苏联“老大哥”学习。后来两党在意识形态上出现分歧，继而展开“中苏论战”，“苏联修正主义”经常出现在中国的报纸上。

1960年7月，苏方将两党分歧扩大到国家关系上，突然撤走在中国帮助建设的1 390名专家，撕毁了两国政府签订的12个协定和两国科学院签订的1个议定书以及300多项专家合同，取消了200多个科技合作项目。这一举动给中国造成重大损失，也伤害了中国人民的感情。

1969年，两国之间先后发生了珍宝岛事件和铁列克提事件，双方边境冲突升级。苏联在边境地区大量增兵，并派军队进驻中苏的共同邻国蒙古人民共和国（现蒙古国），总数达100万人，从北面对中国安全构成严重威胁，两国关系十分紧张，冲突一触即发。

珍宝岛事件后，中苏两国开始全面对峙。据西方媒体透露，苏联领导人曾考虑对中国进行“外科手术式”核打击。中国政府就此发表声明，警告说：“如果一小撮战争狂人敢冒天下之大不韪，袭击中国战略要地，那就是战争，那就是侵略。7亿中国人民就要奋起抵抗，用革命战争消灭侵略战争。”好在苏联没有轻举妄动，否则后果不堪设想。

70年代中苏继续对抗。1978年12月，苏联支持越南先后出动20余万兵力入侵柬埔寨。事隔一年，苏联自己又出兵10万入侵阿富汗。苏联这么做主要是出于称霸全球的需要，实际上也从北面、南面、西面对中国形成军事包围态势，威胁中国的安全。

在中苏关系恶化期间，我去过一次苏联。那是1965年，我随文化部代表团去瑞士、东德、西德、英国路过莫斯科。行前领导找我们谈话，要求我们提高对苏联修正主义的认识和警惕，要经得起考验。当时中国人普遍把“苏修”看得比“美帝”还要坏。

我们乘坐的是图–154客机，飞机在伊尔库茨克停留加油，然后继续飞往莫斯科。我第一次看见贝加尔湖，想到了苏武牧羊。一到莫斯科，感觉气氛紧张，我们住在中国驻苏使馆的招待所，使馆门口有苏联特务在监视。我利用在莫斯科转机的一天空闲，去拜谒列宁墓，还去了无名烈士墓、卓娅和舒拉的墓以及青年近卫军战士古丽娅的墓，都与小时候崇敬的苏联英雄人物有关。

我在从莫斯科去英国的飞机上写了一首歌颂列宁的诗。我还在日记里写道：“这是你——伟大列宁的故乡，我和我的同学不允许任何叛徒对你有任何损伤。”

老实说，我第一次苏联之行印象比较深刻的是，莫斯科人总体上比较文明，有礼貌，爱清洁。街上的行人比较稀少，人们的衣着简朴实用，大多是皮帽、大衣、长袜、长筒靴。可出差回国后，想到出国前领导的叮嘱，想到自己是个正申请入党的共青团员，得高标准地挑“苏修”的毛病，就在思想汇报里认真写道：苏联确实“变修”了，大街上没有看到任何革命口号，不像北京的街头到处都是“打倒美帝国主义”、“世界人民大团结”这样的标语，也没有看到马克思像和列宁像，苏联的年轻人穿得很怪，女孩子头发梳得高高的……

中苏对抗导致了社会主义阵营的破裂，也间接促成中美关系的缓和。

苏方得做点事才行

到了80年代初，美苏关系发生了重要变化。随着中国改革开放，中苏关系正常化提上日程。1982年3月24日，苏联最高领导人勃列日涅夫在塔什干发表讲话，“羞羞答答”地向中方发出了改善关系的信号。邓小平同志马上注意到勃列日涅夫塔什干讲话字里行间的意思，指示外交部立即做出适当反应。外交部新闻司司长钱其琛举行了外交部的第一次新闻发布会，我担任英文翻译。

钱其琛发布了一个简短声明：“我们注意到了3月24日苏联勃列日涅夫主席在塔什干发表的关于中苏关系的讲话。我们坚决拒绝讲话中对中国的攻击。在中苏两国关系和国际事务中，我们重视的是苏联的实际行动。”几个月后，升任副外长的钱其琛作为中国政府特使开始在北京、莫斯科两地之间穿梭，就中苏关系正常化问题与苏方进行副外长级政治磋商。这一磋商历时6年，共举行了12轮，到1988年钱外长访苏时基本完成历史使命。

当时，小平同志决定，中苏关系要有一个大的改善，这种改善又必须是有原则的，苏方得做点事才行。“做点事”指的是苏方要在消除影响中苏关系正常化的“三大障碍”方面采取行动，也就是“三个撤军”：苏联劝越南从柬埔寨撤军，苏方从中苏边境地区和蒙古撤军，苏联从阿富汗撤军。1985年3月，戈尔巴乔夫接任苏共中央总书记一职，出于自身需要，他决定迈出实质性步子，加快推动中苏关系正常化。第二年 7 月，戈尔巴乔夫在苏联远东城市海参崴发表了一次耐人寻味的外交政策演说。国际舆论认为，戈尔巴乔夫选择在与中国近在咫尺的海参崴讲话，主要是针对中国的，有些新东西。

1986 年，中共中央总书记胡耀邦访问英国、联邦德国、法国和意大利等欧洲四国，我担任代表团的发言人。胡耀邦同志在回答记者有关苏联改革和中苏关系的提问时说：改革总是好的，但在我们看来，苏联的改革和它的对外政策不协调。戈尔巴乔夫表达了好的愿望，如果有实际行动就更好了。我们赞成会晤，只是不赞成为会晤而会晤。如果不承认、不消除“三大障碍”，又有什么用呢？难道是为了游山玩水吗？

慢慢地，苏联方面在消除影响中苏关系正常化的“三大障碍”上有了实质性的进展，中苏关系出现了新的转机。

在这一背景下，钱其琛成了 1957 年以后第一位正式访苏的中国外长。我有幸陪同，见证历史。

去之前，小平同志专门把钱外长叫到家里，谈中苏关系正常化的问题。在北京机场，钱外长发表简短谈话说：在过去几十年的中苏关系中，有过友好相处和交往的岁月，也有过相互对抗和冲突的时期；我这次访问的目的是谋求通过坦诚、认真的讨论，增进相互了解，推进两国关系正常化的进程。

钱外长与苏联外长谢瓦尔德纳泽谈得不错，苏联方面答应逐步消除中苏关系的“三大障碍”。戈尔巴乔夫总书记 12 月 2 日在克里姆林宫会见了钱外长。值得一提的是，戈尔巴乔夫主动表示，对苏中之间过去发生的一些事情，苏方“也有过错”。苏联最高领导人正式向中方承认错误，在中苏关系史上，此前只有斯大林一人。会见后，戈尔巴乔夫高兴地对记者说：“我想一切都进行得很好，很正常，我相信这符合我们两国人民的利益。”他积极评价中国外长的这次访问，说“中苏关系正在进入一个新的阶段”。

那天晚上，代表团向国内汇报了会谈的情况。钱外长睡不着，就找戴秉国、张青和我聊天。当时，我们住的是苏联外交部在柯西金大街上的招待所。为了防止窃听，我们几个穿上棉大衣，在院子里的雪地上边溜达边讨论钱外长提出的问题：怎么看待这次访问？怎么看待苏联方面消除“三大障碍”的态度？问题算不算解决了？

秉国和我都认为，苏联人的承诺是有意义的，中苏关系正常化的条件基本成熟。我说，外交上的事情没有多少是干净利索、一步到位的。钱外长一直在静静地听我们说话，自己一言未发……我永远难忘的是，他缓慢而有力的脚步下积雪在沙沙作响。

12 月 4 日结束访问回到北京后，钱外长直接去小平同志家汇报。没过多久，我们正式邀请戈尔巴乔夫第二年访华。

“历史账讲了，这些问题一风吹”

1989 年 5 月 15 日，戈尔巴乔夫以苏共中央总书记和苏联最高苏维埃主席团主席的双重身份，开始对我国进行为期 4 天的正式访问。这是苏联最高领导人 30 年来首次踏上中国的领土。他此访的“重头戏”是 5 月 16 日上午 10 时与邓小平同志会晤。我当时负责小平同志会见戈尔巴乔夫的新闻吹风。

那天，小平同志身着朴素的深灰色中山装，破例到东大厅正门外迎客。10 时刚过，戈尔巴乔夫来了，小平同志迈着稳健的步伐，微笑着走上前去，握住戈尔巴乔夫的手说：“中国人民真诚地希望中苏关系能够得到改善。我建议利用这个机会宣布中苏关系从此实现正常化。”戈尔巴乔夫点点头。细心的记者注意到，小平同志与戈尔巴乔夫双手相握，长达 1 分 30 秒。稍停片刻，他又扬手指指正在手忙脚乱按动快门的记者们说：

"趁他们还没离开，我们也宣布两党的关系实现正常化。"两位领导人再次握手。

邓小平同志与戈尔巴乔夫会晤一开始，就确立了"结束过去，开辟未来"的主题。他首先毫不客气地历数沙俄时期及斯大林时期侵害中国权益的历史，指出，从鸦片战争起，列强侵略给中国造成灾难最大的是日本，但从中国得利最大的是沙俄，在一定时期内也包括苏联。小平同志说，中苏关系在60年代恶化后，苏联不断在两国边境地区加强军事设施，军队增加到100万，导弹增加到相当于苏联全部导弹的三分之一。苏联还在蒙古驻军。人们自然会得出结论：对中国的威胁从何而来……

戈尔巴乔夫好像没听明白邓小平同志谈这些敏感话题的意思，他赶紧表白："对于不太遥远的往事，我们感到有一定过错和责任。两国间比较遥远的事情，是历史形成的。如果重提国与国的边界是怎样形成的，如果要恢复从前的边界，那么就得改画世界地图，这样就会引起天下大乱……"小平同志摆摆手，对他说："我讲这么长，叫'结束过去'，目的是使苏联同志理解我们是怎样认识这个'过去'的，脑子里装的是什么东西。历史账讲了，这些问题一风吹，这也是这次会晤取得的一个成果。"戈尔巴乔夫对小平同志的坦诚态度表示感谢。

关于中苏关系的未来，邓小平同志总结了国际共产主义运动的历史教训，强调无论是结盟还是对抗都是不成功的，中苏关系还是要以和平共处五项原则为基础。他还强调："两国关系正常化以后，无论深度和广度都会有很大发展。今后双方发展关系，要多做实事，少说空话。"

邓小平与戈尔巴乔夫的这一历史性会晤进行了两个半小时，是中苏关系的转折点，揭开了两国友好的新篇章。会晤结束后发表的联合公报确定：两国关系的性质是不结盟、不对抗、不针对第三国和睦邻友好。中苏领导人对两国关系的界定，符合两国人民的根本利益，也有利于世界的和平与稳定。

从此，中苏双方超越意识形态的争论，优先解决现实问题，致力于建立以和平共处五项原则为基础的新型关系。用当时一位中央领导同志的话来说就是，（中苏之间）做好邻居，可以；再结同盟，不干。

领导人常来常往，老百姓互谅互让

戈尔巴乔夫访华后不到两年，苏联解体，中苏关系过渡到中俄关系、中国同十几个独联体国家的关系。

没有理由不友好

很长一段时间，我没有直接参与处理中俄关系，却在不同的岗位上看到两国关系稳定发展，连续上了几个台阶：从“互为友好国家”到“建设性伙伴关系”，再到“面向21世纪的战略协作伙伴关系”。2001年，两国签署了《中俄睦邻友好合作条约》，确立了中俄“世代友好、永不为敌”的方针，为两国关系长期稳定发展奠定了牢固的法律基础。两国还同哈萨克斯坦、吉尔吉斯斯坦、塔吉克斯坦、乌兹别克斯坦共同建立了上海合作组织，第一个以中国地名命名的政府间国际组织。

中俄互为最大邻国，没有理由不友好。中俄战略协作伙伴关系的建立符合双方的根本利益。良好的中俄关系对冷战后一度处于困难时期的中国外交具有重要意义，有利于中国在国际上扩大回旋余地，化解西方的战略压力。

俄罗斯在台湾问题上对中国的支持很重要。1992年9月，叶利钦签署了《关于俄罗斯与台湾关系的命令》。此后俄罗斯恪守承诺，坚持一个中国的立场，不与台湾发生官方关系。1995至1996年，中美围绕台湾问题进行了一场激烈的斗争。俄方发表声明强调，台湾是中国的一部分，台湾海峡的紧张局势不影响两国关系的发展。我当时分管中美关系，亲身感受到这一宝贵支持对涉台问题上的对美斗争具有重要意义。

1998 年 11 月，江泽民主席访问俄罗斯，双方发表了《关于世纪之交的中俄关系的联合声明》。俄方在台湾问题上重申世界上只有一个中国，即中华人民共和国，同时承诺不支持任何形式的“台湾独立”，不接受“两个中国”、“一中一台”，不支持台湾加入联合国和其他只有主权国家才能加入的国际组织，不向台湾出售武器。记得普里马科夫总理对江主席说，世界上没有任何其他国家像俄罗斯这样明确、全面地阐述在台湾问题上的立场。他的说法有点儿自我表扬的味道，不过倒也符合事实。

中俄关系是中国与其他大国关系中发展迅速、机制完备、覆盖面广、合作水平高的一对大国关系。双方有元首、总理和议会等高层定期会晤机制及战略安全磋商机制。江泽民主席、胡锦涛主席和习近平主席作为国家元首第一次出访都是去俄罗斯，这一事实具有重要的象征意义和实质意义，显示了中俄友好的特殊性。两国互为最重要的战略协作伙伴，彼此成为各自维护核心利益、促进发展振兴的可靠战略支撑和主要外部积极因素，这是双方基于自身战略利益的选择。

中俄作为世界大国和联合国安理会常任理事国，对维护世界和平与发展负有重要责任。两国在重大国际与地区问题上保持密切沟通，最大的共同点是积极主张和大力推动世界多极化。两国在 1997 年发表了《中俄关于世界多极化和建立国际新秩序的联合声明》，2005 年又发表了《中俄关于 21 世纪国际秩序的联合声明》，重申建立多极世界的主张。

有专家说，20 世纪 50 年代中苏一起反美，70 年代中美共同反苏，现在中俄又站到了一起。其实，中俄并不是联手对付美国，而是在推进世界多极化的进程中共同语言较多、有广泛的利益汇合点而已。

几乎和中国人唱得一样好

从1949年10月2日中苏建交到苏联解体的1991年12月，两国元首只进行了7次会晤。我担任外长的那几年，中俄领导人可以说是常来常往，两国元首每年都在双边及多边场合会晤好几次。

2006年，俄罗斯总统普京访问中国。普京对中国传统文化很感兴趣，提出要参观河南嵩山少林寺。河南省外办建议：普京是柔道高手，他参观少林寺的时候最好有一些表演。但如果要进行表演性比赛，会出现难题：少林寺赢了不合适，输了又有损少林寺的威名。该怎么办呢？

听到河南省外办的这些顾虑，我说，有关安排要符合外交礼仪，顺乎自然。俄罗斯人听到这些意见后也拿不定主意，说要回去商量，最后不得不请示普京。普京说：你们不用管，我自己处理。

3月22日，少林寺以隆重的仪式欢迎远道而来的俄罗斯贵宾。少林寺方丈释永信陪同普京参观了寺庙。在方丈室前的空地上，普京观看了少林寺武僧的精彩表演。突然，他走进表演队伍，顺手把一个8岁的小和尚抛向空中，然后让他稳稳地坐在自己的肩上。普京显示了自己的功夫，又不伤及少林寺的面子，这是一个双赢的结果。

我有一次访问俄罗斯，拉夫罗夫外长在莫斯科郊外的小花园餐厅设宴款待。吃着吃着，拉夫罗夫宣布：下面请我的好朋友李外长欣赏俄罗斯人用中文演唱的“中国民歌”——《莫斯科郊外的晚上》。我开始一愣，仔细一想就回过味来了。拉夫罗夫把前苏联著名歌曲《莫斯科郊外的晚上》说成“中国民歌”可能有三个原因：一是苏联不存在了，二是唱这首歌的应该是中国人最多，三是像我这一代人对这首歌都情有独钟。俄罗斯人唱得还真不错。我在致辞中说，感谢俄罗斯朋友演唱“中国民歌”，他们“几乎和中国人唱得一样好”。

互办国家年是中俄两国关系的一个创举，仅2006年在中国举办的

“俄罗斯年”大型活动就有200多项，涵盖中俄合作的方方面面。这加深了两国人民的相互了解与友情，扩大了两国关系的民意和社会基础。

后来，双方还互办“语言年”、“旅游年”以及中俄中小学生夏令营、冬令营等活动，两国人文交流的水平不断提升。我记得，举办“汉语年”的时候，中国人民解放军总政治部歌舞团与莫斯科交响乐团在俄罗斯共同演出中国大型歌剧《木兰诗篇》，受到俄罗斯公众的热烈欢迎，成为两国文化交流中的一件盛事。这部歌剧获得成功的原因，一是《木兰诗篇》承继经典，赋予新意，是一部以生命与爱情呼唤正义与和平的民族史诗，这种爱国、爱民的英雄主义精神超越时空，超越国界；二是俄罗斯是歌剧大国，公众一向对歌剧怀有巨大热情。

当然，中俄关系也有一些矛盾，有些是需要协调的经济利益问题，有些是深层次的文化观念、思维方式等方面的差异以及由此产生的误解。比如，中俄边境地区合作在较快发展的同时也存在一些问题，最突出的是跨境交通和口岸基础设施建设相对滞后。双方在黑龙江上没有一座跨境桥梁。在繁忙的运输季节，一些口岸常出现人员、货物、车辆、设备因通道少、过关慢而积压的现象。又比如，有一次俄罗斯方面找我们交涉说，中国人常越过中俄边界线，黑龙江主航道中心线，到俄方水域捕捞大马哈鱼、走私俄罗斯木材，俄方对此表示不满。为了照顾中方面子，俄方没有公开这些事，愿悄悄同中方沟通。我听后说，面子是重要的，但两国友好更重要。我们对内对外都得依法办事，中俄边境地区也要依法办事，防止走私、越界等不法行为。俄方听了很高兴。

领土问题没有简单答案

还是在1989年5月16日与戈尔巴乔夫的会晤中，邓小平同志讲到历史上中国遭受列强宰割的情况，特别谈到历史上沙俄通过不平等条约侵占中国超过150万平方公里的领土，但同时表示，考虑到历史和现实的情况，中方愿意以这些条约为基础，务实解决边界问题。

中国与沙俄、原苏联有长达7 000多公里的边界。在长达几个世纪的岁月里，两国边界争议曾经导致不知多少次冲突。1964年，中苏开始第一次边界谈判，这次谈判持续半年时间，以失败告终。第二次边界谈判于1969年10月开始在北京举行，也没有谈出结果。毛主席曾说：我们要有耐心，好好谈判，谈出个睦邻友好关系来。我们要文斗，不要武斗。

1987年2月，中苏双方开始第三次边界谈判。戈尔巴乔夫访华后，中苏关系全面回暖，边界谈判进程加快。苏联解体后，中苏边界变为中国与俄罗斯、哈萨克斯坦、吉尔吉斯斯坦和塔吉克斯坦四国的共同边界，相应地，原先中苏一对一的边界谈判变成了中国与俄、哈、吉、塔四国的边界谈判。

新的谈判取得了重要进展。中国很快与哈、吉、塔三国完成谈判，解决了边界问题。中俄双方也本着求同存异的精神，按照“结束过去，开辟未来”的原则，经过十几年谈判，终于解决了这一错综复杂、长期困扰两国关系的最敏感的历史遗留问题。

1991年5月，中共中央总书记、中央军委主席江泽民访问苏联，两国签署了《中华人民共和国和苏维埃社会主义共和国联盟关于中苏国界东段的协定》。1994年，中国与俄罗斯又签订《中华人民共和国和俄罗斯联邦关于中俄国界西段的协定》。这两个协定是根据公认的国际法准则，本着平等协商、互谅互让的精神，通过谈判达成的，解决了中俄之间98%的边界争议，剩下的2%是关于阿巴该图洲渚、银龙岛与黑瞎子岛的争议。

黑瞎子岛，又称抚远三角洲，因常有黑熊出没被称为“黑瞎子岛”，面积为335平方公里。由于地处中国最东端“金鸡”版图上鸡冠的位置，扼守着黑龙江—乌苏里江航道咽喉，并紧邻俄罗斯的哈巴罗夫斯克，黑瞎子岛的战略地位重要，其归属问题一直是中俄（苏）边界谈判的难点，一度成为历史遗留问题的尾巴。

2001年《中俄睦邻友好合作条约》签署后，两国元首做出政治决断，尽早解决黑瞎子岛问题，消除两国关系中的一个隐患，以更好地集中精力发展两国关系。两国领导人强调，谈判要“以有关目前中俄（苏）边界的条约为基础，按照公认的国际法准则，公平合理，互谅互让，相互妥协”。

两国外交部根据两国元首的共识展开谈判。经过长达三年艰苦、认真的谈判，双方最终达成一致，满洲里东部额尔古纳河上的阿巴该图洲渚分为两部分，分别归中国和俄罗斯所有；银龙岛（塔拉巴罗夫岛）归中国所有；黑瞎子岛（博利绍伊乌苏里斯基岛）一分为二，大体平分，归中国和俄罗斯所有，从而为中俄边界问题的解决画上了一个句点。

2004年10月，在普京总统访华期间，我和拉夫罗夫外长代表两国政府签署了《中华人民共和国和俄罗斯联邦关于中俄国界东段的补充协定》，解决了这些岛屿的归属问题和全部边界问题。两国立法机构分别在2005年4月和5月批准了这一协定。

协定批准后，双方需要互换批准书。俄方向我们打听，双方何时互换批准书？那时快到“六一”儿童节了，我想起小时候特别喜欢过“六一”儿童节，对这一天的来历印象非常深刻。那是1942年6月，德国法西斯枪杀了捷克利迪策村16岁以上的男性公民140余人和全部婴儿，并把妇女和90名儿童押往集中营。为了悼念利迪策村和全世界所有在战争中死难的儿童，保障世界各国儿童的生存权、保健权和受教育权，1949年11月，国际民主妇女联合会在莫斯科举行理事会议，决定把每年的6月1日确定为国际儿童节。

想到这些，我建议说，最好是6月1日，国际儿童节。拉夫罗夫表示同意。我心里希望在这一天中国小朋友能收到一份特殊的礼物，这块中国“金鸡”版图上“鸡冠”的一部分、至今已离开祖国将近80年的领土可以收回来了。这样，我们相约在俄罗斯的符拉迪沃斯托克见面。遗憾的是，俄罗斯人在儿童节那天忙中出错，没带批准书的文本，而从莫斯科到符拉迪沃斯托克一天只有一趟飞机。我与拉夫罗夫外长在6月2日互换了批准书。

在回北京的飞机上，我就想：无论在中国还是在俄罗斯，老百姓和专家学者都有议论，谁赢了？谁输了？这个问题很难有一个简单的答案，恐怕也找不到更好的解决办法。不管怎么说，黑瞎子岛的一大半，这个中国最早见到太阳的地方终于回归祖国了。这是和平解决领土纠纷的一个成功案例，曾经困扰中俄关系很多年的这段历史终于可以翻过去了。

中俄东段勘界工作很快就启动了，在双方的努力下，实地勘界工作顺利完成。2008年10月14日，中国和俄罗斯在黑瞎子岛上举行中俄界碑揭牌仪式，标志着中俄长达4 300多公里的边界线全部划定。我羡慕和祝贺我的年轻战友杨洁篪外长，是他代表中方参与划定最后一段中俄边界线的。这是300年来中俄历史上第一次有了双方都认可的、经过认真勘界也有文字记载的边界线。这一漫长的边界线将成为促进中俄人民友好的纽带。

苏联为什么会解体

对于我们这些外交官来说，最难弄懂也最该弄懂的一个事件就是苏联解体。一个超级大国竟在短短几年内土崩瓦解，不禁令人感慨万千。

戈尔巴乔夫：我最敬佩的是邓小平先生

事情得从戈尔巴乔夫说起。

2004年6月初，我随胡锦涛主席访问波兰、匈牙利、罗马尼亚和乌兹别克斯坦。刚到波兰的第二天便得到消息，美国政府将于11日为不久前去世的前总统里根举行国葬。胡主席指示我作为他的特使代表中国政府出席葬礼。乘班机去已经来不及了，幸好波兰总统克瓦希涅夫斯基很热情，让我和波兰政府特使、前总统瓦文萨一起搭乘波方专机前往华盛顿。这架专机就是 2010 年 5 月 10 日失事的波兰总统卡钦斯基那架飞机。

我同秘书张昆生和瓦文萨一起乘坐图–154 客机去参加里根的葬礼。到了华盛顿后才知道，参加里根葬礼的来宾还有英国前首相撒切尔夫人、前苏联领导人戈尔巴乔夫等。

华盛顿的活动结束后，我要赶回去继续参加胡主席的欧亚之行。那时，胡主席代表团已经离开波兰，我们也不好意思再搭乘波兰政府的专机，就坐了国际航班。

我把包放好，坐下来一抬头，发现戈尔巴乔夫也坐在里面。他显然也看到了我。1989 年 5 月他作为苏共中央总书记访华会见邓小平同志时，我也在场。他好像对我还有点儿印象，通过翻译主动与我打招呼。

我当然很高兴与这位前苏联领导人聊天。开始几分钟，我们聊了一些轻松的话题。

我心里想，当年的超级大国苏联那么快分崩离析，冷战就那么稀里糊涂地结束了，难得有机会与直接当事人见面。我很客气地对戈尔巴乔夫说："我很荣幸与阁下见面，不想失去今天这个请教机会。多年来，包括我在内的许多中国朋友一直特别想知道，为什么那么大的苏联，那么强的社会主义大国，在短短的几年内就解体了？主要原因是什么？"为了避免让对方尴尬，我特意补充了一句："这个问题不太外交，您可以回答，也可以不回答。"

戈尔巴乔夫犹豫了片刻，面色凝重地说："关于这个问题，我想告诉你的是，在各国领导人当中，我最敬佩的是邓小平先生。而我们那里没有个邓小平。"说完，戈尔巴乔夫再也没有往下说什么。他这句话有什么含义？只能让人们去猜测了。之后，我们又找到一些轻松话题聊了很久。

苏联朋友：实惠是最贴近人心的东西

与戈尔巴乔夫的巧遇，把我带进了那段难忘的历史。

苏联曾经是一个令人向往的国度。作为世界上第一个社会主义国家，苏联在短短一二十年时间里就成为欧洲第一、世界第二强国，在冷战时期成为两极世界的一极。后来苏联的变化却出人意料。苏联不但没有完成建设现代化国家的历史性任务，反而在同资本主义世界的竞争中掉队。在国内，国民经济的发展陷入停顿，各种社会矛盾日益突出，党和政府失去越来越多民众的支持和拥护。在国际上，苏联经常搞大国沙文主义，导致社会主义阵营分化，后来发动了侵略阿富汗的战争，在国际道义上陷入被动。

1985年3月，戈尔巴乔夫出任苏共中央总书记，他打着"新思维"的旗号开始改革，试图彻底摒弃过去的政治体制，建立"人道的"、"民主的"社会主义。1988年底，我随钱其琛外长去苏联访问的时候，苏联的改革已经如火如荼，任何有趣的话题都不会比谈论改革来得更热烈。

有一次，我和我的苏联陪同驱车从100多公里以外的地方赶往莫斯科。这位苏联朋友50多岁，担任中层干部多年，读过不少书，英语讲得好，待人热情，言谈幽默，看问题尖锐。我们一路侃大山。这位苏联朋友总是把话题转到改革上。他说，苏联老百姓对邓小平改革开放政策给中国老百姓带来的实际利益了解得并不充分，但传到这里的消息已经足以让人羡慕了。我说，我们改革10年步子的确迈得不小，但也遇到了一些困难。

他不让我说下去，拍拍我的手说：关键是你们手里已经拿到了实实在在的东西。苏联改革的决心也很大，而且越来越大。在大城市，在思想理论方面，改革的气氛很浓。问题是，普通工人和农民还没有得到什么明显的实惠，而实惠是最贴近人心的东西。

我记得，戈尔巴乔夫那次在会见钱其琛外长时，语气轻松、滔滔不绝地讲到国内改革、苏中关系、国际大势，谈了很长时间。戈尔巴乔夫自信地说：整个社会主义世界都在经历着一场大变革。苏联的改革正在加速。过去搞过几次改革，结果是半途而废，主要是旧的行政体制、老的思维方式使之无法进行下去。所以，必须进行政治体制改革，必须实行民主化，加强苏维埃的作用，改革管理机制。我们走在正确的道路上，要继续往前走。

在苏联改革之初，外交部一位领导听中共中央总书记胡耀邦说过这样的话：戈尔巴乔夫先搞政治体制改革，不知道这个冒失鬼最后结果会是什么样子。不改善老百姓的生活就触及上层建筑，搞得好不容易，搞不好很危险。果不其然，改革没几年，苏共的执政党地位就摇摇欲坠。国内积蓄已久的民族矛盾爆发，15 个加盟共和国全部通过主权独立宣言。苏联经济陷入全面停滞，人民日常生活用品的供应出现了严重短缺。这些都是戈尔巴乔夫始料未及的。

苏联解体前，我去过俄罗斯两次。那个时候，凡是到过苏联的人，回国时大多会带两种礼物，一种是呢子大衣，十多美元一件，不少人一次就买好几件。另一种是俄罗斯套娃。不是不想买别的，而是没有别的好东西可买。这种娃娃，我们中国人称为“套娃”，就是娃娃套娃娃，俄语称为“玛特廖什卡”。在俄罗斯乡村里，“玛特廖娜”是最常见的姑娘名字，“玛特廖什卡”是“玛特廖娜”的昵称，而这两个名字又源于拉丁文的“母亲”。它与套娃的特征颇为贴近，都寓意着旺盛的生命力、健康壮实的身体和人丁兴旺的后代。传统的套娃造型大多是一个圆脸农村姑娘（也有人说是俄罗斯大婶）形象，红扑扑的双颊，大大的眼睛，红红的小嘴，略带微笑，身穿绣花衬衣和长马甲，系着围裙，有浓郁的俄罗斯民族色彩。木头娃娃的腰部可以打开，里面套着一个稍小的娃娃，再打开，又套一个，一般为连续套 5 至 8 个的，还有的能连续套十几个，其中最里面的那个娃娃，甚至小到像黄豆般大小，可是依然须眉毕现、栩栩如生。

苏联高科技发达，能把人送上太空，但苏联的发展又是畸形的，轻工产品匮乏，远远不能满足民众的消费需求。俄罗斯人很有幽默感，颇能苦中作乐。一个中国学者讲了个故事，说有一次他在莫斯科时路过一家电视机商店，看到里面都是俄罗斯生产的笨重的黑白电视机。他好奇地进去望望，陪同他的苏联朋友拉了他一下，说："你可千万别买这家伙，它说不定会爆炸。我们这儿流行的说法是，苏联的电视机是专门给苏联的敌人生产的。"

那个时候，中国驻苏使馆工作人员经常提醒赴苏出差或工作的朋友，从北京来的时候最好多带些日用品。从事中俄民间边贸的人还有清晰的记忆：那时苏联的小朋友几乎没有什么零食吃，会攒很多其他的东西跟我们换泡泡糖。当时，苏联老百姓期盼改革最好能先让他们的餐桌发生实质性变化。

就是这个实力上曾经和美国平起平坐的超级大国——社会主义苏联，在戈尔巴乔夫执政仅仅 5 年后，就从地球上消失了，真是"其兴也勃焉，其亡也忽焉"。

对戈尔巴乔夫的改革，国际上至今仍然众说纷纭。是非曲直，只能由历史去作结论。可以肯定的是，我们中国人有理由庆幸有小平同志这样伟大的领导人。难怪戈尔巴乔夫在十几年后说他最敬佩邓小平先生。

中国专家：改革是对的，方向搞错了

我曾利用各种机会向 30 多位外国领导人请教他们对苏联解体原因的看法，得到的回答涉及上层腐败、信仰异化、言行不一、法制不健全、经济体制僵化、贫富悬殊、民族政策不好、与美争霸失败等等。一位多次访问过苏联的美国前国务卿说，苏联比美国经济落后，但苏共领导人拥有的豪华轿车和别墅比美国总统多。2009 年我参加全国人大与俄罗斯国家杜马的交流活动时，一位前苏共党员心情沉重地告诉我：苏共在有35万名党员的时候夺得政权，在有550万名党员时打败希特勒，在有近2 000万党员时失去政权……

俄罗斯有人说，苏联解体的主要原因是戈尔巴乔夫在1985至1990年间实施的政治经济改革缺乏深思熟虑；苏共的危机促成了苏联的崩溃；民族矛盾激化也加快了苏联的解体。政治斗争、民族矛盾和社会问题相互交织，相互影响，使得苏联解体不可避免。

戈尔巴乔夫1991年5月对到访的江泽民总书记说：苏联在坚持社会主义的前提下，对所有制、政治和民族等政策进行了全面改革。俗话说，不要惊动睡觉的人。而我们恰恰把睡觉的人都惊动了，把魔鬼从瓶子里放出来了。这说明，戈尔巴乔夫当时可能已经意识到自己推行的改革出了问题，但他已无力回天。

一位中国专家说，戈尔巴乔夫上台以后，看到苏联社会问题成堆，便对社会各方面进行改革，这个思路是对的。但改革逐渐背离了原来“完善社会主义”的宗旨和轨道，最后葬送了社会主义。

还有人说，从俄国历史看，每70至80年要衰败一次，只有改革才能重新振兴。1999年12月31日，叶利钦总统在辞职演说中称：“我已完成了一生中应做的最重要的事情，俄罗斯永远不会回到过去。”叶利钦的接班人普京总统曾说，苏联解体是20世纪最大的地缘政治灾难性悲剧，谁不为苏联的解体感到惋惜，谁就没有良心；谁要想着再重新回到苏联，那是没有头脑。

苏联解体，毁灭的是一种特定的“社会主义”模式，而不是社会主义理念。中国的改革开放和经济发展再次表明，马克思主义没有过时。

2011年12月25日，《人民日报》就苏联解体20周年发表评论说，苏联解体是20世纪最具震撼力的事件之一。印有五角星和镰刀锤头的红旗在克里姆林宫上空悄然滑落，割断了一个大国苦难与辉煌交织的历史。

作为一个外交官，我认为苏联最不该做的傻事就是在国际上搞大国沙文主义、霸权主义，把中国、南斯拉夫等国家推向自己的对立面，还入侵阿富汗，自己最终付出了沉重代价。它至少应该知道中国人民又善良又勇敢。自称信仰马列的苏联当权者也至少应知道马克思年轻时就赞扬过不怕穷、不怕死的阿富汗人民曾击败一个“日不落”帝国的入侵……

复兴之路：连套娃也变样了

俄罗斯是一个伟大的民族，产生过托尔斯泰、高尔基等伟人。俄罗斯有一句名言：“别哭了，莫斯科不相信眼泪。现在不该哭，而该行动。”这也是前苏联电影《莫斯科不相信眼泪》中的一句经典台词，不断激励俄罗斯人民拼搏奋进。

1991 年苏联解体之后，俄罗斯政府开始引入西方的改革方案，实施“休克疗法”，推行私有化，经济几乎崩溃。1998 年，俄罗斯又经历了一次比较大的金融危机。经过几年的困难与转型，在俄罗斯人民和几届政府努力下，到新世纪初俄罗斯经济终见曙光。普京总统上台后，纠正了 90 年代机械搬用西方经验的错误做法，积极探索符合俄罗斯国情的改革与发展道路。

这两年，我去俄罗斯时发现，莫斯科越来越漂亮，傻大黑粗的商品和苏联时代的老汽车几近绝迹。俄罗斯套娃也不断有新的变化。套娃人物造型已超出传统村姑的范围，演艺明星、球星甚至领袖人物，都成了套娃的形象。这从一个侧面折射出俄罗斯社会从封闭走向开放的变迁。

这几年去过俄罗斯的同事回来都说，古老的俄罗斯变化快，真是一年一个样。这体现在社会的方方面面。从戈尔巴乔夫时代到叶利钦、普京、梅德韦杰夫时代，再到第二个普京时代，俄罗斯经历了一个衰落、恢复、重振、复兴的过程，走过一些弯路，但注意吸取教训，经济已经进入相对稳定的发展期，国力明显恢复。近年来，俄罗斯在依托传统能源资源和军工产业的同时，更加重视创新，道路越走越宽。

俄罗斯幅员辽阔，资源丰富。世界上只有在一个国家能够找到门捷列夫化学元素周期表里几乎所有的元素，那就是俄罗斯。它潜力巨大。冷战结束 20 多年后，俄罗斯又走上振兴之路，好像应验了中国人的一句老话："三十年河东，三十年河西。"

我对中俄友好的前景充满信心。

第三章　法国：埃菲尔铁塔披上“中国红”

我对法国有一种情结。我年轻时学过法文和欧洲文学史，我的法文老师是戴高乐将军的远房侄女。我总对年轻人说，学习法语是一种美的享受，因为我喜欢法国的历史与文化，爱读巴尔扎克、雨果、大小仲马等人的书。我佩服被囚于大西洋南部的圣赫勒拿岛近6年时间里仍每天读书的拿破仑。还记得他留下一句世人皆知的话：“中国一旦被惊醒，世界会为之震动。”法国是西方启蒙运动的发源地。这里出过很多思想家，我特别喜欢卢梭、孟德斯鸠等人。马克思称赞过的“巴黎公社”、中国人民爱唱的《国际歌》都是在这里诞生的。

我把鹅肝捂坏了

我第一次去法国是在1983年。那时我去非洲工作路过法国，在我的老同学、《人民日报》驻巴黎分社社长马为民陪同下，我在巴黎好好地玩了一通。我到巴黎的第一件事，是去看巴黎公社墙，一座又黑又高、庄严肃穆的砖墙。暮色苍茫中，我徘徊良久，觉得这堵墙仿佛无边无际。它伸展开去，连着俄罗斯的涅瓦河，“十月革命”的士兵在那条河上打响了第一枪；连着中国的井冈山，那座孕育了中国革命的山；连着普天下亿万劳苦大众的心……

可以说，中国人了解法国是从文化开始的。中国近代史上著名的思想家、翻译家严复翻译了许多西方名著，其中就有孟德斯鸠的《论法的精神》。中国近代文学家林琴南把《茶花女》介绍到中国。巴金的第一部中篇小说《灭亡》是他在法国念书时写的。冼星海、徐悲鸿、吴冠中、傅雷、钱钟书等大师都与法国渊源颇深。

中国革命的许多先驱是在法国得到锻炼和启发的。20 世纪初，2 000 多名中国有志青年到法国勤工俭学，其中就有周恩来、邓小平、陈毅、聂荣臻、蔡和森。我后来去法国时，专门去看过小平同志劳动过的那家工厂。

中国和法国都有悠久的历史和灿烂的文化。法国在中国人的眼里，与中国在法国人的心中，都是很有魅力的国家。

法国人喜欢中国的丝绸、瓷器、京剧、针灸。对中国的年轻人来说，法国的服装、香水、美食很诱人。有一次我到法国出差，一位法国好朋友送了一盒当地最好的鹅肝，可能是因为我不太懂，主人也没说清楚，我就随便把鹅肝与其他东西放在一起。下飞机时我闻到臭味，原来鹅肝给捂坏了。我回家后挨了夫人的“批评”，她说法国这么好的东西让我给糟蹋了。让我有点儿“纠结”的是，不少法国奢侈品牌纷纷来华开店，“老佛爷”百货商场也建到了北京，大赚中国人的钱。其实，“老佛爷”是对一位帮助北美人民进行独立战争的法国英雄拉菲埃特名字的不太准确的音译。

语言是两国人文交流的先导。中法语言在对方国家的推广速度惊人。目前，我们在法国开设了 15 所孔子学院和 3 个孔子课堂，有 4.5 万法国人在学习中文。中文已成为法国第五大外语，这也反映出中国经济的影响力。会讲中文成了不少法国年轻人找工作的一块敲门砖。同时，有10万中国人在学习法语，在法国有3.8万中国留学生，中国是全世界学法语学生增量最多的国家之一。

有一段时间，法国人感到，美国凭借其雄厚实力，向世界推销美国文化，法国引以为荣的文化地位受到影响，于是发起了“文化保卫战”，把文化外交提升为法国的外交重点之一。中国也积极扩大对外文化交流，推动开展不同文明间的对话、促进世界文化多元化。中法两国经常性文化交流活动每年保持在百项以上。中国在西方大国的第一个文化中心就落户在巴黎。

两国在外交思想上有不少共同点。1958年，戴高乐出任法兰西第五共和国首任总统后，提出了此后数十年都对法国外交有着重要影响的“戴高乐主义”，它的一个特征是，改变此前对美国的从属地位，在国际事务中独立自主。这与新中国独立自主的和平外交政策在一定程度上有相似之处。中法两国由此逐渐走近。1964年1月27日，法国成为冷战时期第一个与新中国建交的西方大国，对当时中国打破西方孤立与封锁产生了重要影响，这种政治勇气令当时即将从北大毕业的我钦佩不已。

法国人的礼数真是到家了

两国元首商定，2003年10月至2004年7月，中国在法国举办文化年；2004年秋季至2005年7月，法国在中国举办文化年。

中国文化年最重要的活动是庆祝中法建交40周年。2004年1月26日，我作为外长陪同胡锦涛主席对法国进行国事访问，目睹了文化年的盛况。胡主席专机抵达戴高乐机场时天气不好，正下着雨。飞机停稳后，我从窗口看见迎接的队伍中有希拉克总统、总统夫人和十多名政府高官。希拉克光着头，淋着雨，总统夫人打着伞。总统以下的男士都不打伞，和总统一样淋着雨，而所有女士包括女服务员全打着伞。

那次，法兰西共和国卫队骑兵团盛装护送胡主席车队。法国的马队非常漂亮，100 多匹马训练有素、行进整齐。一位领导同志后来跟我说：肇星，将来人家到北京，你怎么办？我答：就是啊，我们应该怎么办呢？我们可没有这么多马。她开玩笑说：要不从新疆给你弄些骆驼来？我说：骆驼走得太慢了，在长安街走一段要花很长时间。还是用老办法吧，到时候安排可爱的中国少年儿童去迎接他们。

法方的安排让人印象深刻。我从心底感叹：礼数真是到家了，体现了法国文化的深厚底蕴，更表明法方对两国关系的重视。希拉克说，对法国人来说，胡主席将法国作为对欧洲大陆首次国事访问的国家，是传递友谊和信任的信号。

中国文化年的主题为“古老的中国、多彩的中国、现代的中国”。埃菲尔铁塔首次披上“红装”，法国人把这次活动命名为“铁塔映红”。希拉克说，埃菲尔铁塔为中国春节披上红装，红色在亚洲象征着机遇、幸福和繁荣，这是法国人以自己的方式向胡主席表示热烈欢迎。埃菲尔铁塔连续 5 天“映红”。以这样的方式向一个国家表示敬意和友好，在法国外交史上是第一次。

两国元首夫妇在夏乐宫广场上以映红的铁塔为背景的合影，成为次日法国多家报纸的头版头条。

同时，举世闻名的香榭丽舍大街成为展示中国文化的舞台。巴黎市、北京市和旅法华人社团联合在香榭丽舍大街组织了盛大的中国春节彩装表演。旅法华人华侨社团代表队和来自北京的大型演出团向巴黎民众奉献了“开天辟地”、“女娲补天”、“水母娘娘”、“醒狮闹春”等华人传统迎春节目。这是巴黎市政当局第一次允许外籍侨民在“世界最美的大道”上举办类似活动。彩装表演获得成功。据说，观看表演的人数达到 70 万，超过了法国国庆日游行的观众人数。那时候，全法国、全巴黎的人都在说，坐地铁“去”中国，也就是到香榭丽舍大街看中国。

我们还举办了中国画展、“三星堆”文物展、孔子文化展。中国红星舞蹈团、广州军区战士杂技团在法国数十个城市巡回演出上百场。希拉克总统专门参观了以“神圣的山峰”为题的中国古代珍品山水画展。由于议会选举，希拉克取消和推迟了一周内的几乎所有原定日程，唯独保留了这一参观活动。他在每件展品前仔细观看，详细询问展品的年代、特点和风格。希拉克的礼宾官催了好几次，他却足足看了一个半小时才恋恋不舍地离去。

在中国举办的法国文化年也很成功。法国朋友把一个“以人为本，革新、浪漫和创新”的法国展示给中国人。北京的正阳门披上了法国国旗的蓝、白、红三色。法国印象派绘画珍品展、法国时尚100年设计展、“太阳王：路易十四——法国凡尔赛宫珍品特展”、戴高乐生平展等吸引了成千上万的中国观众，让他们领略了丰富的法兰西文化。唯一的遗憾是卢浮宫的名画《蒙娜丽莎》没来中国，因为《蒙娜丽莎》失窃过一次，从那以后这幅画再也不能离开卢浮宫。据说，卢浮宫的馆长曾发誓，谁要让《蒙娜丽莎》离开，他就从卢浮宫屋顶上跳下去。我们不好强人所难了。

中国与法国“文化年”共举办了600多场活动，成为中法关系史上空前的盛事，也开了中国对外大规模文化交流的先河。

“抽，现在就抽”

2007年5月17日，外交部发言人姜瑜举行例行记者会。有记者问，中方如何看待希拉克总统在任期间为中法关系做出的贡献？姜瑜说，希拉克先生是中国人民的老朋友。他担任法兰西共和国总统12年间，始终从战略高度看待和处理中法关系，坚持一个中国政策，反对“台独”，支持中国和平统一大业，积极推动双边务实合作，加强双方在重大国际和地区问题上的磋商与协调，中法全面战略伙伴关系得到了很大发展，成为不同历史背景、文化传统和发展水平国家间相互尊重、友好相处、互利合作的典范。中国政府和人民高度评价希拉克先生为发展中法关系和中欧关系做出的重大贡献。

姜瑜的这段话值得注意：第一是篇幅，算得上是长篇大论了；第二是用词，用了“高度评价”（而不是常用的“积极评价”）、“重大贡献”（而不是常用的“重要贡献”或没有形容词）。这些话都是字斟句酌、经过领导审批的，不是随便说说。中国外交部发言人用这么有分量的话评价一位外国领导人是很少见的。

希拉克 1974 年就担任总理，后任巴黎市长、再任总理、两次担任总统，在法国政坛叱咤风云 30 年之久，被公认为具有战略思维和世界眼光。

希拉克是我接触过的与中国渊源深、打交道时间长、对两国关系影响大的一位外国领导人。据我所知，希拉克与中国领导人打交道始于 1975 年 5 月邓小平同志对法国的访问。1978 年，时任巴黎市长的希拉克第一次访华，小平同志会见并宴请了这位老朋友。希拉克特意准备了一套烟具礼品，当场询问邓小平同志是否还抽烟。小平同志说：抽，现在就抽。希拉克说，他自己也是一个烟瘾很大的人。说完之后，两人哈哈大笑。小平同志向客人赠送了一匹唐三彩马。

希拉克因为夫人是考古专家，特地提出到古都西安参观。看到成百上千栩栩如生的兵马俑，希拉克惊叹地说：“世界上有了七大奇迹，秦俑的发现，可以说是第八大奇迹。不看金字塔，不算真正到过埃及；不看秦兵马俑，不算真正到过中国。”这一评价被国际媒体广为引用，对中国兵马俑走向世界发挥了积极作用。

1986 年 6 月，胡耀邦总书记访问法国，我担任代表团的新闻官，第一次见到希拉克。胡耀邦同志对希拉克说：“我们一见如故。”希拉克说：“对。”

建交以后，中法关系总体上保持平稳发展。20 世纪 90 年代初期，由于法国在台湾问题上的错误行为，中法关系一度趋冷。希拉克入主爱丽舍宫后，两国关系逐步好转。1997 年 5 月，他作为总统第一次访华，两国领导人着眼 21 世纪，决定建立长期的全面伙伴关系。法国是第一个与中国建立全面伙伴关系的西方国家。在希拉克 12 年任期内，中法关系可以说是芝麻开花节节高。

1999 年，希拉克邀请江泽民主席到他家乡法国中部科雷兹省的乡间别墅碧蒂古堡做客。第二年，希拉克访华时，江主席邀请他到家乡扬州访问。之前，江主席在扬州只接待过朝鲜领导人金日成。2004 年初，胡锦涛主席访法时应邀在法国国民议会发表演讲，成为第一位在法国国民议会演讲的亚洲国家元首。

西方舆论说，希拉克是对华外交最为成功的西方领导人。仔细一想，这话有道理。

尽管意识形态和政治制度不同，中法两国都主张建立一个和平、发展、合作的世界，都能从世界和平与两国人民的共同利益出发，寻求互利共赢。

希拉克有战略眼光，认为世界正走向多极化，希望从建立国际新秩序的高度推进中法关系。他在 20 世纪 70 年代末指出，从 20 世纪末开始，将是重新掌握了自己命运的中国的世纪。

希拉克喜爱东方文化，熟悉中国历史和传统，尤其在中国考古、文学等方面有较深造诣。据说，他在巴黎夏尔勒马涅中学读书的时候，曾逃学去看东方艺术博物馆的展览。他对中国唐代文化有研究，对唐陶瓷、绘画很喜爱，对唐诗钟爱有加，喜欢用法语背诵唐诗。1997 年希拉克访问上海博物馆，令马承源馆长惊讶的是，希拉克对中国 3 600 年前的二里头文化三期青铜器竟了如指掌。

希拉克曾告诉我，有一次他出席一个国际会议，会上有的人发言啰唆，他百无聊赖，就干起了“私活儿”，默写中国朝代纪年表，从夏商周一直写到中华民国，然后把它交给坐在后面的助手，让人打电话到北京请法国驻华大使核实，结果默写全部正确。

希拉克还对我说，他最崇拜的中国人和我一样姓李，不过此人已经不在了，他是唐朝诗人李白。退休之后，他准备写个剧本纪念这位伟大诗人，就叫《李白》。他想请张艺谋演李白，请巩俐演李白的妻子……

江泽民主席对我说过，希拉克总统是他接触过的国家元首中，对中国古代文化和现代中国最熟知的政治家。我和外交部的同事开玩笑说，如果世界上多一些像希拉克这样的外国领导人，中国外交就容易多了。

“我的飞机问题就是你的台湾问题”

这是希拉克总统对胡锦涛主席说过的一句话，我至今难以忘记。希拉克真心认为中法友好合作关系符合法国利益，他对中国的“感情”不妨碍他维护法国的利益。

2004 年初胡主席访问法国时，法国人坚持要中国购买更多的空客飞机，情况有点儿微妙。双方商谈日程的时候，希拉克热切地希望胡主席能到空客在图卢兹的总装厂短暂停留，参观一下 A380 大型客机生产线。而胡主席访问的下一站埃及方面希望胡主席早点儿到开罗。为经停图卢兹，我们多次与埃方协商，埃方表示无法接受推迟。没办法，我们只好如实告诉法国朋友，说由于时间关系，胡主席代表团就不去图卢兹了。

哪知道，法方上上下下对此反应强烈，有人批评法国外交部一味迎合中方要求，却未得到应有回报，对华政策太过天真。还有人把中方这一决定解读为中方不同意购买 21 架空客飞机、对 A380 客机不感兴趣。法国人急了，又来做我们的工作。他们表示，拉法兰总理将亲自陪同胡主席参观图卢兹。盛情难却，我们只好调整一下在法国的日程，满足了法方要求。

胡主席一到巴黎，希拉克就对他实话实说：中方购买 21 架空客飞机是一个敏感的政治项目；我的飞机问题就是你的台湾问题，希望中方积极考虑在第二天的记者招待会上宣布购机决定，否则法国会感到失望和丢脸。

考虑到中法友好合作关系，更考虑到希拉克在台湾问题上的积极表态，第二天胡主席在与希拉克举行的联合记者会上作了如下表示：据我了解，中国南方航空公司与空客集团已就购买 21 架空客飞机达成一致。我们对此感到高兴。我相信，空客与中国民航企业的合作前景将更加美好。希拉克听了很高兴。

的确，空客是法国的骄傲，在国际上和美国波音公司存在竞争关系。在外交工作中，经济和政治是分不开的，也有以政促经、以经促政、政经结合等说法。两国政治关系好，经贸关系相对容易推进，反之亦然。有几年，美国在台湾问题上表现不好，我们就减少购买波音飞机。希拉克当政那几年，中法政治关系好，经贸关系就发展得比较快。2004 年，中国成为法国在亚洲的第一大贸易伙伴。2005 年，中国南方航空公司根据自己的需求和财力订购了 5 架空客 A380 飞机。

希拉克的话印证了中方一贯坚持的立场，国家之间应该相互尊重和照顾彼此的核心利益。我们不光这么说，也这么做。谁要是损害了中国的核心利益，我们就有决心、有能力保护自己、维护正义。2008 年萨科齐总统执意会见达赖，中方做出了强烈反应，包括推迟中欧领导人会晤、冻结法方关注的一些合作项目。

法兰西是一个自尊心很强的民族，有一种大国心态，毕竟法国在拿破仑治下曾是欧洲霸主，“二战”前是殖民地面积仅次于英国的世界帝国。自由、民主、人权等理念历来是法兰西民族引以为豪的国家特性。法国是继英国之后在非洲占地面积最多的国家。现在非洲大约有 23 个国家说英文，23 个国家说法文。

有位欧洲专家说，法国以一个中等国家的实力跻身世界大国行列，靠的就是手中的三张王牌：联合国安理会常任理事国、核大国和独立自主的外交政策。法国外交确实很有一套，比如，从煤钢共同体开始，与德国抱团儿，推动欧洲联合。法国往往爱独树一帜，如带头介入利比亚问题。法国人善于反思，调整也快，有时法国人的实用主义和浪漫主义会使他们在处理问题时政策前后矛盾。在伊拉克战争期间，法国人战前强烈批评美国抛开联合国发动战争，后来美国人推翻了萨达姆，法国人又见机行事，支持美国。

两国关系有好的时候，也有不太好的时候，中法关系也不例外。这很正常，两口子还吵架呢，更何况国家之间？中法曾因台湾、涉藏等问题闹过别扭，甚至冷淡过一段时间，好在双方最终都能从大局出发妥善加以解决。今天我们比以往任何时候都更有理由相信，中法两个伟大国家会在合作共赢的道路上越走越好。

第四章　英国：走出恩怨

我第一次出国就去了英国，那是在 1965 年 9 月。我到伦敦后首先去拜谒伟大革命导师马克思的墓。墓碑上“全世界无产者联合起来”的碑文和下方“哲学家们只是用不同的方式解释世界，而问题在于改造世界”的名言我至今仍牢记心上。

帝国虽死余威犹在

纵观数百年来的近现代史，孤悬一隅的岛国英国依靠工业革命，成为对世界资本主义影响最大的国家，成为跨越两个世纪的世界领头羊。鼎盛时期，英国的殖民地总面积相当于其本土的 111 倍，是名副其实的“日不落帝国”。为称霸世界，英国在近 400 年里发动了 230 多场战争。它在中东的巴勒斯坦和以色列、在南亚的印度和巴基斯坦、在非洲若干国家、在亚洲的中国和印度之间以及在阿富汗等国都曾埋下纷争的祸根，直到今天还困扰着有关国家。

另一方面，英国人为人类的进步和快乐做出了巨大贡献，有牛顿的发现和瓦特的发明，有莎士比亚的戏剧创作和狄更斯的文学作品，有格林尼治时间和国际日期变更线的确立，也有现代羽毛球、乒乓球、足球、网球、高尔夫球等运动规则的制定。

英国人有办事认真、处世谨慎、尊重传统、彬彬有礼的特点，在外交上更是“老谋深算”，很有一套。19 世纪搞“光荣孤立”，保持欧洲均势。20 世纪初布尔战争后，英国开始逐渐走向衰落，但其世界霸主的余威还保持了三四十年。“二战”后，它又傍上了“大款”，成为超级大国美国的盟国，在国际上美国人打头阵，英国人跟着当啦啦队。

当然，英国当霸主的时候，美国也跟着捡便宜。在第一次鸦片战争中，英国打败了清王朝，割占了香港，逼迫中国实行五口通商。美国人躲在后面，他们的鸦片被林则徐销毁了约 6 000 公斤，他们却默不作声，让英国人打。英国人打完后两年，美国强迫清政府签订《望厦条约》，除了占领香港，英国人获得的特权它都得到了。

“二战”后，英国一直维持着世界大国的地位，除了因为它是联合国安理会常任理事国和核大国外，还与它“高明”的外交手腕密切相关：既依靠美国，又依托欧洲；既打意识形态的牌，又谋实用主义的利。

若干年后，我读到英国前外交大臣赫德介绍英国数百年外交策略的《挑选你的武器》一书。赫德说，英国外交有一些准则，比如：细心聆听，小心言谈；引经据典；知己知彼；不误听谗言，要靠自己观察；言行谦恭，保持耐心，除非觉得恶言相向可以达到目的；牺牲小我，成全大我；做出决定前后，诚恳地、清晰地向对手解释原因。这些经验值得研究。

翻译也能化解尴尬

我第二次去英国是时隔 20 年之后。1986 年，中共中央总书记胡耀邦访问欧洲英、法、德、意四国，我担任代表团的发言人。出访前我做了不少准备，对英国的了解也加深了。

为了准备出访，胡耀邦同志特别认真，他和我们这些工作人员一起讨论会谈方案。这是我第二次参加这样的讨论。1983年他出访罗马尼亚和南斯拉夫之前，也把外交部的一些人叫到中南海讨论稿子。他总是提前几分钟到，到了之后先不开会。他身体灵活，像我老家的农民那样，一盘腿坐到椅子上，然后开始谈论前一天晚上的足球比赛谁赢谁输了。那个年代正好是中国足球最热的时候，中国足球要冲出亚洲，全国人民对足球都很关心。胡耀邦同志喜欢足球，只要有足球比赛他都看。一到9点，他准停下来，立即认真地和我们讨论拟定的题目。

这次出访前，胡耀邦同志每天都把我们叫到中南海去开会，从上午9点一直开到12点，整整一周时间。他亲自准备出访材料，其中包括准备回答记者提问的口径。他问得特别仔细，比如，如果有记者问，欧洲有那么多国家，为什么只访问4个国家？我们一时想不出合适的答案。他说："我们得实事求是地讲，不能骗人，不能所有国家都去，我又不是孙悟空，会分身法。"他还问我们孙悟空的"分身法"应该怎么翻译。

有一天，胡耀邦同志谈道，同外国人讨论问题可引用一些外国名言，来提高我们的说理性、逻辑性和感染力；要从每个国家找出若干句名言，按国别编写，要找有心人来干这件事。

大家一琢磨，觉得很有道理。我们除了为胡耀邦同志准备正式会谈的参考要点外，还要准备公开讲话稿，如果找一些往访国耳熟能详的故事和脍炙人口的名人名言，用在稿子里，效果可能会比较好。部领导就指示我来完成这项任务：先收集往访四国的名人名言，再扩大到收集世界各国的名人名言。

我回到外交部，请有关司帮忙。为了全面掌握材料，部里还要求驻外使领馆收集并报回当地的名人名言。最后我们编成一本外国名人名言小册子。访问期间，胡耀邦同志真用了其中一些话，如雪莱、孟德斯鸠、伏尔泰、歌德、席勒、但丁等人的诗句或名言，效果非常好。

在与英国官员和各界人士交谈时，胡耀邦同志引用了雪莱的那句诗："如果冬天来了，春天还会远吗？"但他一时口误，说成是莎士比亚的。在场的首席陪同、文学才子、外交部副部长周南用手推推我，让我赶紧想办法，担心将这个口误直译过去不好。我没办法上前提醒担任翻译的陈明明同志，只能向他使眼色。好在胡耀邦同志讲的那段话比较长，我有足够时间做"小动作"。陈明明看到我对他挤眉弄眼，冲我微微一笑，意思是让我放心。结果他就没译出诗人的名字，只说英国一个大文学家说过这句话。英国人听了很高兴。这件事让我从周南和陈明明那里学到很多：领导太忙，讲话涉及面太宽，偶尔口误在所难免，专业外交官和翻译人员平时要多学习，以保证在必要时能以符合自己身份的方式帮领导把关、提供有效服务。

若干年后，杨尚昆主席曾提醒外交部的年轻译员（好像是翟隽）：你们是专门搞外交的，有个别外交上的事我记不清，你们得记清、要译准，还要及时提醒。

交涉未必那么正式

1986 年 10 月，英国女王伊丽莎白二世对中国进行国事访问，这是历史上英国国家元首第一次访华。

那时候，外国领导人来北京，都会去长城参观，伊丽莎白女王也不例外。到了长城，陪同的中方人员都围着女王转，无意当中把女王的丈夫菲利普亲王给冷落了。我是外交部发言人，没有具体的陪同任务，见到这种情形，我心想，反正我也没有别的事干，就陪陪他吧。我主动走上去陪菲利普亲王，一边走一边聊天，谈得挺好。到了西安参观兵马俑，大家又是突出“一把手”，菲利普亲王又没人管，我接着陪他。结果，我成了他那次访华最熟悉的中国人，他成了我最熟悉的英国贵宾。不料，这下我有事干了。

女王一行访问西安时，菲利普亲王接见了一批在中国学习的英国年轻人。他对英国留学生说：“你们到中国来学习，太好了，祝贺你们。”他又问这些学生什么时候回英国。有些学生回答要待两年，有些要待三年。菲利普亲王来了个英国式幽默，他叮嘱道：“那就好好在这儿学习，不要只学中国人那样的眯缝眼。”

当时正好有香港记者在场。其中个别记者认为菲利普亲王这句话有“新闻价值”，便作了夸张报道。第二天，有香港报纸在头版报道说，正在中国访问的菲利普亲王嘲笑中国人“眯缝眼”。报道在香港和内地引起不少议论，有的领导和群众不知道菲利普亲王只是开开玩笑，便觉得自尊心受到伤害，要求我们向英方交涉。

外交部知道有关情况后十分重视，马上研究对策。大家认为，向英方提出正式交涉不太好，会影响访问气氛，毕竟只是一句玩笑，不是什么了不起的政治问题。最后，吴学谦外长决定，作为女王代表团的中方首席陪同，他暂不与菲利普亲王多说话，而让我以适当方式向菲利普亲王谈一下这件事情，转达中国民众的意见。

我因为和菲利普亲王处熟了，心里有底。我对亲王实话实说：我估计这是个误会，是记者曲解了你的意思。你也许是无意的，但这话确实伤害了中国人。中国人自尊心强，希望你有所表示。

菲利普亲王回应说，他确实不是故意的，看到有关报道，才意识到自己说话欠考虑、不合适。他愿意表示真诚的歉意。

我顺势提出进一步要求：“殿下光对我一个人说道歉不够，最好对中国外长、对媒体也说一下。那样的话，原来的负面影响就没有了，误解也就消除了。”

菲利普亲王同意了。第二天，一些媒体报道了他道歉的消息。这件事没有造成什么影响，双方都觉得处理得较好。吴学谦外长很高兴，表扬了我，他也恢复了与菲利普亲王的友好交谈。伊丽莎白女王成功访华，对中英关系是一个大的推动。

吵架也是一种谈判

香港回归祖国是中华民族的一大盛事，而香港问题的解决对中英关系的发展起到了重要推动作用。在谈判桌上，中英之间交锋激烈。这当中既有国家实力的较量，也有外交策略的博弈。

我多次目睹不少领导和同事为香港回归而艰苦努力。1993 年 10 月，钱其琛副总理兼外长到纽约出席联合国大会，其间会见了英国外交大臣赫德。我作为常驻联合国代表参加了会谈。

双方主要围绕香港回归问题进行沟通与协商。钱副总理与赫德激烈争论，双方各执己见、寸步不让，直到会谈结束。对方的无理要求均被我方一一驳回，而我方的要求对方也没有接受。

会谈没有结果，双方都失望，眼看就要不欢而散，我心里想，今天怎么收场？在这关键时刻，钱副总理显示出高超的外交智慧，用和缓而冷静的语气总结说："今天我们的会谈很重要，应该说还是取得了积极成果。"我一听，心里马上产生一个大问号：今天吵得这么厉害，什么问题也没解决，何来积极成果？

我还没完全从疑惑中转过弯来，只听钱副总理继续用他一贯冷静的语气说："第一，今天我们进行了十分坦诚的交流，双方争论得这么激烈，说明双方对香港回归问题都极为重视，这是今后我们解决具体问题的前提；第二，今天我们在许多问题上没有达成一致，但双方都愿意继续谈，哪怕是吵架似的谈，这为双方进一步沟通打下了基础。"英国外交大臣赫德表现也不错，"心领神会"地对钱副总理的总结表示赞同。这样，双方再一次避免了谈判的破裂。

会谈后，我对英国人的强硬态度感到愤怒，认为英国这是趁火打劫，企图在西方制裁和孤立中国的大背景下压我们让步，又为钱副总理的良苦用心和高超外交艺术所折服。当时中国外交处于困难时期，为了收回失去150多年的香港，钱副总理沉着冷静，巧妙周旋，为我们渡过难关争取了时间。这是外交上“斗而不破”的典型例子。

事实证明，英国人低估了中国人民抵抗外来干涉和压力的能力。中国后来逐步打破西方制裁，在国际上站稳了脚跟，在有关香港问题的谈判中越来越占据主动地位。

在收回香港的过程中，我1997年6月30日赶到深圳，代表中央政府宣布将于当天午夜后即收回九龙海关，并宣读了中国关长的任命书。在祖国膝下，在历史面前，彼时彼刻我既深感光荣，又深感悲壮。

香港回归后，中英关系翻开了新的篇章。回到祖国怀抱的香港也迸发出新的活力，走上了与内地优势互补、共同发展的新征途。

“解禁”只为争取平等

说出来怕有人不相信：中国这么努力维护世界和平、推动共同发展，与各国友好合作，居然到现在还受某个国家和国家集团的制裁。它们一个是欧盟，一个是美国。1989年北京政治风波后，它们对中国采取了不少制裁措施。这么多年过去了，大部分制裁措施都取消了，但仍禁止对华军售，限制对华出口高科技产品。

我当外长的那几年，中欧关系比较好，加之美欧因伊拉克战争闹矛盾，曾一度有望推动欧盟率先解除对华军售禁令。2003年12月，欧盟首脑会议原则决定就对华军售禁令进行重新审议。2004年1月和10月，欧盟外长会议讨论了取消对华军售禁令问题，显示了积极迹象。我们为推动

“解禁”努力工作，从领导人访问到工作层磋商，有机会就讨论“解禁”问题。我曾不知多少次给欧盟各成员国外长写信，和欧盟对外关系委员等人通电话。

我反反复复地告诉欧盟国家，中欧作为战略伙伴，相互关系中不应该有军售“禁令”这样的政治歧视。所谓伙伴关系，起码要做到平等。重要的不是买卖武器，而是平等、信任、友好。中国要求欧盟“解禁”，是为了中欧关系好，对双方都有利，应该得到理解和支持。多数欧盟国家答应积极考虑。

2004 年 12 月初，我随温家宝总理出席中欧领导人会晤并访问荷兰。中欧领导人发表了联合声明，欧盟表示有解除“禁令”的政治意愿，并将为此继续努力。这是欧盟方面最为积极的表态，国际舆论认为中欧双方在“解禁”问题上取得了进展。其间，我们得知，英国在“解禁”问题上的立场有所后退。中央决定派我紧急访问英国，再做一做工作。

12 月 14 日，我从荷兰直飞伦敦，对英国进行了一天访问。我对英国外交大臣斯特劳说，“禁令”是冷战产物，早已不合时宜，也背离了中欧、中英全面战略伙伴关系的方向。早日“解禁”对中欧关系的长远发展意义重大。中国致力于和平发展，正集中精力进行经济建设，我们不需要也没有财力从欧盟购买先进武器。我们要求“解禁”，是希望欧盟消除对中国的政治歧视。“解禁”不会妨碍任何第三方利益，更与台海局势和地区安全无关。正是个别渲染“解禁”会影响台海局势的国家在向中国台湾地区出售先进武器，对台海和平稳定构成最大威胁。中英是战略伙伴，良好关系应体现在“解禁”上。

斯特劳表示，英方理解中方在“解禁”问题上的关切，同样认为“禁令”已经过时。英国副首相普雷斯科特见我的时候表态更积极。他说，英方同样认为“禁令”是冷战的产物，根据欧中关系的发展现状，应该尽早解除。英中两国不是短期的朋友，而是全面战略合作伙伴，有着共同和长远的利益。英国不愿在“解禁”问题上使两国关系受损。

当时，英国首相布莱尔正在外地竞选。我就和他通电话做工作。布莱尔说，英国支持“解禁”，正在为此努力。这是英国首相第一次明确表态支持“解禁”。

短短一天的访问，我与英方进行了沟通，谈完事就走人，取得一定成效。这种“短、平、快”的工作访问重在灵活务实与效率。

国际形势的发展总是难以预测。“解禁”问题后来又遇到困难，失去势头，主要原因：一是“解禁”的政治决定需要欧盟 27 个成员国一致同意，只要有一个国家说“不”都不成；二是欧盟出于意识形态考虑把“解禁”与其他问题挂钩；三是外部大国的干预。这让人看到，中国外交不容易，做成一件事很难。对别国来说很容易的事，对中国来说有可能就是难事。这也是为什么我们总是提醒自己，中国的和平发展仍存在各种阻力，我们要有忧患意识。

我们中国人有志气、有骨气。欧洲人不“解禁”，美国人不“解禁”，我们照样活得好好的。记得小平同志在西方宣布对中国实施制裁时就坚定地表示，世界上最不怕孤立、最不怕封锁、最不怕制裁的就是中国。要中国来乞求，办不到。哪怕拖一百年，中国人也不会乞求取消制裁。现在，外国不卖给我们的许多东西，我们靠自力更生、艰苦奋斗，慢慢地研制出来了。想一想 20 世纪 60 年代，中国在那么贫穷的情况下靠自己的努力发展了原子弹、氢弹。在中国科技水平和自主创新能力不断提高的今天，还有什么想做而做不到的?！我深信，有朝一日，对华军售“禁令”必定会成为一张废纸，那些冥顽不化、抱残守缺的人终将为之后悔。

第二部分

远亲不如近邻

谁都说，远亲不如近邻，邻里关系一定要搞好。人与人之间是这样，国与国之间也是如此。可说起来容易做起来难，这有种种原因。中国是世界上邻国最多的国家，陆地邻国有 14 个，隔海相望的邻国还有 6 个。我们深知睦邻友好的难得和可贵，坚持与邻为善、以邻为伴，想方设法，积极同邻国一道营造平等互信、合作共赢的地区环境。

第五章　朝鲜：既友好相处，也实话实说

朝鲜半岛与中国山水相连。朝鲜半岛能否实现和平稳定，直接关系到中国周边环境的好坏。半岛形势涉及中国、美国、俄罗斯、日本、朝鲜、韩国等各方，多年来一直跌宕起伏。

北大同学：友情虽无价，公私却分明

1963年，我在北京大学读三年级。有一天系领导找我谈话，说有不少朝鲜同志在北大留学，其中有一位初学英语的，希望我发扬国际主义精神帮助他。

这位朝鲜同学叫姜锡柱，比我大一两岁，后来担任朝鲜第一副外相、内阁副总理。我们俩一见面，就感觉性情相投。一问才知道，姜锡柱同学是烈士子弟，他父亲是一位深得朝鲜伟大领袖金日成器重的师级干部，在朝鲜战争初期牺牲了。姜锡柱小的时候还曾在辽宁丹东生活过，这次又被送到北大留学。

就这样，我承担了帮助姜锡柱学习英语的任务。朝鲜留学生住在北大26斋，两个人一间屋子。中国男生是七人一间。自那以后我自己带着被子，和姜锡柱一起住。我们吃饭、上课是分开的，晚上我辅导他一个小时，用英语给他讲发音、语法。姜锡柱很努力，除了关心政治外，一心只学习英语。因为性情相投，我们成了好朋友。学校组织什么活动，我总是拉着他一起参加。这种关系一直保持到我毕业。他对我的辅导表示感谢，我开玩笑说：如果你的英语发音有山东味儿，那全是我的责任。

那个年代纪律严格，他留学回国之后我们就不再联系。但我们都曾表示，毕业后要为加深中朝传统友谊努力工作。无巧不成书，若干年后，我们都成了各自国家的高级外交官，在为推进中朝友好出力。我们的同学关系从一个侧面体现了两国领导人和革命先烈缔造和培育的中朝友谊。

1950年朝鲜战争爆发后，中国人民志愿军高举“抗美援朝、保家卫国”的旗帜，雄赳赳、气昂昂跨过鸭绿江，与朝鲜军民并肩浴血奋战，赢得胜利。先后有240多万优秀中华儿女前往朝鲜，成千上万的官兵长眠在朝鲜的国土，包括毛泽东主席的儿子毛岸英。

我曾不无得意地告诉姜锡柱，我本人也对抗美援朝做过微薄的贡献。朝鲜战争给刚刚成立的新中国带来了经济上的困难，党和政府号召全国人民行动起来，支援中国人民志愿军。当时著名的人民艺术家、豫剧大师常香玉一个人就捐钱购买了一架飞机。那时我还小，能力有限，就利用星期天割草，卖给养驴的人，得到5分钱，星期一上学的时候交给老师，转送最可爱的人——中国人民志愿军。那时，我的小学老师张敦兰还教了我们一首歌——《全世界人民团结紧》：天空出彩霞呀，地上开红花呀，中朝人民力量大，帝国主义害了怕呀……姜锡柱听后很感动。

1983年，我到莱索托工作。有一次我碰到朝鲜驻莱使馆的临时代办，请他向已经是朝鲜副外相的姜锡柱转达我的问候。朝鲜代办简直不敢相信，一个只是一等秘书的中国外交官怎么可能是他们副外相的同学呢？

1993 年我到纽约担任中国常驻联合国代表，又托朝鲜常驻联合国代表问候这位老同学，还是没有回音。

后来，我陪同党和国家领导人访问朝鲜，见过朝鲜伟大领袖金日成，却没有机会与姜锡柱见面。2001 年 11 月，我率外交部代表团访朝，终于见到姜锡柱。几十年后两位室友学友第一次见面，都很高兴，并分别代表各自政府签署了《中朝边境口岸及其管理制度协定》。

我没有去过板门店、三八线，朝鲜同志就作了特殊安排，派三辆专车送我们去。在从板门店回平壤的路上，朝方陪同人员让我们休息一下，说要代表姜锡柱副外相请我喝咖啡。我感谢老同学的好意，我知道朝鲜还不太富裕。下车后一看，我发现只有一杯咖啡，代表团的其他成员都没有。我明白这是老同学对我一个人的特殊关照。我不爱喝咖啡，也不好意思搞“特殊化”，就让代表团的年轻翻译替我喝了咖啡，心里领下老同学的盛情。

我担任外交部长后，认真贯彻中央对朝方针政策，不断巩固和发展中朝传统友谊。2004 年 3 月 24 日，我作为外长正式访问朝鲜。朝鲜同志告诉我，领导（指姜锡柱）有交代，专门安排代表团住国宾馆。他还特意关照部下，给我安排住得好一些，特别是把床头灯弄得亮一点儿，因为他知道我睡前爱看书。他还特别指示，把电灯的开关弄成拉线式的。他说我在北大上学时爱用脚指头拉线关灯。是否真是那样，我自己倒不记得了。

在平壤的时候，朝方还作了特殊安排，让我参观当地商店。这是我第一次逛朝鲜商店。商店很整洁，商品不算丰富，但并不像西方媒体报道的那样商品奇缺。

姜锡柱见到我时，显得非常高兴，拥抱着我，提前打招呼，说有一个好消息，半个小时后就知道。

果然，30 多分钟后，朝方礼宾司官员通知，“伟大领袖、伟大指导者”金正日同志要见我。

见到金正日，我转达了中国党和国家领导人对他和朝鲜劳动党、朝鲜人民的亲切问候。

金正日说："我很少中断对军队的视察。你是第一次以外长身份来访，我特地从外地赶回来，主要是因为重视中朝两党、两国人民的友谊。见完你后，我还要马上走，去视察朝鲜人民军。"

我们谈了一个多小时，气氛亲切。

金正日最后说："希望中国同志多理解朝鲜，多相互帮助。我还有很多心里话没有说完。不过没有关系，我知道你是姜锡柱的老同学，请他代表我请你吃饭。"

会见中，我注意到，姜锡柱与金正日的关系非同一般，多次与他耳语。

金正日走了之后，姜锡柱就和我谈了起来。我问他现在英语怎么样了。他说："太忙了，快忘光了，只记得一些英文单词，比如apple（苹果）等，说不出完整的句子了。"我开玩笑说："这都是我的过错，当时对你帮助不够。"他说："你夫人我认识，当年她经常到咱们宿舍玩。她是好同志，漂亮的同志。遗憾的是，我夫人你不认识。"我说："不管认不认识，她肯定也是好同志。"姜锡柱说："我已经有了第三代，当了外公。"我说："我应该永远向你学习，无论思想觉悟还是其他方面，你都比我进步快。我现在还没有第三代。"

闲话一过，马上转入正题。我们就双边关系进行了深入交流。朝核问题自然是我与朝方深入交换意见的一个议题。姜锡柱说："中朝关系就是唇亡齿寒的关系。我们是唇，你们是齿……"

朝鲜同志在核问题上有他们的逻辑，中方有自己的看法，双方应该秉持开诚布公、求同存异的精神处理好。我不能把自己的观点强加于人，只是尽可能详尽地重申我们的原则立场，多多地摆事实，讲道理。我恳切地说："我们两国是好朋友、好邻居，我们俩是好同学、好室友。"他点头。

我最后说："朝鲜加入了《不扩散核武器条约》，现在又退出了。我们希望朝鲜同志重新考虑，回到原来的立场。我们希望朝鲜同志在六方会谈框架内通过对话解决问题，甚至可以通过接触和对话与美国改善关系。请朝鲜同志放心，对于霸权主义，我们一向是坚决反对的。在大是大非问题上，中国政府和人民从来没有含糊过。中国将一如既往地与朝鲜真诚合作，共同处理好朝核问题。”

晚上，姜锡柱设晚宴欢迎中方代表团。他先讲了一段话：“我代表金总书记敬老同学——中国外长李肇星和其他中国客人一杯，并借此机会向老同学提点意见。40 年前，我和李外长在北京大学同屋，不好意思说，有时还挤一个被窝。李外长也是我的英语辅导员。李外长学习很刻苦，每天晚上睡觉前都要看书，直到北大规定的熄灯时间的最后一刻。而常常到这最后一刻，老同学也偷懒，不愿意起身到门前拉灯绳关灯，竟把灯绳拴到自己的脚拇指上，用脚关灯。但关灯入睡后，灯绳还经常拴在他的脚上。李外长翻身或伸脚时，灯就时亮时灭，影响了我的睡眠。我的老同学睡得香，学得好；而我学得不如预期好，可能与此有关。大家看，今天我的老同学是外长，我还是副外相。”姜锡柱的话逗得大家哄堂大笑。

我在致答辞时说：“老同学所言属实，我深表歉意。但老同学夜里打呼噜的水平也很高，一个呼噜可以持续几十秒，且大呼噜中有小呼噜。我之所以能忍受，主要是出于要学习友好邻国呼噜的考虑。”大家又是一阵大笑。

六方会谈：劝美国不易，劝朝鲜也难

在中朝以及其他各方的共同努力下，朝核问题走上了谈判解决的轨道，先是中国、朝鲜、美国三方会谈，后来俄罗斯、韩国、日本参加进来，成了六方会谈。中国是主办方，会议地点设在钓鱼台国宾馆。

2003 年 8 月 27 日第一轮六方会谈举行。在欢迎宴会上，我说：“我代表中国政府，欢迎各位来北京参加六方会谈，祝贺会谈的举行。钓鱼台曾是中国清朝一位年轻皇帝送给他一位老师的生日礼物，是一个充满善意和可能给来这里的人带来好运的地方。身处此地，一种历史感会油然而生。这座花园见证过许多重大外交事件，钓鱼台历史的最好启迪就是：和平最可贵，通过对话争取和维护和平最可贵。朝鲜半岛核问题的发生，在使我们面临挑战的同时，也为有关各方尽释前嫌、实现东北亚持久和平与稳定提供了机遇。今天的会谈就是各方求同存异、增进互信与和解的契机，值得珍惜。希望并相信各位同事将以自己的远见、智慧、耐心、勇气和对和平事业的诚意寻求共赢。”

一开始，朝美之间戒心很重，没有双边接触。我觉得，没有朝美双方直接接触，解决问题会很难，恐怕要想办法“拉郎配”。我们在会场特意安排了一些小桌子，以方便各代表团的双边接触。这种同在一个屋檐下的双边接触不算单独会谈，为美朝双方接触提供了便利，也找了台阶。

在我为各代表团举行的宴会上，礼宾司在安排上也费了心思。我是主人，我的右边是朝鲜代表团团长，以显示中朝友邻关系，我左边是俄罗斯代表团团长，美国代表团团长被安排在朝方团长的旁边。整个宴会，我有意把一多半的时间用在与俄罗斯代表团团长的交谈上。我注意到，朝鲜与美国代表团团长通过翻译进行了“双边”交谈。

细节在外交中也很重要。朝美如此接触，是双边又不是双边，是多边中的双边。美国和朝鲜对中方的这种安排是感谢的。实际上，他们也需要直接接触接触。

2003 年 4 月 25 日，我与中朝美北京会谈朝方和美方代表团团长告别，当时没有确定下次会谈的时间，谈不谈还不一定。我先见朝鲜代表团，后见美国人，又特意让礼宾司的同事多留出几分钟，能让朝鲜人与美国人“碰上”。我把朝鲜代表团送到门口，一出门就“巧遇”美国代表团。这个时候，我拿出主人的权威，笑着说：“现在行了，正好大家都在一起，我们把下次会谈定下来。你们还希望在北京见面吗？”在这种场合，美方和朝方都不好驳主人的面子。美方团长说，好，希望下次在北京见面。朝鲜同志也顺着说，好，希望下次见。双方团长客气地握了握手，半情愿、半违心地道一声“再见”。下次开会的事就这样定了下来。

有一次，正当推动召开新一轮六方会谈的努力快要取得进展时，美国突然点名批评朝鲜，给朝鲜贴上“无赖国家”之类的标签，朝鲜不干了。中国只好两边做工作，先批评美国人：你们有点儿不讲道理，本来六方会谈的召开快有眉目了，你们来这么一出，这不是不给朝鲜人面子，让人家下不来台吗？美国人意识到自己的“错误”，并作了改正“错误”的表示。我又约朝鲜同志做工作，说美国人不对，经过我们做工作，他们答应改正“错误”，条件是朝鲜同意参加六方会谈，美方还希望朝鲜不要公开称他们“美帝国主义”，双方在会谈中应称对方“先生”。

还有一次，在六方会谈中，朝鲜代表团团长金永日对美国人很不满，发了脾气，说美国人坏，他明天不参会了，要立即回国。

在钓鱼台国宾馆准备会务的亚洲司同事给我打电话，说有急事让我去一趟。当时已经是晚上 10 点多，我赶到钓鱼台，才知道是怎么回事。我告诉亚洲司主管朝鲜事务的一位副处长，马上叫金永日来一趟。

不一会儿，朝鲜驻华使馆传来消息说，金永日副外相晚上喝了点儿酒，睡着了。我知道，这是托词，便对那位副处长说：“他承担那么重要的工作，还喝酒，就不怕误事吗？你负责叫他，叫不来不行！”

半个多小时后，金永日副外相来了。一坐下，我就说：“听说你要回国。”他说。“美国人太坏了。”我当时想，不能让他先说话，他先说我就不太好办了，于是像连珠炮似的把道理给他讲清楚。

我说：“金日成同志曾教导我们，饭要一口一口地吃。你饭还没吃完，就走人，这恐怕不太好。你得听我的劝，留下来。”金永日副外相想了想说，不走了。我说：“太好了！你好好休息一下。我见到我的好朋友姜锡柱的时候会说你表现优秀。现在快过节了，我托你带两瓶茅台给他，祝他节日快乐。”

在各方共同努力下，六方会谈取得一些进展。2005 年 9 月第四轮会谈后，六方于 19 日发表了一份共同声明。六方一致重申，以和平方式可核查地实现朝鲜半岛无核化是六方会谈的目标。朝方承诺，放弃一切核武器及现有核计划，早日重返《不扩散核武器条约》，并回到国际原子能机构保障监督之下。美方确认，美国在朝鲜半岛没有核武器，无意以核武器或常规武器攻击或入侵朝鲜。“9 · 19”声明受到国际社会的普遍欢迎。

那几年，中国政府先后主持朝核问题三方会谈、六方会谈。会谈是为了和平，也是为了中国和各方共同利益。中国政府态度诚恳，为会谈提供了不少便利。比如，各国代表团到北京开会都是自费，但是开会的时候，代表团的人可以免费喝咖啡。我们还免费为记者提供绿豆汤。我后来经常对美国人说，为了世界和平，为了朝鲜半岛稳定，为了六方会谈，好几美元一杯的咖啡我们也愿意提供。

中国在朝核问题上的独特作用是一个负责任大国的体现，对有关各方和全世界人民都是建设性的。

经常有记者问我如何评价朝鲜拥有核武器问题。有一次，我很“谦虚”地回答日本记者：“在朝鲜是否拥有核武器问题上，我想这方面你可能知道得比我更多，换句话说，我不比你知道得更多。”

朝核问题十分复杂，六方会谈不可能一帆风顺。由于种种原因，六方会谈后来陷入停顿。

2006 年 7 月 5 日，朝鲜一声不吭地往太平洋发射了 7 枚导弹，第二天日本联合美、法、英三国向联合国安理会递交了一份制裁朝鲜的决议草案。中俄也提出了一份决议草案，呼吁朝鲜中止导弹试射活动，呼吁国际社会不向朝鲜输入导弹以及可用于导弹发展的资金、技术和材料。中俄两国认为，采取这种务实、温和的方式，有助于和平解决危机，有助于地区稳定。中俄在安理会进行了艰苦斗争、耐心工作，又一次化解了半岛可能升级的危机。

那一年在马来西亚举行的东盟地区论坛外长会上，我同朝鲜外相白南舜见了面，谈了导弹问题，双方有共识，也有分歧。我抱怨说，朝鲜同志试射导弹怎么连一声招呼都不打？他只说了一句话，大意是：我活了快80岁了，懂得如何为人处世；我参加革命那么多年，知道如何应对风浪。

白南舜外相刚开始说的时候情绪还算稳定，后来越说越激动，声音也上去了。最后，他批评我说：以前听姜锡柱副外相说李肇星外长很明事理，懂得把握形势，但今天见面，发现你太年轻，也“不够公正”。我知道他说的是气话，没当回事儿，仍好言相劝，重申我们的公正立场。他后来到北京医院看病，我专门去看望他，两人友好如初。

再好的朋友也有意见不一致的时候，外交上也一样。重要的是要认定和努力扩大共同点。在共同利益面前，分歧是次要的，可以通过耐心磋商解决或者超越。谁也不容易，干啥也不容易，关键是要与人为善、平等相待。我自豪的是，我自命善良，心里牢记《联合国宪章》关于大小国家一律平等等规定。我退休后，还告诉儿子、侄子、侄女、孙女、孙子……同学同事，甚至陌生人之间的小事也要注重相互尊重、相互体谅；告诉他们搞不搞外交都要多读《中华人民共和国宪法》和《联合国宪章》。

第六章　巴基斯坦：不只是喜欢，更是热爱

有人说，中国奉行不结盟政策，在国际上没什么靠得住的朋友。我不这么看。巴基斯坦就是中国的“铁哥们儿”，是值得信赖的全天候朋友。正因为如此，巴基斯坦是我最为感激的国家。在几十年的外交工作中，我与巴基斯坦结下了不解之缘。

中巴是哥们儿

巴基斯坦是最早承认新中国的国家之一，也是第一个与我国建交的伊斯兰国家，当时它同中国建交带动了一批伊斯兰国家承认新生的社会主义中国，对新中国打开外交局面产生积极影响。我们不会忘记，是巴基斯坦国际航空公司在20世纪60年代首先架起了中国通向外部世界的空中桥梁。在1964年中巴航线首航仪式上，共和国第二任外长陈毅元帅慷慨激昂地说，帝国主义国家对新中国的封锁从此被打破了。

疾风知劲草，日久见人心。60年来，无论国际、地区和两国国内形势

如何变化，中巴友谊都经受住了时间的考验。两国没有边界争端，经贸上互利共赢，在几乎所有问题上都能相互尊重、相互信任、相互支持，这实属难得。中巴友好关系已经成为发展中国家和邻国间友好相处的典范。全天候友谊和全方位合作成为中巴关系的基本特征。

中国外交的一大特色是不忘老朋友，不忘穷朋友。别人为我们做的好事，我们总是记在心上。在20世纪70年代初中美打开关系大门的过程中，巴基斯坦曾起过重要作用。巴基斯坦领导人在中美之间传递信息，美国总统国家安全事务助理基辛格秘密访华就是从巴基斯坦坐飞机来北京的。

1971年7月1日，基辛格从华盛顿开始秘密访华的“波罗”行动。为转移人们的视线，他故意绕了一大圈：从越南到泰国、印度，再到巴基斯坦。到伊斯兰堡后，巴方为他举行了欢迎晚宴。宴会上，基辛格突然声称自己身体欠佳，肚子痛。巴基斯坦总统叶海亚·汗高声宣布，伊斯兰堡天气太热，影响了基辛格的健康，请他去那蒂亚加利的总统别墅休养。这样，基辛格摆脱了记者的追逐，于9日凌晨直飞北京，当天中午12时到达北京南苑机场，受到叶剑英、黄华、熊向晖等中方高级官员的欢迎。这是中美打开关系正常化大门的重要一步。

有一次我访问巴基斯坦，巴方朋友很热情，邀请我去基辛格当时宣称要去的总统别墅。后来我碰到基辛格，说我最近到过巴基斯坦，去了他当年宣称要去养病的地方。基辛格对我说，那个地方他确实没去过，那是为了秘密访华而对外宣称的。这是中巴关系的一段佳话。我当过中国驻美大使，从这个意义上说，我也感谢巴方的帮助。

多年来，巴基斯坦在国际事务中坚定支持中国。1950年9月，在联合国大会上，巴基斯坦代表不顾以美国为首的西方国家的反对，不承认台湾国民党政权在联合国“代表”的合法性，要求恢复中华人民共和国的合法席位。此后多年，巴基斯坦在联大作为提案国，支持恢复新中国在联合国的合法席位。

1989 年北京政治风波后，巴基斯坦给予中国政府和人民最宝贵的支持。巴基斯坦参议院主席萨贾德于当年 6 月底访华，成为“风波”后第一位访华的外国领导人。

在次年的联合国人权会上，美国带头提出谴责中国人权状况的提案，一些会员国附和美国，还有一些友好国家迫于美国的压力投了弃权票。美国也向巴基斯坦施加巨大压力，但巴基斯坦坚持原则，伸张正义，坚定地站在中国一边。在场的中国外交官感慨地说，在众多西方国家的虎视眈眈下，在我们对某些友好国家失望的情况下，巴基斯坦顶住压力勇敢地站了出来，真令人钦佩。美国为了报复巴基斯坦，撕毁了一些合作协议，使巴基斯坦蒙受了不少损失。

2004 年 5 月 3 日，中国援建的巴基斯坦瓜达尔港发生汽车炸弹袭击事件，中方工程人员 3 死 9 伤。按照中央指示，外交部要求驻巴使馆争取巴方采取一切措施抢救伤员。使馆立即与巴方联系，张春祥大使还给巴空军、海军和民航打电话，联系飞机到出事地点救人和运送遇难者遗体。事发当天正值伊斯兰教的圣纪节（先知穆罕默德诞辰纪念日），巴基斯坦全国放假，但有关部门和人员得到消息后立即停止休假，投入到处理善后的工作中。巴基斯坦民航一架飞机当时已在瓜达尔港机场驶向跑道准备起飞，在得知中方要求后，立即推迟起飞。巴基斯坦乘客听说要抢救中国兄弟，都主动下飞机，腾出座位以便对飞机进行必要改装，摆放运送伤员的担架。这样，9 名伤员很快被运到卡拉奇最好的一家医院。医生说，要是再晚一些，3 名重伤员恐怕性命难保。

2008 年四川汶川特大地震发生后，巴基斯坦倾囊相助，向中国空运了作为国家战略储备的所有军用帐篷，令中国人民十分感动。

不同时期巴基斯坦各届政府的政策主张有些差别，但都一致坚持对华友好。对此，外界许多人难以理解，一些国家甚至有些嫉妒。在我看来，原因并不复杂，就是中国一直尊重巴基斯坦的独立、主权，不对巴基斯坦指手画脚，绝不利用两国间的特殊关系干涉巴基斯坦内政。巴方有些领导人刚开始有些不理解，后来都能体会到中国的良苦用心。中国对巴基斯坦的援助并不算多，但都是真心实意、尽力而为。

巴基斯坦朋友总是说，对华关系是巴基斯坦外交政策的基石和支柱，对华友好是他们举国上下的共识。巴基斯坦流传着这样一首歌谣："宁舍金子，不舍巴中友谊……"他们还这样形容巴中友谊："比喜马拉雅山还高，比印度洋还深，比蜜还甜。""中国是巴基斯坦的坚定盟友"这句话被写进了巴基斯坦小学课本。

中国也一直把巴基斯坦当作最好的朋友。2006年胡锦涛主席访问巴基斯坦，我作为陪同人员有幸聆听了胡主席这段讲话："中巴两国是真正的好邻居、好朋友、好伙伴、好兄弟。中国人民不会忘记，上个世纪五六十年代中国遭到外部封锁的困难时期，是巴基斯坦为中国提供了通往世界的空中走廊。中国人民不会忘记，上个世纪七十年代，是巴基斯坦为中美实现关系正常化架起了桥梁。中国人民也不会忘记，在台湾、涉藏、人权和打击'东突'恐怖势力等事关中国核心利益的问题上，巴基斯坦长期以来给予中国宝贵支持。"中国党和国家最高领导人对一个国家作这么高的评价，是比较少见的。

在2008年8月8日北京奥运会开幕式上，在巴基斯坦代表团进场时，全场中国观众自发起立，热烈鼓掌。我当时正在看台上，能感觉到我们中国人对巴基斯坦人那种特殊感情，我们就像欢迎亲人一样欢迎巴基斯坦运动员。

路过一下就行

在巴基斯坦国家体育中心附近，有一座并不太高的夏克巴利安山，中国人通常称之为伊斯兰堡“小山公园”。站在山顶，可以俯瞰伊斯兰堡全景。山顶上有两片绿地，专供来访的各国领导人植树留念。这片林子见证了中巴两国半个多世纪的深厚友谊。1964 年，周恩来总理在此栽下了第一棵象征中巴友谊的乌桕树，后来到访的中国领导人刘少奇主席、李先念主席、杨尚昆主席、江泽民主席、胡锦涛主席也在这里栽下了树苗。我访巴时多次给我国领导人栽的中巴友谊之树浇水。

几十年来，中巴友谊树枝繁叶茂，我个人也做了点滴贡献。1965 年，我第一次走出国门就是在卡拉奇转机飞往欧洲。从那以后，我不知去过巴基斯坦多少次。

我当外交部发言人的时候，与许多巴基斯坦记者成了好朋友；两次当大使时，都与巴基斯坦同行保持密切联系。2005 年 10 月，巴基斯坦发生大地震，我和外交部的同事以最快速度启动对巴援助。中国救援队日夜兼程赶往重灾区巴拉考特，成为第一个到达那里的外国救援队，比巴基斯坦军方救援人员还早到一天。当见到挂有五星红旗的中国救援队车队时，巴拉考特居民齐声欢呼：“中国兄弟来了。”中国向巴方提供了价值 2 600 多万美元的紧急人道主义援助，中国驻巴使领馆、中资公司、新闻机构也伸出友爱之手，捐款十多万美元。

有一年我准备访问印度，巴基斯坦朋友知道了，就通过他们的使馆找到我说，你去印度访问，应该加上巴基斯坦。我说这次时间紧，下次再去。巴基斯坦朋友很坚持，说时间紧没关系，路过一下就行。就这样，我的南亚之行加上了巴基斯坦一站，访问是下午到，晚饭后就走。那天，我先与巴基斯坦总理、外长会见，晚上与 20 多个部长吃饭。宾主相谈甚欢。最后致祝酒词的时候累得都站不住了，我靠一只手扶着椅子，才把话讲完。当晚，我飞到印度，休息了一晚上才缓过劲儿来。

我最近一次去巴基斯坦是 2009 年 10 月，作为中国政府特使出席巴方为中华人民共和国成立 60 周年举行的庆祝活动。此前巴基斯坦连续发生多起恐怖袭击事件，有人担心安全问题，劝我不要去。我说，巴基斯坦是中国的友好邻邦，而且专门为中国国庆举行活动，我应该去，一定得去。

巴基斯坦党政军各界对中国国庆非常重视，举行各种活动，像庆祝自己的节日一样庆祝中国国庆。10月1日，巴基斯坦发行邮票、纪念币庆祝中国国庆；扎尔达里总统亲临中国驻巴使馆，出席使馆的国庆招待会；吉拉尼总理出席了中国文化周开幕式；巴空军、海军也先后与中国驻巴使馆联欢；旁遮普省举办招待会与当地华人华侨共庆中国国庆。整个活动的高潮是扎尔达里总统10月3日在总统府举行盛大招待会，吉拉尼总理等巴基斯坦众多党政军高官出席，我作为中国政府特使和驻巴大使罗照辉等年轻同事也一起出席。

这一系列庆祝活动在其他国家是难以见到的，特别能体现中巴特殊友好关系。巴基斯坦朋友对我说，对于中国人，用“喜欢”两个字已经不够了，应该说是“热爱”。我深受感动。两国之间，话能说到这个份儿上，事能做到这个份儿上，我在40多年的外交生涯中好像还是首次碰到。

第七章　印度：99.9%与0.1%

周恩来总理1960年访问印度时说，中国、印度都有着5 000年的古老文明，几千年来一直和平相处。两国即使遇到再大的问题，也应坐下来，协商解决，切不可对上辜负列祖列宗的遗德，对下贻害后世子孙。50多年后，这些话仍令人感到亲切。

印度学者：多亏了“当代玄奘”季羡林

2009年7月11日，季羡林先生驾鹤西去。印度总理曼莫汉·辛格致电温家宝总理，代表印度政府和人民对季先生的逝世表示沉痛哀悼。辛格总理说，季教授的离世使我们失去了一位真正的朋友和倡导增进两国延续数千年关系的杰出人士。

此前一年，印度政府授予季先生“莲花奖”，表彰他为促进印度学研究和推动中印友好所做的贡献。“莲花奖”是印度政府为在科学、文学、艺术和学术方面取得卓越成就的人士颁发的奖章，是印度国家最高荣誉奖。季先生是获得这一殊荣的中国第一人。印度媒体用“莲花奖首次跨越喜马拉雅山”来形容这一授奖的意义。印度外长慕克吉前往季先生的病房授奖，季先生在领奖的时候说：“再过两年我就100岁了，但我认为百岁不是终点，而是起点。只要还有精力，我就要继续致力于中印两个伟大民族、伟大国家的友好。”在场的中印人士均为之动容。

季先生的仙逝也使我感到很悲痛。50多年前，我到北京大学学习，得到季先生的教诲，终生受益。我们的师生情谊一直延续下来。我当外交部发言人后，曾专门去请教，季先生传授了实用的“真经”。

季先生年纪大了，有时也要点儿“老小孩”脾气，如果有一段时间我没去看他，他就想法子让我去。有一次，印度驻华大使梅农想拜访他。当时季先生在301医院住着，一般不见客。梅农大使多次请求，季先生说，除非李肇星陪着，否则不见。我便陪着季先生见了印度大使。后来，印度总统访华，随行的慕克吉外长要代表印度政府给季先生发“莲花奖”。他又要我陪同，于是我也出席了“莲花奖”颁奖仪式。

季先生是杰出的民间大使，对中印友好贡献独特。印度前外长贾斯万特·辛格在《印度斯坦报》撰文称，中印1962年边界冲突后，季先生仍潜心从事南亚学研究。他对中印2 000多年的文化交流史进行系统挖掘和整理，撰写了《中印文化交流史》、《佛教与中印文化交流》等专著。他走遍印度各地，向印度人民介绍中国文化，带去中国人民的友好情谊。他也把在印度的见闻和感受记下来，告诉中国人民，为增进两国人民的相互了解搭起桥梁。我到印度出席国际会议时，一位印度学者告诉我，如果没有中国的季羡林，印度有一部分历史是很难写出来的。印度主要英文报纸《印度时报》把季先生称为“当代玄奘”。

中印两大文明交相辉映，共同谱写了世界文明史上的绚丽篇章。中国高僧法显和玄奘取经西行，天竺鸠摩罗什和达摩祖师负笈东来，就是两国人民交流的历史见证。唐僧玄奘历尽艰难，到达摩揭陀国，在那烂陀留学5年，讲学数年，行程5万里，留下了对印度史影响深远的《大唐西域记》，并为中华文化带来了异域的营养。在印度人看来，这个“外来的和尚”比印度和尚更会念经。

1956年周恩来总理访问印度时，双方决定共同建造玄奘纪念堂，后来由于两国关系变化，此事一拖就是50年。2007年2月，纪念堂举行竣工典礼。我与国家宗教局叶小文局长率领的由中国100多名高僧组成的代表团一同参加典礼。去那烂陀的路不好走，其中有一大段沿着恒河蜿蜒向前，但这丝毫没有影响我们的热情。在那里，我有幸目睹了中印宗教交流的空前盛事。

东汉明帝时，印度高僧摄摩腾和竺法兰应邀用白马驮载佛经、佛像来到洛阳，开启了中印文化交流。翌年，汉明帝敕令在洛阳城西兴建佛教寺院，取名白马寺，让两位高僧在此翻译中国第一部佛经《四十二章经》。白马寺因此被视为中国佛教界的“释源”和“祖庭”。

为传承1 900多年前的友谊，中印合作重修了白马寺。2010年5月，印度总统帕蒂尔出席了白马寺印度风格佛殿的落成典礼。她在致辞中说，愿把这座佛殿作为印度的礼物献给中国人民，希望它能促进两国间更广泛的往来。

邓小平：印度无须担心来自中国的战争威胁

坦率地说，我是带着对中印关系的一些遗憾离开外长岗位的。

中国与印度都是人口大国，都属于发展中国家，面临改善人民生活的艰巨任务。可两大文明古国被喜马拉雅山所“阻隔”，两国关系曾被殖民主义国家挑拨过，中印关系的水平与千余年中印友好历史有些不相称。

中印人民在争取民族独立和解放的斗争中彼此同情、相互声援。中国人民不会忘记，印度柯棣华大夫为中国的反法西斯斗争献出了宝贵生命。新中国成立后，印度是最早承认新中国的非社会主义国家。圣雄甘地曾说，印中是患难与共的朋友。50年代，周恩来总理和尼赫鲁总理共同倡导了著名的和平共处五项原则。中印为第一次亚非会议（即“万隆会议”）的成功召开做出了很大贡献。两国总理于1954年实现互访，“印地秦尼帕伊帕伊”（“印中是兄弟”）的强音跨越喜马拉雅山。

不幸的是，中印友好的势头未能保持下来。由于印方坚持以所谓“麦克马洪线”为边界线，在军事上推行“前进政策”，蚕食中国领土，1962年10月20日，中国军队在忍无可忍的情况下进行了自卫反击。此后，双方撤回了大使，关系进入冷战阶段。

到20世纪80年代，情况开始慢慢好转，两国领导人接触增多。1988年12月印度总理拉吉夫·甘地访华，双方达成中印关系要“向前看”的共识，同意边界问题不应成为发展两国友好合作关系的障碍。舆论普遍认为，此次访问标志着两国关系基本实现正常化。

邓小平同志在不少场合对印度领导人说：我们两国是近邻，不相互了解、不建立友谊是不行的。中印两国不发展起来就不是亚洲世纪。关于边界问题，小平同志说：只有协调一下，双方都作些让步，这样才好说服人民。如果你们认为现在解决的时机尚不成熟，那么，在其他方面可以进行正常化。印度无须担心来自中国的战争威胁，我们也不认为你们会威胁中国。

1996年江泽民主席访印，双方达成构建面向21世纪的建设性合作伙伴关系的共识，签订了《关于在中印边境实际控制线地区军事领域建立信任措施的协定》。2003年6月，印度总理瓦杰帕伊访华，两国关系取得重要突破，但还远远滞后于两国人民的期待。

印度是一个多党制国家，常有党派之争。一些人出于国内政治斗争需要，时不时向中国放“狠话”。1998年印度进行核试验时，就对中国进行了无理指责。印度一些媒体也不时发出“中国威胁论”的噪声。

两国1999年双边贸易额19.7亿美元，2011年达到739亿美元，短短十余年间增长了30多倍，但与中印两个经济大国的地位仍不相称，与中美、中日每年数千亿美元贸易额比起来还有差距。这些年，印度时常对中国商品实行苛刻的“反倾销”，对中国投资设置种种限制。两国经贸摩擦不断。

两国每年人员往来不到100万人次。十多年前北京至新德里每周才有一个航班，现在中印之间每周已有四五十个航班往返，但还比不上中国与韩国之间一天的航班数。

一些专家对我说，中印关系复杂，两国经常踩不到一个点儿上，错过了不少加强合作的机会。有时候，中国人是诚心诚意的，而有些印度政客却把中国的大度当作软弱。一些印度人时常怀着莫须有的提防心态来看待中国，中国也有些人对印度有偏见。

外交人员就是要想办法超越困难，解决问题，推动两国关系不断向前发展。我赞同季先生说的：中印之间存在一些矛盾和分歧是不可避免的，不必大惊小怪，天空中的乌云遮不住中印友谊的阳光。

泰戈尔的正气和歌声是中印友谊的正能量。我在山东老家读中学时就熟悉来自友邻印度的两个名字：释迦牟尼、泰戈尔。释迦牟尼出生在今日的尼泊尔，在印度自学成才，比中国孔子创建儒学稍早几年创立了佛教。泰戈尔是上个世纪土生土长的印度加尔各答人。

我感激印度大文豪泰戈尔为发展中印友谊树立的光辉榜样。泰戈尔中学没毕业就离校自学民族和亚洲邻国的音乐、戏剧、小说、诗词，并在1931年成为亚洲第一位诺贝尔文学奖获得者。又过了约80年，我山东潍坊老乡莫言获得此奖。熊光楷上将曾拉上我一起在人民大会堂西藏厅向莫言祝贺。想不到莫言在做人上有点儿像泰戈尔，很低调。餐厅服务员要他签名、要同他照相，他都爽快答应，但对大家提的问题，则一律简约回答：中国比我优秀、可得诺奖的作家多了去了，我就是个乡下人。泰戈尔当年也强调多向别人学习，甚至多向孩子们学习。我当了爷爷后，更觉得泰戈尔的话有道理，觉得应该提倡："爷爷奶奶好好学习，孙子孙女天天向上！"

泰戈尔敬重的中国文人包括梁启超、鲁迅。他们1925年在北平见过面，担任翻译的是诗人徐志摩和林徽因。鲁迅是我永远的楷模。梁启超的女儿梁思庄教授曾是北大图书馆馆长。我在图书馆见过她和美学家朱光潜、英国文学专家李赋宁……这座当年全国藏书最多的图书馆，第一次让我知道了自己多么无知，激起了一辈子对知识的饥饿感。梁启超之子梁思成是纽约联合国大厦和北京人民大会堂的设计师之一。我在这两个地方工作时，都会萌发对他的钦佩。

泰戈尔还一直保持着一项世界纪录：他是两个国家（印度和孟加拉国）国歌的作词兼作曲者。当然，最令我肃然起敬的是泰戈尔的浩然正气。1937年7月7日卢沟桥事变后，年过七十的他拍案而起，谴责日本军国主义发动全面侵华战争。泰戈尔曾说，青年是一个民族的晨曦。我愿意说，泰戈尔是中印人民友谊的晨曦。

毛泽东：我们东方人有团结起来的感情

世界越来越像一个地球村，在一个村子里过日子，睦邻友好比什么都重要。我常对印度朋友说，时代变了，中印关系不是龙象之争，两国除建立睦邻友好关系，没有别的更好选择。中印友好，利在双方，惠及全亚洲和世界。发展同印度的战略合作伙伴关系，是中国政府的真诚愿望和战略决策，不是权宜之计。

1954年10月，毛主席在与到访的尼赫鲁总理会谈时说："我们所有东方人，在历史上都受过西方帝国主义国家的欺侮。中国受西方帝国主义国家的欺侮有100多年。你们的国家受欺侮的时间更长，有300多年。因此，我们东方人有团结起来的感情，我们两国的处境差不多，这也是东方国家的共同处境。”尼赫鲁回应说：“你说得一点儿也不错。过去200多年来，我们两国和亚洲其他国家都遭到外来殖民主义国家的压迫和统治。这是我们两国共同的经历，也是其他亚洲国家共同的经历。我们有许多共同的地方。”

今天，中印作为亚洲大国，肩负着促进亚洲和平稳定、推动亚洲共同发展的责任；作为发展中国家，都需要和平稳定的国际和周边环境来发展自己。双方的共同利益远远大于分歧。

中印在国际问题上的共同语言多，如应对气候变化、多边贸易谈判等。特别能显示和体现中印共同点的外交实践就是金砖国家机制的建立。新世纪以来，俄罗斯、印度、巴西、中国作为新兴市场国家的代表，对世界的影响与日俱增。美国经济学家奥尼尔把这四个国家英文名称的首个字母合在一起，起了个英文名“BRIC”，意思是“砖”，中文往好里译，成为“金砖”四国。

2006年9月，我作为中国外长参加了四国在纽约举行的第一次外长会晤，会晤开启了“金砖”合作机制。四国从此不断协调立场，达成不少共识，合作领域逐步拓展。2009年6月“金砖四国”在俄罗斯叶卡捷琳堡举行第一次领导人峰会，2011年4月在中国三亚举行第三次峰会。三亚峰会有着里程碑意义——南非被吸纳为会员，“金砖”由四国扩大为五国。

“金砖国家”代表了全球40%的人口、25%的经济总量和25%的土地面积。它们在国际上积极争取更大的发言权，谋求改变不合理的国际秩序，同为“金砖”也成了中印两国另一个共同点。中印在推动国际关系民主化、维护发展中国家权益等方面开展了富有成效的合作。

在双边领域，中印建立了战略对话、财金对话会议、跨境河流专家级机制会议、防务与安全磋商等对话机制。对两国关系影响特别重大的机制是就边界问题设立特别代表。

2003年6月，瓦杰帕伊总理访华，温家宝总理在人民大会堂宴请瓦杰帕伊，两国领导人当场同意就边界问题建立一个磋商机制。印度总理当场指定随行的国家安全顾问布拉杰什·米什拉任印方特别代表，希望中方也尽快指定人选。温总理让我立即推荐一位相应的高官。我建议的人选是外交部党委书记、副部长戴秉国。温总理让我请示胡锦涛主席。我马上离开宴会桌去给胡主席办公室打电话，很快得到肯定的答复。我又找秉国同志想向他通报一下情况，碰巧他出去散步了，没找着。我回到宴会厅向温总理报告结果，温总理当场拍板，这事在宴会进行中就定了下来，并写入两国总理签署的《中印关系原则和全面合作宣言》。第二天，秉国见到我说：怎么回事，我一下子成了特别代表，事先一点儿不知道，是从新闻广播中听到的。

2005年，联合国安理会改革问题很热，印度积极争取成为安理会常任理事国。4月，温家宝总理应曼莫汉·辛格总理邀请访印。双方在正式会谈时同意就两国关系确立一个新的定位，但联合声明一直谈不下来，分歧主要在印度"入常"问题上。辛格强调，如联合声明不包含中国支持印度成为联合国安理会常任理事国的表述，他很难说服他的人民，在议会和联合政府中也会遇到困难。

两国总理临时决定，让外长们出去商量这事怎么办。于是，我和纳特瓦尔·辛格外长暂时离开会谈厅。辛格曾在北京大学留学，和我是校友，共同语言多一些，我们很快就商量出一个解决办法。

我和辛格外长商妥的内容是这样的：

> 中国和印度一致认为，联合国的改革应该是全方位和多层面的，应该注重增加发展中国家的代表性。印方重申其成为联合国安理会常任理事国的愿望。中方重申，印度是重要的发展中国家，在国际舞台上发挥着日益重要的影响。中方高度重视印度在国际事务中的地位，理解并支持印度在联合国和国际事务中发挥积极作用。双方重申，愿

意在联合国改革进程中进行密切磋商与合作。

外交上讲究咬文嚼字，这段话既照顾了印度的关切，又与我原则立场一致，实际上是互谅互让的结果。

我们俩5分钟就商量好了，怕这么快回去领导说我们不认真，就到外面转了一会儿，10分钟后回到会谈厅，向两国总理报告说，我们已就印度“入常”问题的表态达成一致。

接着，中印两国发表联合声明，宣布建立面向和平与繁荣的战略合作伙伴关系。

记得有一次，我国领导人语重心长地劝以对华强硬著称的时任印度国防部长费尔南德斯：在中印2000多年的交往史上，99.9%的时候都是友好的，冲突只占0.1%，而且已经过去几十年，我们早已化干戈为玉帛。两国完全可以本着互谅互让的精神，既尊重历史，又照顾现实，通过平等协商和谈判，为历史遗留问题找到公平、合理、双方都能接受的解决方案。费尔南德斯点头称是。

中印之间的矛盾与分歧并不像个别爱搬弄是非的国家说的那么难解决。在复杂的边界问题上，我们也可以想想办法，可以有所作为。2007年我在全国人大记者招待会上说，中印边界问题是中国人民和印度人民都不当家做主的时候西方殖民主义者强加给我们的。中国人民和印度人民有足够的智慧和能力来解决这个历史遗留问题。即使问题一时半会儿解决不了，也不应妨碍两国关系在平等互利基础上健康发展。

华夏天竺，兼爱尚同。中印作为世界上最大的两个发展中国家可以成为好伙伴、好朋友，争取龙象和谐共舞。

第八章　泰国：“我们是亲戚”

一个朋友从泰国回来，说：在泰国待的时间长了，回到国内头就晕——人人匆匆忙忙，个个嗓门大、脾气急；泰国人不慌不忙，个个心平气和。我说：这也许和泰国人信佛有关，但更重要的，可能是因为你是中国人，泰国人待中国人像自家人，对你当然好了。

“中泰一家亲”

早在公元前 2 世纪，汉朝的使者就曾到访今天泰国的湄南河三角洲地区。此后千百年来，中泰之间的贸易、文化和宗教往来绵绵不断。泰国的语言、文化、祭祀习俗与中国部分地区有不少相通之处。17 世纪以后，更有大批华人移居泰国。据估算，泰国 6 000 多万人口中超过 10% 是华人，有华人血统的泰国人则更多，遍布社会各阶层。可以说，中泰血脉相连，亲如一家。

“中泰一家亲”在两国深入人心，中泰关系长期走在中国与周边国家关系的前列，被誉为“不同社会制度国家睦邻友好和互利合作的典范”。两国各层级交往频繁，没有距离感与陌生感。我外交部的同事与泰国朋友都常说，“我们是亲戚”。

1975 年两国刚建交时，两国贸易额只有 2 000 多万美元。中国实行改革开放之初，泰国企业积极来华投资。著名的正大集团是第一批进入中国的外资企业之一。2012 年，两国贸易额达到 697.5 亿美元，中国是泰国第二大贸易伙伴，泰国则是中国橡胶进口的最大来源地。

在 20 世纪 70 年代石油危机、80 年代越南入侵柬埔寨和 90 年代亚洲金融危机等挑战出现时，中国都向泰国提供帮助。1997 年亚洲金融危机始于泰国，泰国受打击最大，中国及时伸出援手，协助泰国寻求国际支持，同时坚持人民币不贬值，保证中泰经济合作项目照常运作，防止贸易下滑给泰国经济造成新的压力，使泰国免受金融危机的二次打击。泰国几次紧急要求中国多购买泰国大米和橡胶，都得到积极回应。这些事至今为泰国人民称道。

为体现中泰特殊友谊，陕西法门寺的佛指舍利和北京灵光寺的佛牙舍利曾分别于 1994 年和 2002 年赴泰国瞻礼供奉。泰国是唯一从中国迎请供奉过上述两件佛宝的国家。

我曾听普密蓬国王向访问泰国的胡锦涛主席介绍说，诗琳通公主一直关心中国的发展，每次从中国回来都撰写文章，在大众报刊连载发表，向泰国人民介绍访华见闻。以前泰国人对中国的印象大都来自西方媒体，很多是不准确的。这些年来，通过诗琳通公主，泰国人民增进了对中国的了解。驻泰使馆的同事告诉我，中国前驻泰国大使管木曾是诗琳通公主的中文老师，公主对中国文化的热爱和在中国文学方面的造诣，在外国人中是少见的。她曾获得“中国人民友好使者”、“中国缘 · 十大国际友人”之一等荣誉。在诗琳通公主等带动下，泰国人民了解中国、学习中国语言文化的热情与日俱增。到 2012 年，泰国已设立 12 家孔子学院、11 个孔子课堂，是东盟成员国中孔子学院最多的。

有一阵子，"法轮功"邪教分子闹得厉害。泰国外长告诉我，泰国政府不允许邪教组织在泰国境内搞任何政治活动，并驱逐了在中国—东盟领导人防治"非典"会议期间企图滋事的某欧洲国家"法轮功"分子；为此该国政府向泰国提出抗议并指责泰国侵犯人权，泰国不为所动。我听后很感动，泰国这么为中国着想，十分难得。

在联合国人权会上，泰方一直坚定支持中国。有一次美国人游说泰国总理塔信，要他投票支持美国。塔信说，泰中同属东方文化，泰方了解并同情中国，要泰国投票反对中国，没门儿。2003 年我访问泰国，泰国外长素拉杰坦诚相告，加强与中国的战略合作是泰国外交政策的重要组成部分，泰国在国际和地区事务中全力支持中国。

没有免费的"晚餐"

2003 年 6 月，我到泰国清迈参加"亚洲合作对话"外长非正式会议并顺访泰国。除多边活动外，我会见了泰国总理塔信、外长素拉杰，还参加了塔信在私人别墅举行的晚宴。

别墅院子里挂着中国的大红灯笼，增加了喜庆的气氛。明月当空，和风习习，大家都很放松、惬意。塔信还安排了文艺表演，燃放了中国焰火。大家一边享用泰国美食，一边欣赏节目。三四十名泰国少女，在宽阔的湖面上翩翩起舞。我纳闷儿，她们怎么能在水面上跳呢？可能有潜水员在下面托着木板舞台吧……

席间，塔信总理"突然"和我谈起要请吴仪副总理到泰国。他说："外长先生，这个忙你一定要帮。你看，我们泰国第一次举办亚太地区防治'非典'国际会议，邀请了亚太经合组织 20 个国家和地区的政府部长。泰国想利用这次会议重点恢复国际社会对亚洲未来的信心。在抗击'非典’的斗争中，中国是最成功的。我们向你们抗击‘非典’的总指挥吴仪副总理发了邀请。可中方告诉我们，吴仪副总理太忙，将改派卫生部副部长高强来。高副部长也是泰国的好朋友，我们欢迎他。可你想想，吴仪副总理代表中国与会，对会议成功是必不可少的呀！这是关于防治‘非典’的会议，而中国抗击‘非典’的总指挥不来与会，一开始就会给人会议难以取得成功的印象。”

塔信很坚持地说，泰国方面将根据吴仪副总理的日程确定开会的时间。她几时能来就几时开，星期六、星期天都可以，如果实在太忙只参加开幕式也行，全听她的。他是任泰国外长时于1994年在雅加达结识吴仪副总理的，非常期待这次在曼谷再次见面。

话说到这份儿上，人家的饭我也吃了，舞蹈和焰火也看了，怎么办呢？我想起“天下没有免费的午餐”那句老话，只不过我吃的是晚餐罢了。

我心想，“非典”疫情发生后，泰国政府和人民给了中国宝贵支持。在这次防治“非典”国际会议的安排上，泰国朋友想这么做，反映了泰国人民对中国的友好，也反映了中国人民在新一届中央带领下取得抗击“非典”胜利在国际上的良好影响。

我没多说什么，答应塔信总理回北京试试。塔信回应：不只是试试，是一定要成功。我和吴仪副总理算是老熟人，她当外经贸部部长时我们有较多的工作往来，还一起唱过歌，她中音唱得特别好。

访问结束回到北京已近晚上11点，我壮着胆子绕过秘书给吴仪副总理直通电话。我说：“我刚刚从泰国回来，泰国朋友一定要让我转达对你这位中国抗击‘非典’总指挥的敬意。他们有个小小的请求，希望你务必出席他们举办的亚太经合组织卫生部长会议。我个人认为，你要是去，可以显示中国十分重视中泰关系，也有利于扩大中国的影响。至于与会的时间，你可以自己定，忙归忙，抽几个小时总可以吧。”

吴仪副总理听后哈哈大笑：“你这个李肇星，这么多事儿。这件事中央都批过了，你们外交部也会签了那份请示报告，你到现在还说这个话。"我忙辩解："哎呀，我会签的时候还没有去泰国。这次去了泰国，感受不一样了。中国取得抗击'非典'的胜利，外国朋友佩服得不得了，这是党和政府的巨大成绩，我们可以在国际上宣传宣传。建议你出席会议也是为了外交大局，为了中泰关系。"

在我的软磨硬泡下，吴仪副总理松了点儿口，说："反正我听中央的，我不会再给中央上报告，要请示你自己去请示。"

第二天，我正好陪同胡锦涛主席会见外宾，便汇报了泰方盛情邀请吴仪副总理参加会议的事情。胡主席指示，如果吴仪同志有时间，可以去，外交部再向中央书面报告一下。

我的确觉得吴仪副总理出席会议将是对泰国的支持，也有助于扩大我们的影响。外交如做人，将心比心，设身处地替泰国想，中国抗击"非典"总指挥与会对会议的成功至少具有象征意义。后来，吴仪副总理去了，效果确实好。

维护国家利益是外交工作的出发点，不能带个人感情色彩。可人毕竟是有感情的，外交官也是带着感情做事的。从情义上来说，是"中泰一家亲"让我真心愿意推动这件事。

后来塔信总理因故下野，我们一如既往地把他当作老朋友，以礼相待，又注意不干涉泰国内政。我再次见到塔信是 2008 年 8 月 8 日晚在北京奥运会开幕式上。他已不是总理，我已不是外长，但朋友还是朋友。

海啸无情人有情

2004 年 12 月 26 日，印度尼西亚苏门答腊岛北部海域发生 8.9 级强烈地震，引发印度洋特大海啸，给泰国、印尼等国带来重大人员伤亡和财产损失，数以千计的沿海村镇被夷为平地，15 万人死亡。

中国政府和人民对受灾国人民的遭遇感同身受，迅速组织了新中国成立以来最大规模的对外援助行动。外交部当天召开紧急会议，传达胡锦涛主席的指示，要求各部门和驻有关国家使领馆力争在最短时间内把援助物资和款项送到受灾国手中。

中国政府宣布向受灾国家提供首批价值2 163万元人民币的紧急救灾物资和现汇援助。随着灾情严重的消息不断传来，我们调整了援助方案。29日晚，我根据中央指示紧急召开包括财政部、商务部、卫生部、国家地震局和军队等有关部门负责人参加的部际协调会，商定大幅增加对受灾国家的物资和现汇援助。31日，温家宝总理在中南海紫光阁紧急会见泰国、印尼等10个国家驻华使节和国际组织代表，宣布中国将提供价值5亿元人民币的救灾援助。听了温总理的话，10国使节纷纷感谢中国政府和人民的深情厚谊。

我还与泰国、印尼、印度、斯里兰卡外长通电话，转达中国政府和人民的亲切慰问，介绍我国援助计划和实施情况，表示愿与受灾国和国际社会同舟共济，共渡难关。

2005年1月6日，我陪同温总理出席东盟地震和海啸灾后问题领导人特别会议。离京前，温总理得知受灾地区较为偏远，救灾物资难以及时运达，专门指示外交部要充分利用他专机的空间，尽可能多捎一些受灾国急需的物资。为多腾出空间，代表团所有成员都减少了托运行李，最终装载了16吨紧急救援物资随机运往灾区。送去的东西不算太多，却显示了中国领导人设身处地为灾民着想、不遗余力帮助灾民的情怀，表达了中国人民对受灾国人民的关爱。一位印尼外交官动情地说："中国总理是唯一用自己的专机给我国灾民带来紧急救灾物资的外国领导人，我们深为感动。"

我们想灾区之所想，急灾区之所急。海啸造成大量人员死亡，尸体辨认难度大。遇难人员身份鉴定成了善后处理的关键，唯一可靠的方法是DNA鉴定。海啸发生后第二天，中国科学院北京基因组研究所主动请缨，派出一个5人专家组赶赴泰国灾区。专家组随即向国内建议，作为中国国际救援的重要部分，由中国帮助所有受灾国家进行遇难人员DNA鉴定，并建立相应数据库。中央专门指示说，这个建议好，能发挥我们的优势，也是目前受灾国家急需的。中国与泰国等有关国家沟通，向受灾国派出数十名DNA检测专家。泰国作为重灾区之一予以积极配合。

在这次救灾外交行动中，中国政府和人民捐助额超过12亿元人民币。其中，中国香港特别行政区捐款7亿港元，创下全世界单一城市捐款之最。

在海啸灾后重建中，泰国打算1月29日在普吉岛举办"海啸预警安排区域合作部长级会议"。作为会议东道主首席代表的泰国外长素拉杰给我打电话说，答应出席会议的大国部长不多，泰方恳请中方派外长与会。我马上请示中央，很快得到批准。我于28日晚飞抵普吉。29日上午，我在会上第一个发言，表示中国政府和人民将继续全力帮助印度洋海啸受灾国开展救援和重建。

我向泰国朋友提出想去灾区看看，代表中国政府慰问灾民。为了赶时间，我说可以乘直升机。泰方有点儿犹豫，因为泰国此前发生过直升机坠机事故，担心不安全。我说不要紧。驻泰大使张九桓对安全也有顾虑。在我的坚持下，素拉杰外长给泰国空军司令打电话，调来了泰国王室使用的一架直升机。和我同机的还有张九桓大使、秘书张昆生和中央电视台记者王玉国。我们到了甲米、攀牙考拉灾区。真是不看不知道，一看吓一跳。眼前的情景让人终生难忘：一艘巨大的货轮被冲到岸边一二百米处、大树连根拔起、几家饭店只剩下几根柱子……泰国人民得克服多大的困难，才能重建家园！

不管是洪涝、地震、海啸、雨雪等灾害，还是"非典"、禽流感、金融危机等难题，中泰人民都真心实意相互帮助。两国方方面面的合作都不错，双边关系呈现出全方位、深层次、高水平的特点。我任外长期间，中泰关系给我留下的都是美好回忆，包括一个小小的插曲。

泰国盛产榴莲，人称“水果之王”，味道甘美却气味难闻。泰国许多饭店都禁止将榴莲带入房间。一位当地朋友去饭店看我，好心带了一个榴莲，还劝我放在冰箱慢慢吃。我不知道有关规定，见完这位朋友又赶去参加别的活动。结果，榴莲的气味扩散到过道。饭店方面发现后，四处寻找气味的来源，最后在我的房间找到了“祸根”。店家没有责怪我，只是劝我“不要慢慢吃，赶快享用完拉倒”。

我常和年轻同事说，“中泰一家亲”是我国睦邻友好外交的一大亮点。一代接一代都要好好珍惜，不断浇水施肥，让中泰友好之花常开不谢。

第九章　日本：剪不断理还乱

许多中国人对日本有着复杂的感情，有时很纠结，我也一样。外交官必须以国家利益为依归，考虑和处理两国的问题。我和日本人打交道比较多，有斗争，有合作；有高兴的事情，有烦心的问题。有人说我是“对日强硬派”，也有人说我是对日“温和派”。我个人更喜欢“睦邻派”这样实事求是的标签。

看日本民族一分为二

邓小平同志说过：日本人民是伟大的人民……我的感觉是，日本老百姓爱学习，办事严谨、细致；无论是与外国人相处，还是与别国企业竞争，都比较抱团儿，在大灾大难面前则比较冷静。有几件事情我至今记忆犹新。

1985 年我任外交部新闻司副司长的时候，日本外务省邀请我们派一个新闻代表团访日，这是我第一次到日本。日本首相中曾根康弘接见了代表团。我们还参观了日本的早市、学校。在一所小学，我们与日本小朋友聊天，问他们长大后想干什么。他们有的说要当厨师，有的说要学裁缝。道别时，日本小朋友簇拥在校门口，打出一条横幅，上面用汉字写着："天气有点儿冷，请中国朋友注意预防感冒。"天气是相当冷。不管是孩子们自己想出来的，还是经过老师的指点，这独特的欢送横幅温暖了我们的心。

1988年3月24日，南京开往杭州的311次列车在上海市郊外环线匡巷站，与迎面开来的长沙至上海的208次列车相撞，造成28名旅客死亡，其中27人是来华旅游的日本学生。中国政府很快安排遇难日本学生的家长来华处理后事。外交部派我和郑耀文赶赴现场协助处理这一不幸事件。当地领导和我都心情沉重，态度诚恳，对日本学生家长表示深切同情和诚挚慰问，家长们表示满意和感谢。

日本学生家长在上海的表现也感动了中国人。突然失去孩子，面对难以接受的残酷现实，他们却无一大哭大闹，而是努力配合中方做好善后工作，表现出来的素养令人敬佩。

2011年3月11日，日本东北部海域发生9.0级特大地震，接着又发生海啸、核泄漏。全世界通过电视看到：巨大的轮船在海啸中如同小舢板一样，被恣意卷上陆地；一辆辆汽车如同玩具，木质民房如同积木一样，在滔滔海水中漂摇……日本遭受重创，家园被毁，制造业损失惨重，股市暴跌，上万人被夺去生命。日本首相菅直人称这是第二次世界大战后日本遭受的最大灾难。

但人们还看到：面对罕见的灾难，日本民众相当从容、镇定。灾民在撤离的时候，保持着车距，没有一辆车强占车道或逆行。一个临时避难的公园里聚集了男女老少数千人，没有人大声喧哗，人们离开公园后，没有留下一张报纸、一只塑料袋和一个烟头。这使我想起，1994年广岛亚运会结束时，6万人的体育场上竟然没有一片垃圾，全世界不禁惊讶、赞叹："可敬、可怕的日本民族！"

灾后，日本人在商店买东西的时候没有出现哄抢的场面，每个人只买几瓶水，尽量把紧缺物品留给他人。在楼梯休息时，人们注意把中间的过道留出来。公用电话亭前，10部电话，10人1组，每人允许通话1分钟，没有人超时，他们想到的是排在后面的人也需要给亲朋好友报平安。商界纷纷行动起来，打电话不要钱，免费提供手机电池等。接受采访的日本人面对电视镜头，没有哭天喊地，只是平静地说，日本是个地震频发的国家，这就是生活，必须承受。后来听说，盐可以减轻核辐射伤害，日本人购盐时排队有序，相互礼让。

设身处地想一想，我不由得对日本人民产生一种敬意。日本从一个资源少、灾害多、面积小的岛国发展成一流经济强国，把许多面积比日本大、资源比日本富的国家抛在后面，没有“伟大的人民”是不可能的。

向广岛市民晓之以理

1996年7月，中国进行了一次核试验，部分日本民众向时任中国驻日本大使徐敦信写信抗议。这件事成了那段时间中日关系的一个热点。正好我有机会去广岛出差，日本主人有意或无意安排了一些市民与我对话。他们说，广岛人作为核武器的直接受害者，希望中国停止核试验，销毁核武器。

我说：“是的，全世界都知道，广岛人是普天下第一批核武器的直接受害者，你们对核武器的态度可以理解，同时我想说几个最简单的事实：

第一，对广岛使用核武器、造成24万人死亡的国家是你们现在的同盟国、好朋友，其中的原因不用说你们也清楚。

第二，说到那场战争，你们倒应该感谢一个中国人，中国著名建筑学家梁思成先生，他是我一位大学老师的哥哥，是他劝说当时的美国政府不要轰炸到处都有珍贵文物的日本古都——奈良。

第三，1937 年 7 月 7 日，进攻北京宛平、挑起全面侵华战争的日本军队有一支主力部队来自广岛。对此，我们不怪今天的广岛民众，但广岛人也最好多体谅中国人对那场战争的感受。

第四，1937 年 12 月 13 日，侵华日军攻陷当时中国首都南京，在南京城区及郊外对中国平民和战俘进行了长达 6 个星期的大规模屠杀、抢掠，造成约 30 万人死亡。参与这一震惊世界的大屠杀的一支日军主力部队来自广岛。

第五，更让中国人民气愤的是，南京大屠杀之后，广岛竟举行大型歌舞晚会，庆祝日本侵略军占领中国首都。

第六，1964 年 10 月 16 日，中国成功研制第一颗原子弹。中国政府当天就郑重声明：中国发展和拥有核武器完全是为了自卫，中国决不首先使用核武器，不对无核国家和地区使用或威胁使用核武器。你们可以从次日的《人民日报》第一版读到这一声明。中国的第二任外长陈毅元帅当时说：这个原子弹嘛，既不能吃，又不能穿，搞那么多有啥子用嘛！中国只搞一点点，就是为了保护自己。我们穷得很，不同人家搞核军备竞赛。我们搞原子弹，最终是为了消灭原子弹。中国说话算数，几十年来言行一致，这是有目共睹的。问题的关键不在于武器，而在于掌握武器的人，在于一个国家的政策。中国政府坚定奉行独立自主的和平外交政策，愿意与世界其他热爱和平的国家和人民一道，共同努力维护和促进世界的和平、稳定与发展。

听了我这番话，在场的广岛市民再没有说什么，只见几位老者频频点头。

见小泉首相借古喻今

2003 年 8 月，我作为外长第一次访问日本。日本外务省接待很周到，他们担心日本右翼势力搞破坏，派了不少警察保护我的代表团。日本首相小泉自 2001 年起已经连续 3 年参拜供有甲级战犯牌位的靖国神社，中国人民极为愤慨，中日关系有点儿紧张。

日方知道我学过欧洲文学史，专门安排中国代表团到日本帝国学院看演出，那天演的音乐剧是法国大作家雨果的《悲惨世界》。

第二天，小泉纯一郎首相会见我说的第一句话就是："昨天晚上的戏好看吗？"

我回答："看来雨果很受日本人民喜欢。据我所知，雨果先生不仅小说写得好，而且还是一个特别讲正义、讲公道的人。他爱法国，更爱真理和正义。1860 年英法联军火烧'万园之园'圆明园。雨果先生义愤填膺。他说，'两个强盗走进了圆明园，一个抢劫，一个放火，一起彻底毁灭了圆明园……这两个强盗分别叫作法兰西和英格兰。我希望有一天，法兰西能够脱胎换骨，洗心革面，将不义之财归还给中国。在那个久远的年代，雨果先生就为中国人民说了公道话，代表了人类的良心与正义。现在，东方的政治家更应能够对历史有正确认识并妥善处理历史问题。"

小泉一边听一边点头，说："是的，要学习历史经验，以史为鉴，发展面向未来的日中友好。"

会见结束后，小泉一直把我送到电梯门口。

与麻生外相"厕所外交"

有一阵，中日关系因日本首相小泉参拜靖国神社搞得很僵，两国高官甚至不便安排正式双边会见。2006 年 7 月 27 日，我出席在马来西亚首都吉隆坡举行的东盟地区论坛和东盟与中日韩（“10+3”）外长会议。日本外相麻生太郎也来了，但我和他之间没有任何“双边”会面安排。

在一次会上，我发完言，离开座位出去“方便”一下。哪知道日本人很细心，一下子就发现了这一“情况”。麻生带着秘书很快跟了出来。后来听说，他让秘书把住厕所的门，不让其他人进，自己赶紧进去找我。

麻生用英文对我说：“外长先生，我们好好谈谈。中日关系这么下去对双方都不利。”

我说：“那是你们的问题，责任在日方。你们凭什么一而再再而三伤害中国人民的感情？你们首相为什么要参拜供奉甲级战犯的靖国神社？日方在这个问题上不向中国政府和中国人民做出一个合理的交代，中日关系就难以恢复正常。”麻生表示听懂了，理解了……

这次在特殊场合进行的计划外的交流效果还不错，为两国高层恢复接触开了个头。

后来，不知道日本媒体怎么打听到了这件事，报道说，麻生和李肇星在双方都“方便”的地方进行了方便有效的双边沟通。这个故事被演绎为中日外长的“厕所外交”。

外交官在一起并不全是唇枪舌剑，有时也会有这种不伤大雅的闲聊。有一次我和麻生见面，正式会谈谈得不错，晚宴上有时间闲聊，夫人们也在场，谈话内容轻松。

麻生的夫人告诉我，她家有个亲戚，在 20 世纪 40 年代到过延安，帮助过八路军，对中国很有感情。我借机“表扬”说，日本人民曾经对中国人民的解放事业给予过支持，日本政府和人民对中国的经济建设和改革开放也给过帮助，中国老百姓心里是有数的。

这时，麻生接过话茬儿说：“是的，日本妇女比日本男人心胸开阔、身体健康，平均寿命也比男人长。这方面，经济较发达的国家情况都差不多。”

我好奇地问："真的吗？为什么？"

麻生说："你们中国改革开放的成就也反映在这上面。改革开放前，中国妇女的平均预期寿命只比中国男人多 1 岁，20 多年过去了，现在这一差距扩大到 3 岁。"

我一愣，这个情况我不知道，看来麻生研究中国下了功夫，对中国的事知道得真不少。我反问："日本的情况如何？"

麻生答："日本女人比男人的平均预期寿命多 5 岁。"

我问："女人比男人长寿，这个说法可靠吗？"

麻生说："这是科学研究得出的结论。日本女人长寿，除了生理原因之外，主要是敢说、敢哭、敢笑。相比之下，男人差多了。男人见了上级总是不敢说话，怕说错了上级不高兴；得到表扬不敢笑，怕别人说他骄傲；挨了批评或受了委屈不敢哭，怕别人说态度不端正。前年一次抽样调查表明，日本女人流的眼泪是男人的 5 倍。"说完这段话，麻生看了一眼夫人，得意地笑了。

麻生从外相任上退下来后，仍然不忘老朋友。我不当外长后有一次访问日本，麻生正在竞选首相。他在自民党党部见了我。他的办公室很简单。我说："你这么简朴。"他谦虚地说："这是向中国学的。"他还说："不管当不当外相，我们都是好朋友。"几天后，麻生竞选成功，当上了日本第 92 任首相。

2011 年"六一"儿童节那天，已经卸任的麻生为加强两国动漫合作率团访华。他想与我见面。我没有别的时间，便早早起床，与他在我家旁边长安街上一家餐馆共进了一顿 45 分钟的早餐。结果，两人谁也没吃饱，却老习惯不改，就当时的国际热点西亚、北非等问题交换了看法，达成了难得的"广泛共识"——这次是非官方的。

对日本大使严词“训斥”

我记得当外长的时候，“训”过两个国家的驻华大使，一个是美国的，另一个就是日本的，而且对日本大使“训”过两回。外交上的“训”就是把对方召到（一般情况下是紧急召见）外交部，提出严正交涉和强烈抗议。“训”的目的不是为了解气、泄愤，而是让对方认识错误、改正错误。一般的外交交涉由处长、司局长处理，至多是部长助理、副部长。若非重大、敏感事项，通常无须外长出面。

2006 年 8 月 15 日，小泉又参拜靖国神社，我们从政府到老百姓都很气愤，有的人还上街游行。我在第一时间把日本大使宫本雄二叫到外交部，提出交涉。

他一落座，我连往常的客套话都省了，开口就说：今天，小泉首相又一次参拜供奉有“二战”甲级战犯的靖国神社。我奉命代表中国政府和人民，对这一严重伤害日本军国主义侵略战争受害国人民感情、破坏中日关系政治基础的行径表示强烈抗议。

我说，靖国神社供奉的“二战”甲级战犯，是日本军国主义发动和实施对外侵略的策划者和指挥者，是近代史上给亚洲和世界造成巨大劫难的祸首。小泉首相无视国际社会、亚洲邻国和日本人民的关切和反对，执意参拜供奉有这批战犯的靖国神社，是在挑战国际正义、践踏人类良知。他参拜了 6 次，辩解了 5 年，但国际社会和日本国内反对参拜的声音日益高涨，这说明他的行径不得人心。

我告诉大使，中国是日本军国主义对外侵略战争的最大受害国，中国人民在日本侵华战争中蒙受了深重灾难。正确认识和对待这段历史，是战后中日关系得以恢复和发展的政治基础，也是两国共同面向未来的重要前提。小泉首相不断在历史问题上伤害中国人民感情，不仅失信于国际社会，也将失信于日本人民，损害日本的形象和利益。

我最后说，中国政府和人民将与所有珍视并致力于中日友好的日本政治家和广大日本人民一道，本着“以史为鉴、面向未来”的精神，坚持不懈地致力于两国和平共处、世代友好、互利合作、共同发展。我们相信，日本各界有识之士将顺应历史潮流，致力于消除政治障碍，推动中日关系早日回到正常发展的轨道上来。

我那次交涉态度强硬，不容宫本雄二争辩，一口气把想说的话说完，严肃地要求他把我的话完完整整地报告东京。宫本雄二恭恭敬敬地听我说，中间想解释几句，被我驳了回去。

事先，我们通知中日记者到场。后来媒体报道说，李肇星失去了往日的随和，一脸铁青……

2006年全国人大记者招待会上，我在回答一位日本记者的提问时说，中日是近邻，中国人民愿意同日本人民世世代代友好下去。现在中日政治关系面临困难的症结是，日本个别领导人至今仍坚持参拜发动和指挥侵略战争的甲级战犯的亡灵。日本领导人不应该再做伤害中国人民和侵略战争其他受害国人民感情的事情了，这是一个非常严肃的问题。不仅中国人民不能接受，其他许多国家的人民也不能接受。一位德国官员告诉我，德国人也不能理解，日本的领导人怎么能干这种事，这种傻事，这种不道德的事。“二战”后，没有哪个德国领导人还对希特勒或其他纳粹分子表示崇拜……

日方不干了，说我的话不对，要提出抗议。我听到消息后很纳闷儿：我的话哪儿说错了？我很认真地让人核实一下，发现没问题才放心了。日方想把中国驻日大使王毅叫到他们的外务省，妄图像我训日本大使一样训王毅一通。碰巧王毅当天下午日程已满，晚上还要主持使馆“三八”妇女节活动，于是向日方建议第二天再说。日本人等不及了，常务副外长谷内正太郎直接给王毅打电话交涉，王毅当即严厉拒绝对方的指责，表明了中方的严正立场。第二天两人见面，又正式“交涉”了一番。

可日本媒体渲染说，中国大使“拒绝”日本外务省就中国外长有关涉日言论提出的正式约见，有违外交惯例。我和外交部的同事在北京一时没有搞清事情的来龙去脉。后来清楚了，原来日本一些别有用心的人，很可能是日本外务省的官员，唯恐天下不乱，故意编造中国大使“拒绝”召见的内部消息，并有意透露给媒体。对日本某些人的这种“小动作”，中国驻日使馆向日本外务省和有关媒体提出交涉，澄清了事实。谷内也出面对有关失实报道表示遗憾。

两国外交部的发言人为此“隔空过招”。日本外务省发言人说，李肇星这样的言论不恰当，冒犯了日本领导人的尊严，有失外交礼仪。我的年轻同事秦刚在记者会上提出了不同看法：李肇星的言论，并非其个人观点，而是代表全体中国人民的心声，也反映了国际社会的共识。希望日方正确对待历史，承认侵华史实，正确看待李肇星的谈话。

这件事足以说明当时处于不正常状态的中日关系是多么微妙、敏感。

谈历史问题寸步不让

2003 年夏天，我访问日本，于 8 月 11 日在日本记者俱乐部举行记者会。《朝日新闻》记者问我如何看待日中关系中的历史问题，这是一个向日本民众阐述中方立场的机会。我说：

> 关于中日两国之间的历史认识问题，想谈三点：
>
> 第一，中国人民是讲原则的。当前国际关系中最大的原则就是国与国之间的平等相待、和平相处、共同发展，这就是为什么我们高度评价日本战后坚持和平宪法，走和平发展道路。日本军国主义发动的那场战争，给中国和其他亚洲国家造成空前深重的灾难，日本人民也深受其害。这段历史只能正视，不能抹杀。正确认识和对待这段历

史，以史为鉴，面向未来，对中日睦邻友好关系具有重要意义。这已成为中日两国政府的共识。

第二，中国人民是讲道理的。我们一直坚持把日本人民与少数军国主义分子区别开来。日本人民也是那场战争的受害者，普通民众悼念在战争中死去的亲人是可以理解的，因为这些死者实际上是军国主义的牺牲品。可那些甲级战犯不是一般的战死者，他们对那场战争负有重要责任。在靖国神社把这些甲级战犯列为供奉对象之后，日本领导人就确实不应该再去了。

第三，中国人民是重友情的。我们十分珍惜中日两国绵延2 000年的友好交往以及两国人民长期相互学习、相互借鉴、共同进步的历史。不忘过去那段不幸的历史，两国更应巩固两国人民的传统友谊，加强互利合作。我们非常感谢日本人民对中国的改革开放和现代化建设给予的积极合作，也不会忘记在刚刚过去的中国抗击“非典”斗争中给予中国人民的宝贵支持。我们真诚希望通过双方的共同努力，使中日关系真正走出历史的阴影。

我想，生气归生气，道理归道理，做工作还得心平气和、以理服人。我要抓住机会跟日本人把这些道理讲清楚。日本媒体说，李肇星的“三点”讲话很有人情味，却又绵里藏针。

中日是一衣带水的邻邦，交往几千年，可以说95%是友好的，只有5%是不友好、不太友好的。甲午战争以来，中日之间有太多的恩恩怨怨，有历史纠葛，有海洋权益争端，都不容易解决。有些问题的解决只能靠时间，有些问题的解决更需要智慧。对抗会损害两国的共同利益，更有悖于两国人民的共同心声。

日本朋友常问我，中国为什么老抓住历史问题不放。我总是说，日本与德国比一比就能得出答案。德国在“二战”后进行了相当彻底的反省，清算了法西斯主义，反复向其他国家道歉。德国总理勃兰特访问波兰时在全世界的注视下，为1942年被希特勒残杀的50万犹太人下跪致哀，这一真诚的姿态赢得了受害国人民的谅解。日本却躲躲闪闪，给国际社会一种认错不诚恳的印象。你爷爷对别人干了坏事，你至少得承认，认账，这样受害人的子孙心里才舒服。不认账，怎么也说不过去。要知道，日本是近代史上杀害中国人最多的国家。

我提醒过一位日本记者朋友："你去问问自己国家的领导人，在历史问题上，一些欧洲国家的领导人能够做到的，他们为什么做不到？希望日本今天的领导人能够拿出诚意，不让历史问题成为包袱，而要把历史当成一面镜子，引以为戒，下定决心与各国和平相处、平等相待，这才符合日本国民的长远利益。"

我对日本官员和学者说过，历史是最好的老师。日本有的政客不但不从中学点儿东西，反而作茧自缚，将历史当作包袱背下去，这是为什么？历史应当是一种强大的进步力量，而不应当成为阻止人们前进的障碍。我们不想与日本搞历史论战，希望日本用行动表明这一页历史可以翻过去了。

有些日本人抱怨，对中国道歉何时可以了结？我的回答是，如果是发自内心的真诚的道歉，一次就够了；如果口是心非，言不由衷，或者今天说了，明天又反悔，道歉的次数再多也没有用。

我还告诉日本朋友，我爷爷和爸爸当年是抗日民兵。大约在我4岁的时候，侵占我家乡青岛的日本士兵来到我们村。幸亏我娘提前得到消息，把我拉进玉米地里，使劲捂住我的嘴，怕我一出声被日本兵发现、打死。我和我娘躲过了一劫，但留下了刻骨铭心的记忆。

我常对日本朋友说，中日两国老百姓都是战争的受害者，都深知和平、生命之可贵。前事不忘，后事之师。坚持1972年中日实现邦交正常化时确立的原则，才有助于继承和弘扬两国人民的友好传统。

不少专家认为，这些年来中日之间摩擦增多的大背景是日本还没有作好接受中国发展强大的心理准备。我一有机会就说，日本朋友不要看到中国发展就不高兴，就担心中国超过日本。回想一下，“二战”后日本快速发展的时候，中国从来没有把日本视为威胁，反而一直致力于推动中日友好。有虎心者才常思“一山不容二虎”。亚洲空间大得很，中日共同和平发展有百利而无一害。

我对日本记者说过，日本只要走和平发展道路，就能赢得包括中国在内的亚太各国的理解和支持。日本老想“傍大款”抗衡中国。这么做不是个事儿，也不一定靠得住。中国人心地善良，现在和今后只希望与日本人民和平共处、互利合作。

我对中国记者说过，中日之间难免有这样那样的问题，但合作符合两国以及地区的总体和长远利益。大多数日本民众希望中日友好，我们在反对日本右翼势力的同时，对日本朋友做的好事千万不能忘。日方的政府开发援助为中国的改革开放和经济建设做出过宝贵贡献。日本首相海部俊树是1989 年北京政治风波后第一个访华的西方国家领导人，对中国打破西方制裁有积极意义。2003 年中国发生“非典”疫情，日本政府和人民给予慷慨援助。2008 年中国汶川遭受特大地震灾害时，日本国际救援队和医疗队对灾区灾民的救治，日本学生和企业还踊跃捐款捐物，都给人留下深刻印象……

2009 年 10 月 20 日，我率中国人民外交学会代表团访问日本，那天正好是我生日。我抽空在富士山下栽了三棵树，悄悄地自我“庆祝”。鸠山由纪夫首相见我时主动表示，可找人替我照料那三棵树，并说愿为中日世代友好而努力，我很受鼓舞。我表示：我已快 70 岁了，但依然希望继续为中日友好做点儿事；在中国，像我这样愿意促进中日友好的大有人在。时任中国驻日大使崔天凯表示，李部长（应为前部长）的树可由使馆的年轻同事照料，首相等高级领导人可集中精力照料中日友好大局。

我相信，中国人敬仰的泰山、被日本人称为民族“灵魂故乡”的富士山，都会祝福中日友好之林郁郁葱葱。

第三部分

穷朋友·好朋友·真朋友

说中国是一个发展中国家，世界上好多人不信。可说到底，我们就是人口多、底子薄、发展不平衡，要成为发达国家还有很长的路要走。作为世界上最大的发展中国家，我们一向把加强与发展中国家的团结和合作视为中国外交的基础。发展中国家都面临成长的烦恼，容易找到共同语言，确定共同目标，但有时也有分歧，需要求同存异，妥善处理。

第十章　肯尼亚 7 年：我把青春献给了你

说起来是缘分，从 1970 年开始，我在肯尼亚工作了 7 个年头，把平生最美好的一段时光留在了非洲，把自己最朴实的一份感情、最烂漫的一份劳动献给了中非友谊。我总是对朋友说，对非洲的感情溶入了我的血液里。非洲是美丽的，黑色是美丽的，中非友谊是美丽的。

肯尼亚是我外交生涯的一个起点。在那里，我看到的、听到的、学到的、悟到的，都是财富。它丰富了我的阅历，磨炼了我的意志。

“红卫兵”添乱

中国于 1963 年 12 月 14 日与肯尼亚建交。建交初期两国关系发展较好，可是很快受到中国“文化大革命”的冲击。

“文革”开始后不久，红卫兵对肯尼亚一位驻华外交官采取了一些过激行为。直接原因之一是，这位外交官在一个雨天开车外出，在长安街上溅了几个红卫兵一身水。当被拦下盘问时，他谎称自己是另一个国家的外交官。红卫兵“小将”警惕性很高，最后弄清他的真实身份后，要他赔礼道歉，并威胁要给他戴“高帽子”（“文革”时批斗人的一种方式）。还有个原因是，中国驻肯尼亚使馆向当地群众散发过《毛主席语录》和《毛泽东军事文选》。肯尼亚政府认为，这是干涉其内政。

为了表示对中方的不满，肯尼亚决定召回驻华大使，也不让在国内参加“文革”并被“批斗”的中国驻肯大使王雨田返回使馆工作。1967 年 10 月，肯尼亚撤回其驻华使馆人员，并宣布中国驻肯使馆随员张宗绪为“不受欢迎的人”，还对中国驻肯使馆采取了一系列限制措施，比如不让发放毛主席著作、语录和像章，特别是不准散发《毛泽东军事文选》，使馆新闻橱窗还几次被砸。1969 年，肯政府宣布禁止毛主席著作在肯发行。

同年 3 月，肯尼亚单方面宣布将两国关系从大使级降为代办级。周恩来总理得知此事后，要求外交部冷静处理，并指示外交部派人在从广州到深圳的火车上找到正准备回国的肯尼亚大使谈话，尽量把这件事对两国关系的负面影响降到最低。

2005 年 6 月，我在北京接待了肯尼亚外长姆瓦奎雷。他访华前对中国驻肯大使郭崇立说，他在学生时代就对中国产生兴趣，为了能读到毛主席著作曾私下到中国驻肯使馆索取。政府有关部门发现这一情况后，下令未经许可任何人不得进入中国使馆。

经过 60 年代那段不正常时期，中国开始清除“极左”思潮的影响，在国际上更加注意坚持和平共处五项原则，逐步打开了外交工作的新局面。在这一背景下，中肯关系逐步走上正轨。

学做外交官

那时候，肯尼亚对中国驻肯使馆有一些限制，规定外交官和工作人员一共不得超过 8 人，但家眷不计算在内。外交部干部司就选了我和秦小梅一起去驻肯使馆工作。小梅当时在国际司工作。我们俩去，只占一个名额，却可以干两份活儿。

这是我第一次到使馆工作，什么都从头学起，边干边学，经历了许许多多的第一次，首次亲历了外交谈判、外交交涉，积累了基本的外交常识和技能，不少经验和教训为后来的工作打下了一定基础。

在肯尼亚，我有生第一次看见空调、出租车、商业停车场、停车计时器、汽车电影院、野生动物园、动物收容站……当时北京的市政建设比肯尼亚首都内罗毕差很多。“内罗毕”在当地语言中的意思是“清凉的水”。

我有一次陪魏宝善临时代办去肯尼亚在印度洋沿岸的最大港口城市蒙巴萨出差。“蒙巴萨”在古代当地方言里的意思为“战争之港”，和邻国坦桑尼亚的首都达累斯萨拉姆——意思为“和平之港”——遥相呼应。代办说屋里太热，让我打开空调。空调开到最高挡，我们仍觉得热，便又开了窗户，更热了。

我刚去的时候不是外交官，只是使馆职员，在使馆什么活儿都干，从小事做起，逐渐成了“多面手”。

我每天早晨都为代办（后来给大使）读报，把当地英文报纸上的消息和评论读成汉语。我每天必须早起，将当日报刊细读一遍，星期日也不例外。代办要求严，对我说，外交官怎能有星期天呢？我经常读完报纸后，还要将重要内容写成简报发回外交部。

我负责回复肯尼亚群众来信，每天至少处理七八封来信，按领导的要求回复。如果实在没有内容可写，就寄一些英文的《北京周报》、《中国建设》或小册子。我坚持每信必复。我觉得，肯尼亚群众来信，说明对中国友好、信任，想了解中国。当时没有电视，没有网络，只有靠这点儿手段，介绍中国的发展情况和有关政策，拉近与驻在国老百姓的感情。时至今日，我还保持着早年养成的工作习惯，无论是国内朋友还是国外朋友来信，我都尽可能回信，至少回送我读过的书报和学习材料。

我还当签证官。当时两国间人员往来不多，记得只给应邀访华的肯尼亚乒乓球队、长跑运动员以及参加广州商品交易会的商人发过签证。

我每个月还负责给打扫卫生的肯尼亚雇员发工资，去当地税务局交税。第一次去交税时，我很认真，仔细核对交税的项目。我突然发现，使馆还交了不少地皮税，心里琢磨：在大学里学过，外交地产是不用交税的呀。

我们使馆占地面积大，也很漂亮。肯尼亚刚独立的时候，西方国家纷纷撤离，地皮价格便宜，我们买了 5 户英国人的大院子，围起来做大使馆。我们人数虽少，却是占地最大的使馆，当地人管中国使馆的围墙叫“长城”。

我向使馆领导汇报后回去对肯尼亚税务官员说：按照国际惯例和《维也纳外交关系公约》，外交财产是免税的。过去，中国使馆交了，你们收了，我们也不计较，但从现在起，不该交的钱我们就不交了。对方说：说实话，我们没有要你们交税，但你们来交，我们也就收了。既然你提出来，那就不交了。

这位肯尼亚税务官特别可爱，特别诚恳。他好心地帮我查了前几年交税的账单记录，把前些年交的地产税也退给了我。我还是第一次见到那么一大笔钱。

使馆领导为此给了我一点儿表扬。我很激动，想想我一个农村孩子，家庭不富裕，上初中每月拿 3 元人民助学金、高中每月拿 5 元钱人民助学金，上北京大学时每月拿到 8 元 5 角，在北京外国语学院时每月更多达 42 元 7 角 5 分，自己节省一点儿还可补贴两个妹妹上学用。祖国和人民培育我的恩情没法用金钱计算，是永远没有办法报答完的。但这次我用老师教的知识，用自己的劳动为国家要回来这么多钱，总算还上了一点人民给我的助学金。我觉得特别幸福，高兴得流下了眼泪。这是我第一次在国外流泪。从那以后，我就更加喜欢外交工作，觉得这项工作能为国家做一点儿实在的、有益的事情。

在使馆，我处处想着国家利益。为了节约开支，我平时采购货比三家，能省则省。内罗毕大小商店的许多职员成了我的朋友，好像别人买不到的便宜东西我能买回来，别人弄不到的飞机票我能弄到。后来，1993年到常驻联合国代表团、1997年到驻美国使馆，我几乎再也不去商店：一来我不再负责采购，二来在肯尼亚的确干够了。

我在肯尼亚工作头绪挺多，给三秘以上领导做翻译，为厨师、司机当翻译，还当礼宾官、新闻官，对外宴请时帮厨、倒垃圾……我能熟练操作16毫米和32毫米电影放映机，当时的影片大多是演样板戏和纪录片。招待外宾看电影时，我做同声翻译。此外，我随时根据国内指示和驻邻近国家使馆的要求去机场接送来肯尼亚或路过的国内同志，包括信使、参与修建坦赞铁路的技术员和工人，有时整夜待在机场。退休后有时失眠，小梅会调侃我：没关系，就权当在内罗毕机场等人；有时犯困，她又会一惊一乍地说，信使到了，我立刻就会醒来。

我是使馆一个普通的职员，但当了几次翻译竟认识了肯尼亚总统肯雅塔。我曾有机会问总统，阁下的名字是什么意思？他说，"肯雅塔"在当地语言中的意思是"武装带"。有意思的是，他主张和平夺权，对中国的武装斗争经验不大感兴趣，但很喜欢中国传统文化，曾让时任内罗毕市长的女儿访华，替他看看3 000年的西安，1 000年的北京，100年的上海。

我拜肯尼亚人，包括在使馆工作的司机和园丁为师，努力学习肯尼亚的历史和文化，诸如原始人类的进化、反殖民统治的"茅茅"独立运动、野生动物保护……

由于长期处于白人殖民统治之下，不少肯尼亚青年，特别是女青年，在打扮上以白为美，为此抹上厚粉，甚至花大价钱去整容。有一次，我去听肯雅塔总统演讲，他先用斯瓦希里语说，然后自己译成英文。肯雅塔说：我们只宣布民族独立还不够，还要精神独立。我们要爱自己的祖国、自己的民族文化，要爱自己爷爷奶奶爸爸妈妈留给我们的皮肤颜色。他连喊三声：黑色是美丽的！我受到极大震撼，一辈子都记得这句话，后来写了本非洲游记，就以“黑色是美丽的”为名。

我跟使馆的当地司机学斯瓦希里语。2009年，美国总统奥巴马访问中国，我参加了胡锦涛主席为他举行的欢迎晚宴，有机会与奥巴马简短寒暄，跟他讲了几句斯瓦希里语。他感到奇怪，问我怎么还会这种语言，而且词汇量比他还大。

我还在使馆当业余英语老师，曾逐字逐词教四川籍炊事员老梁学一些肉菜的英语名称。三个月后，他就可以自己去买菜了。有一次，他去买猪蹄，可我没教他猪蹄怎么说，他就指指自己的脚后跟。售货员告诉他这里不卖皮鞋，他又指着自己的脚，不停地说“pig，pig”（猪），售货员终于明白了他的意思。还有一次，他去市场买母鸡，准备给我们炖老母鸡汤喝。对方拿来一只公鸡，他连连摇头：“No，his wife.”（不，要他的夫人。）结果，他成功地把母鸡买了回来。我使劲地表扬了我这个“学生”。

我的“教学”也有不太成功的。当时不少外交官都是老革命，政治觉悟和政策水平很高，却不懂外语。我教过一位参赞，他学习很刻苦，可能因为我教得不得法，他收获有限。一次他主持外事宴请，左右都坐着女士。他先问右边的女士：Are you married?（你结婚了吗？）对方答：No.（没有。）这位参赞接着练英语，问人家：How many children do you have?（你有几个孩子？）对方一愣，不高兴了。过了一会儿，他又问左边的女士，这回他把提问的顺序倒过来，先问：How many children do you have?（你有几个孩子？）对方答：Three.（3个。）他又问：Are you married?（你结婚了吗？）对方无语……

“秀才”遇上兵

1973年4月8日下午，我和使馆司机顾思文去内罗毕机场送外交信使。信使上飞机后，思文正准备上机场外面的免费看台等飞机起飞，突然被一名肯尼亚士兵拦住，要搜身。我见状赶上前去，理直气壮地说："我们是中华人民共和国驻肯尼亚使馆工作人员，你无权搜身。如果你不知道这一点，请去问你们的外交部。"对方称："我在执行任务。不管是谁，接受检查后才能去看台，否则就请离开这里。"我针锋相对地说："我们也是在此执行任务，是在等我国外交信使乘坐的飞机起飞。对我们搜身毫无道理，绝不能接受，我宁可不上这个看台，也不允许你搜身。"

随后，我们来到 50 米外的收费看台，买了票上去，等待飞机起飞。大约 10 分钟后，刚才那名士兵同另一名荷枪实弹的士兵尾随而来，再次要求搜身。一名士兵的手指还扣着扳机，看到这架势，一开始我心里有点儿紧张，幸好几年前在南京解放军军事学院待过，打过枪，扔过手榴弹，心里有底。我很快镇静下来，想好了怎么应付：不刺激他们，防止擦枪走火出意外，但要和他们讲理。我拿出使馆工作证给他们看，说："我已经说过，我们是中国使馆人员。中肯有外交关系，你们这样对待我们，是不对的，事情是很严重的。你们已经知道我们的身份，也一定请你们把名字告诉我们。我要去你们外交部把问题讲清楚。"

那两个士兵开始吞吞吐吐，往后缩，手也不再扣在步枪扳机上了。我们转守为攻，肯士兵不知所措，一时形成僵局。这时，一位和我熟悉的肯尼亚内务部驻机场安全官赶到了，问明情况，便说士兵不对，要他们道歉。那两个士兵偷偷地溜了。

回到使馆，我们向领导作了汇报，领导表扬说这件事我们处理得当。使馆觉得，这件事情并不偶然，一段时间以来肯方对我馆采取限制措施，给我们造成不便。这个问题必须解决，否则容易酿成意外。

当天，使馆向国内报告了这一情况，国内指示使馆找肯尼亚外交部交涉。对方表示歉意，承诺采取措施防止类似事件的发生。他们还很认真，要求我们提供有关书面材料，以作为追查肇事者的依据。后来肯外交部专门给使馆发来照会，对这件事表示遗憾。

这是我第一次亲历的“外交事件”。

自负出洋相

我刚去使馆时，两国还没有恢复大使级外交关系。看来，要加快两国关系的正常化，应从民间开始；根据肯尼亚朋友喜欢长跑运动的特点，最好从体育交流入手。

1972 年上半年，我们先邀请肯尼亚的马拉松运动员访华，在东北鞍山与我国运动员竞赛。当时中国还没有举办过国际马拉松赛，得过马拉松国际赛冠军的肯运动员在比赛中大出风头，把我们几位运动员落下一两圈。为了搞点儿“平衡”，我们便请国内派乒乓球和羽毛球队访肯。

1972 年 9 月，中国乒乓球队来到肯尼亚，这大概是有史以来第一个来这里访问的中国体育代表团。团长是乒乓名将梁丽珍。代表团访问了内罗毕、纳库鲁、基苏木三个城市。内罗毕市市长在会见中国运动员时，第一句话就说：“这里就是你们的家，请你们像在家里一样。”

两国运动员互相鼓励，互相学习，多次共同训练。正式比赛时，双方运动员互相照顾，我渴了，你送水；你流汗，我递毛巾。仅仅一场比赛之后，中国女选手陈兰群就和她的肯尼亚对手法蒂玛形影不离了。

中国乒乓球运动员的精湛球艺赢得肯尼亚观众的喝彩。当地报纸说：“中国运动员的球打得神秘而不可捉摸，是绝妙无比、惊心动魄和扣人心弦的。”的确，我们有的运动员在比赛中糅进了武术动作——有时故意仰躺在地板上回球，或绕球桌快跑一圈再回来把球接过去……记得乒乓球代表团教练是我国 1958 年首届全运会乒乓男单冠军王传跃的弟弟王传琪。

后来，我们的男子足球队来到非洲，赢得了友谊，也出过一次洋相，好在外人并不知情。当时来的是一个得过全国冠军的省队，这次来有 3 场比赛。队长首先请使馆指示要赢几场，第一场中方是赢还是输？当时强调友谊第一、比赛第二，对非洲朋友更是如此。使馆领导不知如何回答，只好说，第一场还是赢一下吧，可以少赢一点儿；赢太多，主人面子上不好看。

谁也没有想到，第一场比赛我们就输得一塌糊涂，第二场、第三场也输了，只是输得一场比一场少，是人家非洲朋友给客人留了面子。

时间长了，我跟肯尼亚体育界上至奥委会主席卡西奥卡下至普通运动员都成了好朋友。肯奥委会后来一直热情支持恢复新中国在国际奥委会的合法地位，同我国体育界的领导荣高棠、李梦华、伍绍祖、何振梁、万嗣全、魏纪中等都熟悉。

记住上面提到的“内部洋相”，我意识到，谦虚的本质就是实事求是。在 2008 年北京奥运会闭幕式上，肯尼亚朋友向我祝贺，说中国伟大，第一次办奥运就拿下金牌总数第一名。我说，谢谢，但我们 13 亿人才得了 51 枚金牌，肯尼亚 3 000 多万人就得了 5 枚金牌，按人均算是中国的好几倍。而且闭幕式上给肯运动员发的马拉松赛金牌分量也非同一般。我们要向肯尼亚学习、祝贺。肯尼亚朋友开心地和我亲切拥抱。

1976 年，中国歌舞团到肯尼亚访问演出，肯方负责接待的是外交部主管亚洲和大洋洲事务的一位官员。他留学美国时得过博士学位，我们都叫他“博士”。为确保演出成功，博士流的汗水不比歌舞团的演员少。他参与制订演出计划，帮忙办理旅行手续，负责安排住宿交通，起草演出广告，亲自将广告送往报社和电台。因人手不够，他把夫人也动员出来担任义务售票员。当首演开幕、人们谈笑风生步入肯雅塔会议中心大厅时，博士夫妇正紧张地验收门票，明亮的眸子里含着微笑，黝黑的脸庞上挂着汗珠……

中肯体育文化交流为两国较快恢复大使级外交关系发挥了积极作用，我也第一次学习了如何在困难的情况下想方设法开展多种形式的外交活动。

即使关系还没有完全正常化，中肯作为发展中国家，在国际上仍相互支持。1971年10月25日，肯尼亚投票支持恢复新中国在联合国的合法席位。第二年，中国支持肯尼亚成功竞选联合国安理会非常任理事国。在酝酿建立联合国环境规划署的过程中，中国主张联合国专门机构不应集中在欧美国家，明确支持把规划署总部设在肯尼亚。事后，蒙盖外长说，感谢中国，中国是第一个站出来支持肯尼亚的大国。我个人则有幸当了中国出席联合国环境规划署首次大会代表团的顾问。这是第一个把总部设在发展中国家的联合国专门机构，也是联合国专门机构中最美丽、最绿色的。后来，我在里面栽过一棵小树，爬过两棵大树。

中肯关系的疙瘩慢慢解开了，两国间的误解得以冰释。1974年9月，中国大使又出现在内罗毕，我也于几个月前从代办的译员提拔为大使的随员兼译员。

小事见真情

7年间，出于工作需要和个人爱好，我的足迹几乎遍及肯尼亚全国各地，从北方的图尔卡纳湖到南方的马加迪湖，从维多利亚湖畔的基苏木到印度洋之滨的马林迪，从肯尼亚山下的树顶旅馆到马赛马拉的原始村寨，耳闻目染，深深地体会到非洲人民的友好、勤劳、智慧。

肯尼亚人讲义气，重友谊，总是说“衣服是新的好，朋友是老的好”；“宁到朋友家喝水，不在富翁家吃酒”。在民间，能够给别人帮忙是一种光荣。那儿牧区和农村邮电局不多，通信不方便。但是，你可以放心地托任何一个顺路的人带信或捎口信。如果受委托的人不能直接把信送到目的地，他会像参加接力赛一样把信传给一个人，继续往前走。谁也不会拒绝为别人提供这种帮助，谁也不会接受了委托而又漫不经心。

无论在乡间小道，还是在工厂、学校，只要说明你来自中国，迎接你的便是诚挚的微笑、亲热的“江胞”（斯瓦希里语“你好”）和紧紧的握手。有一次，我送一位生病的同事上飞机，急需买一种药品，但带的钱不够。机场小卖部的服务员知道后，马上拉住我：“没关系，药先拿走。钱，下次见面再说。”还有一次，我们的汽车在野外抛锚了，前不挨村，后不着店，真急死人。几个路过的肯尼亚司机都主动停下车来帮着修理。几个步行的青年人也过来询问，是否需要帮助推推车。他们知道，人一推，发动机兴许就能顺势发动起来。

一天上午，我去内罗毕大街一家小百货商店买文具。一位素不相识的售货员突然叫住我，指着我的手臂说：“怎么不治一下你胳膊上的汗斑呢？很容易呀，用半熟的木瓜汁涂几次就会好。”原来，我在广州军区牛田洋农场劳动时，可能由于不适应水土，身上长了不少汗斑，一直没有想到要治疗。想不到在异国他乡得到了肯尼亚朋友的关心。

小伙子向我仔细介绍了治汗斑的方法，并表示要把他家的木瓜摘几个送我。他的热情友好让我深受感动。我告诉他，我办公室门口长着木瓜树，就不用麻烦他了。告别时，小伙子用真诚的目光望着我，像是说：“可要相信我，照我的话试试呀！”

我相信他，照他说的做了。没出两个星期，身上的汗斑果然消失了。我去向他道谢，他抚摸着我的手臂，满意地笑了，显得比我还要高兴。就这样，我们成了好朋友。我每次去买东西，都同他聊几句，他也抽空问一点儿关于中国的事。我们彼此从没有相互通报姓名——他满足于知道我来自中国，我满足于知道他是肯尼亚人。回国后，我把这件事讲给亲人听，他们也没问那个年轻售货员的姓名，但却记住了那个遥远而又亲切的国家——肯尼亚。

这些都是小事，却常常使我想起杜甫对春雨的描绘：“随风潜入夜，润物细无声。”可不是么，正是这许许多多“区区小事”在静静地培育着我们的友情。

在肯尼亚的几年里，我慢慢地体会到外交工作的真谛。中肯两国有不同之处，但相同的地方更多。我们有共同的利益、相似的历史、相连的命运。我们都珍惜来之不易的国家独立、主权和领土完整，都致力于让老百姓逐步过上幸福生活。这就构成了我们友好关系的基础和互利合作的动力。

经历是人生的财富。肯尼亚7年岁月使我在平凡、琐碎的工作中慢慢走向成熟，也享受为祖国外交事业奉献的快乐。

人生的第一次总是难忘。肯尼亚的经历让我养成了非洲情结。非洲朋友总让我觉得特别亲切。我担任外交部发言人、部长助理、副部长、部长时，去过非洲很多次。

2005年6月，肯尼亚外长姆瓦奎雷来北京访问。除会谈、宴请外，我特意陪他游览长城。这是我任外长期间唯一一次陪外国外长登长城。

2006年4月，我陪同胡锦涛主席访问肯尼亚，惊喜地听到内罗毕孔子学院的学生在胡主席带领下用中文齐唱中国民歌《茉莉花》。这所学院是中国设在非洲的第一家孔子学院。

我最近一次去肯尼亚是在2007年底。我去看了我在使馆住过的房间、栽的树……驻肯尼亚大使张明告诉我，他时常要工作到半夜。我开玩笑说，这说明我们那时工作比你们效率高。其实，我能理解他所担当的重任。中肯合作内容越来越丰富，两国的外交官当然会更加忙碌。

张明大使送我一件特殊的礼物——我在肯尼亚7年经常乘坐和驾驶的那辆汽车的旧车牌，不知道使馆同志是怎么翻箱倒柜给找出来的。睹物生情，我很感慨，肯尼亚是把我培养成外交官的温暖摇篮。

第十一章　在莱索托当代办：第一次做“一把手”

1983 年 5 月，中共中央总书记胡耀邦访问罗马尼亚和南斯拉夫，我作为代表团的新闻官随行。访问途中，听到我国和莱索托王国建立外交关系的消息，大家都很高兴。当时我压根儿没有想到自己和这件事有什么直接关系，没想到莱索托将成为我工作的另一个新起点。两个月后我踏上了远赴莱索托的征途。

钱其琛副外长：好好干，没问题

从南斯拉夫回到北京后，我被告知，由副处长晋升为一等秘书，去莱索托负责建立中国大使馆，担任临时代办，我夫人秦小梅同去。临时代办是两国建交或复交后，在大使赴任前，被派往驻在国办理建馆事宜的首席外交官；平常情况下，是指馆长休假或不能履行职务时，临时主持馆务的首席外交官。

当时有人为我们“打抱不平”，说李肇星两口子第一次出国常驻去的是非洲，第二次出国常驻还是非洲，而且是那么艰苦的地方。我没想那么多，觉得在中莱建交这样的关键时刻去莱索托，是领导对我的信任；莱索托条件可能艰苦点儿，但干外交不能挑肥拣瘦，苦一点儿、险一点儿恰恰给自己提供锻炼机会。况且，几年前我是随员（最低级别的外交官），现在出任临时代办，大小算是使馆二把手、临时一把手，会够我忙的。党的多年教育使我们这些外交官养成了服从组织的习惯，组织叫干什么就干什么。

建馆一个人不行。主管非洲事务的宫达非副部长对我说：一时找不到合适的人，你自己去挑吧。正在国内休假的驻尼泊尔使馆三等秘书沈国放愿意去，但他很快被钱其琛副部长选去当秘书了。挑来挑去，最后和我一起去建馆的有关宗山，二等秘书，我的山东老乡，毕业于北京电影学院摄影系，拟任办公室主任，系从驻塞古尔使馆转馆，将在莫桑比克等我；有会计李长龄，是从驻津巴布韦使馆借调来的；有经贸部的一位一等秘书。机要员潘建元、司机兼招待员李士全和我三人从北京出发，秦小梅将晚些时候赴馆，搞调研。这是我第一次担任一个团队的负责人。

临走前，新闻司司长齐怀远找我谈话，很关心地提醒我，莱索托处于尚未与我国建交的南非包围之中，形势复杂，我和全使馆同志要团结一心，保持警惕，注意安全，加强组织性和纪律性。他引用孟子的“天将降大任于斯人也，必先苦其心志，劳其筋骨，饿其体肤……”鼓励我。

由新闻司司长升任副部长的钱其琛也找我作临别谈话。一般情况下，一个一秘哪能轮到副部长找谈话？一得到通知，我就兴冲冲地带着笔和本儿去他办公室。钱副部长站着对我说：“去那儿挺好，和全馆同志一块儿吃饱饭，好好干，没问题。”不到半分钟，谈话结束。我的笔和本儿都没用上。我努力理解和延伸领导的简要指示，觉得就是不要只顾自己，有饭全馆同志一起吃，有活儿大家一块儿干，共同把使馆的事情办好。

7 月底，我离京赴任，身上带着外交部拨给的建馆经费 3 万美元现金。

我怕路上丢了，就把美元缝在裤子里，将使馆大印捆在胳膊上，一路上小心翼翼。

坐在飞机上，我仔细想一想，觉得我和小梅与莱索托真有点儿缘分。

上世纪60年代末，我在外交学会工作。有一次，莱索托（独立前叫巴苏陀兰）自由战士代表团访华。时任国务院副总理纪登奎会见代表团，我担任翻译。宾主谈得很好。突然，莱索托朋友问：“尊敬的副总理先生，你们中国老说自己地大物博人口众多，中国究竟有多少人？”

这个时候，我脑子里闪现出毛主席的一句诗：“六亿神州尽舜尧。”纪副总理大概也想到这首诗，沉思片刻后说：“有六七亿人吧。”我马上把这句话翻译给客人。

我的英文刚出口，莱索托朋友都哈哈大笑。我见状，心里吓了一跳：难道是我翻译错了？

突然，客人对纪副总理感慨道：“哎呀，中国真是了不起。六七亿，一差就是1个亿呀！1亿可是我们巴苏陀兰人口的100倍啊。中国太伟大，我们更爱中国了。”这是我当翻译效果最好的一次。

小梅在非洲司工作，亲历了中莱建交的过程。一开始，莱索托准备同我国建交而受到重重压力。乔纳森首相此前秘密访华时，还有顾虑，不愿马上签署建交公报。中国总理在会见他前问外交部要向莱方提供多少援助。外交部的同志说，要100万元人民币。他说，恐怕太少了，后面加一个“零”吧。于是，我们决定向莱方提供1 000万元人民币无息贷款。据说，莱索托此前为了与中国建交，拒绝了台湾当局10万吨玉米和其他谷物以及几百万美元的援助。会谈时，中方对乔纳森说，中国是发展中国家，是大国，也是穷国，是世界上36个最不发达国家之一，但我们是患难兄弟，中国对向莱索托提供援助持积极态度。听到中国上述援助方案，乔纳森当即鼓掌表示感谢。10分钟后，建交一事敲定。

当晚，莱方官员告诉我们，首相已经指示国内召见台湾驻莱“大使”，要台湾的所谓“使馆”关门、走人。第二天，中莱发表建交公报。乔纳森在人民大会堂理直气壮地表示：“我们无法选择邻居，选择朋友却是我们不容置疑的权利。”

5月15日，邓小平同志会见乔纳森。小梅担任记录员，见证中莱关系的这一历史时刻。小平同志说：“祝贺中莱两国正式建立外交关系。中国同莱索托之间的合作和支持是相互的。中国一贯坚决支持非洲国家反对南非种族主义的斗争。莱索托人民处在南非种族主义政权包围之中，你们坚持了斗争，这是不容易的。我们相信，正义在你们方面，你们最终将取得胜利。”小平同志还诚恳地说：“我们是朋友，我们跟你们说实话，我们要搞社会主义，但是你们莱索托不要搞。你在南非肚子里搞社会主义是搞不了的。”

乔纳森听后先是一阵惊讶，之后又感慨万千，说：一位领导中国走社会主义道路的领袖，建议我们不要搞社会主义，而是走自己的发展道路，这是一种怎样的情怀！中国替我们着想，是我们真正的朋友。在场的中方人员在感到意外的同时，也深受教育。小平同志实事求是的精神最值得学习：莱索托90%的工业品、60%的粮食靠进口，主要靠出口劳动力和资源为生；如果劝这样一个国家像中国一样去搞社会主义，说不定会害了人家。

乔纳森首相：吃饭问题是当务之急

莱索托在地理上可以拿两项世界冠军。

首先，它是世界上最大的国中之国。世界上共有三个国家的领土处在另一个国家的“包围”之中，既不毗邻海洋，也不与第三国接壤。除莱索托外，另一个是梵蒂冈，位于意大利首都罗马城内西北角的一片高地，面积不到半平方公里，城墙就是国界；还有一个是圣马力诺，也在意大利境内，面积近 62 平方公里。

莱索托的另一项世界冠军是地势高。它处在南非高原的最高地段，没有一寸国土海拔低于 1 000 米。这一点，是所有其他国家都无法比拟的。莱索托常被人称为“非洲屋顶”、“高山之邦”、“空中王国”。境内高山、白雪、湖泊、蓝天交相辉映。这里空气清新，有云水翻腾的飞瀑，奔泻不息的深涧，姿态万千的奇花异卉，不少人把莱索托称作“空中花园”。

19 世纪，在莱索托国家的奠基人莫舒舒一世领导下，莱索托人民开始了建立民族国家的努力。第二次世界大战后，在风起云涌的亚洲、非洲和拉丁美洲民族解放运动鼓舞下，莱索托于 1966 年 10 月 4 日宣告独立，定名莱索托王国，莫舒舒二世为国王，乔纳森任首相。

莱索托曾经是南部非洲著名的“粮仓”，可这座“粮仓”后来被殖民主义的黑暗统治毁掉了。那几年莱索托连续遭受旱灾，粮食减产。1984 年全国缺少粮食约 31 万吨。乔纳森说得很实在：“吃饭问题是当务之急，一个饿着肚子的民族怎么能维护独立和尊严呢？”作为一个出身农村的外交官，我特别能理解和赞同这句话，在工作中也把帮助莱索托人民解决吃饭问题作为“当务之急”，尽力抓好对莱索托的农业援助项目。

关宗山二等秘书：我们中国外交官的生活是严肃的

我们从北京飞巴黎，然后从巴黎飞往莫桑比克，经停斯威士兰，之后改坐仅 12 个座位的小飞机，走走停停好几天，于 8 月 4 日到达莱索托首都马塞卢。

下了飞机，我问的第一个问题是，马塞卢是什么意思？“马塞卢”在当地话里是指一种红色的砂岩。我一听心想：那好，我们“红色”中国人来了，也要像红色的岩石那样纯正、坚强。

莱索托外交部的官员在机场迎接。他们热情周到，早为我们备好车辆，订好了旅馆。我们一行下榻在首都东南角一座小山上的希尔顿酒店。这是莱索托唯一的五星级饭店，共有6层，我们的使馆暂时设在三层。第二天，饭店门前高高飘扬起五星红旗。

俗话说，好的开始是成功的一半。从一开始，我们说好了，要严格执行国内确定的勤俭建馆方针，尽快为使馆安好“家”。五星酒店太贵。

在后来的一个多月，我差不多跑遍了马塞卢，拜会各界人士，寻找住房，添置办公和生活用品。这个城市不大，平时25分钟内可以驱车到达它任何一个角落。但它只有一条中心大道，上下班高峰时汽车拥挤，就没那么快了。在堵车方面，年轻的马塞卢已有点儿现代城市的味道了。独立十几年来，政府重视马塞卢的市政建设，城市面貌迅速改变。从市中心通往几十所中小学、8家超市、10座新型饭店和住宅区，全是漂亮的柏油路。马塞卢没有人工修建的公园，因为不需要。向任何方向步行一两个小时，总能碰上怪石林立的丘壑、流水潺潺的峡谷、芳草萋萋的绿地。

为了节省开支，我们住标准间、吃最便宜的饭。住饭店的另一个好处是晚上没事可以免费看饭店放的美国电影录像。一个多月下来，我看了几十部电影，觉得美国电影和中国电影一样轻松好懂了。

住在酒店工作也会受干扰。有一天晚饭时，饭店服务台来电话，说有人找中国外交官。我让关宗山同志下去接待。宗山到楼下一看，是一位女士。她主动介绍说，中国人初来莱索托，肯定很寂寞，她和她的姐妹愿意陪人解闷儿。宗山一听就明白是怎么回事，严肃地对她说，我们中国外交官的生活是严肃的，绝不来这一套，请她注意，不要打扰使馆任何人。我们在酒店住了54天，就找到几间简易平房，赶紧搬了进去。

我根据国内指示，全力争取莱索托把原来台湾所谓的“使馆”馆舍交给我们。莱索托外交部一开始就告诉我们，莱索托政府花了32.5万马洛蒂（约合29.1万美元）买下原台湾“馆舍”，中国政府在接管前需向莱方支付相同数额的钱。莱索托经济困难，这么做也是没办法。我们不愿因这事闹得不愉快，决定慢慢做工作。

根据国际法和国际惯例，原台湾“馆舍”应该归我所有，中国不能出钱购买理应属于自己的财产，这是一个原则问题。同时，考虑到中莱友好和莱方具体情况，需要灵活处理。我多次和莱索托外交部条法司司长谈判、交涉。他作为司长只有一个女秘书，我们管她叫“副司长”。莱索托政府机构人员精干，效率高。很快，我们想了个解决原则：彼此相让，追求务实共赢。国内同意我馆和莱索托外交部谈拢的方案：莱方按国际惯例将馆舍无偿移交给中方，中方向莱方赠送价值30万美元的粮食等莱方所需商品。这个灵活可行的办法既不损害我们的原则立场，又使莱索托在外交上、经济上感到满意。收回馆舍，是我任临时代办办的第一件事，此中的苦处和快乐难以尽言。

第二件事是保护华侨的合法权益。我们刚到时，在莱索托的华侨有200多人，主要从事工商业、餐饮业，有的来自福建、广东、山东、江苏，有的来自香港、澳门，多数来自台湾。莱方告诉我们，他们坚定奉行一个中国政策，并已经通知当地台湾人，如果想继续在莱索托居留，就必须换持中华人民共和国护照，否则必须限期离开。台胞有点儿人心惶惶。

针对台胞对我们使馆心存疑虑和莱索托政府对台胞更换护照的强硬要求，我紧急约见莱索托外交部官员，表示中方赞赏莱索托政府坚持一个中国政策，要求当地台湾人更换护照是履行两国建交公报的表示，但来自大陆和台湾的人都是中国人，旅莱台湾商人的公司总部在台湾，亲属和朋友也多在台湾，硬给他们换新护照，可能给他们带来麻烦，他们将难以回台湾办事、与亲人团聚。莱方很通情达理，听了我们的劝，不再强求台胞更换“护照”。

我们这么做是本着实事求是的态度，在坚持原则的前提下帮助台胞解决实际困难。这件事在台胞中传开，受到普遍欢迎。我们还积极走访台胞，经常借给他们影片看，在中国传统节日向他们赠送礼品。台胞对我们的疑虑逐渐减少，与我馆的交往多了起来。

第三件事是建设好农业专家队伍。莱索托与我们建交后，台湾农耕队走了，农具转送到斯威士兰。为了不让莱索托人民受损失，我们建议国内赶紧派来一批高水平的农业专家，帮莱索托种植蔬菜，并做好粮食生产规划工作。从湖南益阳来了一个20多人的农业专家组；很快，这个专家组以骄人的业绩赢得了莱索托农民的敬佩。

塞科纪亚外交大臣：这里就是你们的家

我到马塞卢的第二天，莱索托外交大臣塞科纪亚就热情地接见我。我向他递交了吴学谦外长签署的介绍信。他的第一句话是："欢迎你们来到'空中王国'！从现在起，这里就是你们的家。有什么事要帮忙，请随时来敲我的门。"

其实，还没等我们敲门，他已经开始帮忙了。他派人去机场帮我们取出托运的行李。听说我们还没买到打字机，而很快就需要打字，他当即吩咐外交部礼宾司把该部最好的电动打字机送给我们，并给配上打字纸、复写纸和涂改液。

不久，乔纳森首相接见我，他同样爽快："有事情随时直接找我，千万不要客气。"这位年近7旬的老人拉着我的手，诚恳地说："我们两国有类似的历史遭遇，向往着同样光明的未来。疾风知劲草，面临困难的莱索托知道中国是可以信赖的朋友。10亿人的中国实现了粮食自给，令人钦佩。莱索托独立17年后仍从南非进口粮食。作为首相我感到羞愧。英、美的援助没有解决莱索托的吃饭问题，莱索托愿学习中国经验，希望在中国帮助下实现粮食自给。"

我慢慢发现，莱索托国内在同我国建交问题上还有不同声音。莱索托新闻和广播大臣莫拉帕为抗议莱索托与社会主义国家建交而辞职；反对党在议会提出议案，要求与所有社会主义国家断交，而与台湾当局“复交”；天主教几个头目发表声明，强烈反对中国、苏联、朝鲜、罗马尼亚和南斯拉夫在莱索托建立使馆。

根据这种情况，我和使馆的同事多找机会走出去，多认识人，多交朋友，从积累人脉关系开始，做到关键的时刻能找得到人、办得成事。

莫舒舒二世国王对中国很友好。他喜欢住在乡下。有一次我和小梅去拜访他，王后就光着脚去地里摘茄子、黄瓜和西红柿招待我们，然后又光着脚走了，留下国王和我们交谈。谈完正事后，国王亲自放电影招待中国客人。国王对我说，他当了国王，仍以一颗平常心对待老百姓。

莫舒舒二世对中国的改革开放很感兴趣，要求访华。在使馆推动下，他于 1985 年秋到了北京，莫舒舒二世称赞中国是莱索托的“全天候朋友”，他“是带着眼睛和耳朵来中国学习的”。他说，以前他常问，中国有什么秘诀能把这么多人团结起来，中国之行后他明白了，就是各民族一律平等。

大法官考特伦是莱索托第三号人物，为人随和。在一次招待会上，他发现我对莱索托的历史感兴趣，第二天就打来电话，向我推荐一本历史书——《生存在两个世界中间》。他不厌其烦地为我拼出作者的姓名，告诉我书的定价是多少、要到哪家书店去买。我和大法官也成了好朋友。

一般国家庆祝独立日或建国日，都举行盛大招待会、宴会、阅兵或游行，在莱索托，人们却用栽树来欢庆独立日。1983 年 10 月 4 日是莱索托独立 17 周年纪念日，莱索托政府特意邀请各国外交官到首都郊外植树。从国王、首相、大臣到中小学生都扛着铁锹，提着水桶，干得热火朝天。

主人很客气，让每位外国客人只栽一棵树，意思意思就行了。我小时候跟爷爷学过栽柳树和枣树，在外交官中不算外行，一会儿便完成了任务。我栽的是一棵小桉树。农业大臣过来看了，豪爽地说：“这棵树，就叫它中莱友谊树吧！”大家听了都鼓掌表示同意。我向他们保证，一定经常为这棵象征中莱友谊的小桉树浇水施肥，让它茁壮成长。20 多年后我回去看过这棵树，它已长得高高大大。

很快，我发现自己在莱索托是生活在好朋友和好邻居中间。在商店、机场、海关、工厂、邮电局、图书馆……人们都以微笑相迎。当我说“德郁迈拉”（当地语“你好”）时，一些人还会以中文的“你好”来回答，我听了心里热乎乎的。

1984 年 7 月 30 日，从美国洛杉矶传来消息，中国运动员许海峰夺得第 23 届奥运会的第一枚金牌，也是中国第一枚奥运金牌，实现了我国奥运史上零的突破。我和使馆的同事欢呼雀跃。让我感动的是，莱索托朋友也把这看作他们的喜讯。那天我到国王大道办事，两位素不相识的莱索托青年握住我的手说：“太好了，中国夺得了金牌！”他们当然清楚拿金牌的人不是我，却反复向我祝贺。他们是为中国高兴。望着两位青年人渐渐远去的背影，我很感慨。两个普通莱索托人为远方中国的胜利而欢呼，这是多么真挚的友情！

我一直思考如何充实中莱关系的内涵，让莱索托老百姓能多感受到中莱友好给他们带来的好处。我们作了调研，建议国内对莱索托的援助继续优先用于农业，搞一些投资少、见效快的劳动密集型的小项目；考虑到莱索托国小力单，我们派人时尤其要注意素质，减少非技术人员比例。

我看到美国和平队的队员教当地人使用太阳能、日本志愿者教当地人养鱼，就告诉中国援莱农业技术人员，我们可能没有那么先进的技术，但我们教当地农民时至少要比日、美专家更认真，态度更谦和。

莱索托没有煤矿和油田，被称为“能源贫乏之国”。但它有常被人看不起却能产生沼气的牛粪、马粪、羊粪。1984 年 5 月，莱索托政府通过联合国粮农组织，从四川成都的“亚洲和太平洋地区沼气研究和培训中心”聘请了一位中国工程师前来讲学。

这位专家向莱索托的官员和技术人员介绍了沼气的性能、产生过程和使用方法，帮助村民们设计省钱、适用的沼气池。当地百姓说：过去把牛粪晒干烧掉太浪费了，照中国专家的办法做，一头牛简直就是一座小小的电站、一口小小的油井啊！

来自湖南的20多位园艺师、土壤专家、水利专家帮助莱索托种蔬菜。他们一面虚心向当地菜农学习，一面大胆试验，种出了适合这里的自然条件、本地人又喜欢吃的几种菜，并加以推广。专家组的翻译胡土佑特别好学，向当地农民学了索托语，并编了一本中、英、索托文对照的科技词典（莱索托是国名，其官方语言叫索托语）。他回国后在广州一所大学教书，评教授职称时要考第二外语，我写信证明：他可能是中国十多亿人中唯一能用索托语工作的，他编的那三种语言对照的词典则可能是全世界的第一本。听说这为他顺利评上教授发挥了点儿作用。

莱齐耶三世：你是莱索托人民的老朋友

莱索托位于南非的“肚子”里。因为南非当局仍实行种族隔离制度，不断对莱索托施加政治压力，进行经济剥削，甚至军事挑衅，莱索托安全形势不好，大街上到处是荷枪实弹的军人、警察，不时能听到枪弹声、爆炸声。有一次，我去邮局办事，我的车离开没几分钟，只听一声巨响，邮局顷刻间变成一堆碎砖乱瓦。

使馆那时没有厨师，我们就各显神通，自己做饭。我在家很少做饭，又不好意思吃同事做的饭，就经常做最简易的面粉疙瘩汤，放上白菜，是白菜疙瘩汤；放上菠菜，是菠菜疙瘩汤。我还学会了烤面包。那段日子真是体验了自力更生、自食其力的快乐。

我当临时代办的时候，使馆共有6个人。全馆除做好办案工作，还要抓莱索托内外政策、政局动向和经济形势的调研，并兼顾对南非和南部非洲地区的调研。

莱索托没有报纸和电视台，只有一家电影院。我们平时就看当地的一份周报，听国家电台的广播。听广播有点儿像听国内农村的大喇叭一样，有时能听到乔纳森首相的讲话。我们也看南非的英文报纸，此外就是找当地人了解情况。

工作多，人手少，我这个临时代办还身兼我自己的“秘书”。我经常是先以使馆馆长秘书的身份给莱索托外交部打电话，为代办约某个人谈某件事，然后向对方表示将报告代办，最后又把代办的话以秘书的身份告诉对方。重要情况，我会写成电报稿，请助手核后报国内。我多次请机要员潘建元把关。我说：你每找出一个错别字或一个错标点，我奖励你 5 美元。小潘还真发现过两三个错别字，但从未要过奖金。若干年后，我还念叨他的功劳。后来我有一次去四川广元，得知隋朝时候当地私塾对写错别字的学生是要罚喝墨水的。可惜我知道得太晚，否则，小潘觉悟高，可以不要奖金，我则应该主动喝墨水自罚。

1984 年，驻莱索托使馆被评为先进集体，外交部在表扬信中说：“你馆认真贯彻建馆方针，注意做莱当权派工作，使莱方对我了解有所增进；积极宣传侨务政策，在一定程度上减少了旅莱华侨对我的疑虑；注意对驻在国形势调研，并按部里要求定期报回有关材料；经援工作也有良好开端。这一切说明你馆在较短时间内作了很大努力，工作是有成绩的。望全馆同志团结一致，共同努力，争取更大成绩。”

得到这么好的评价，我和使馆的同事都很高兴。这是我第二次受表彰。第一次是 1969 年在牛田洋农场的解放军学生连，我被评为先进炊事班长，在广州受到军区副政委江燮元将军的接见。

在驻外使领馆工作，除了大使，最好人人自己能开车，这样方便。一到驻莱索托使馆，我就学开车。我的师傅是一位非洲老太太。她比较严厉。即使休息时，她也要求我把双手按行驶时的姿势放在方向盘上，要是我偷懒，她就一巴掌打过来。她还要求我把脚始终放在刹车位置，我一疏忽，她就一脚踢过来。严师出高徒，我在较短时间内顺利通过了考试。我开车接送携带重要文件的信使，也接待国内来访团组，更经常跑当地政府部门。

为了给国家省点儿钱，小梅学开车由我教。我严格要求，但没打过她，也没踢过她。小梅也通过了莱索托警方的考试，拿到了驾照，也能独立地到机场接人送人。国内去的人都很惊奇：大使馆出了个女司机，开车也保持了无安全事故的纪录。

那个时候，中国驻外人员生活比较艰苦，最大的问题是孤独。不像现在，大家可以看卫星电视、上网、打手机，能知道国内的情况。当时没有长途电话，国内报纸好长时间后才能看到。两次非洲工作经历使我明白：外交官必须耐得住寂寞。外交官不像电视上看到的那样总是西装革履、觥筹交错。风光背后有不少苦楚。我当时甚至觉得，一个人太单调，有两个人吵架也是好事……我们同非洲的友谊是以对祖国的思念为代价的。当然，为了祖国的外交事业，我们无怨无悔。

那时我的儿子只有六七岁，放在北京让姥姥、姥爷带着。我和小梅想孩子的时候，我靠写信安慰自己。

> 禾禾，亲爱的儿子，我正在地中海上空给你写信……使命是光荣的，我知道。但对你，却欠下账。去东欧前答应过你，回来后一定陪你去逛北海公园，谁知居然没有时间了！这次别离，我又许下诺言：“别难过，孩子，我会来信，很长很长的信，每月至少一封。”我是真诚的，再不会食言。在分离的日子里，我们应当更加努力学习和工作，以便使我们对再见的希冀充满愉快的内容，使再次会面的我们比现在更坚强、更有知识。

这是 1983 年 7 月 31 日我在巴黎飞往莱索托的飞机上给孩子写的第一封信。在莱索托的那两年，我和小梅知道孩子还读不懂信，但仍坚持给他写，介绍非洲和我们俩在非洲的工作与生活。

莱索托与南非隔着卡莱登河，河不是很宽，旱季有些地方会干涸。我们使馆距离这条界河不远。休息的时候，我与使馆的同事常跑到河边玩。大家有时显摆儿时的本事，举行扔石块“比赛”，谁扔过去就是扔“出国”了。我开玩笑说，要是谁有力气，踢足球一脚把球踢过河了，可就麻烦了，球可能永远回不来了。当时中国和南非还没有外交关系，我们去不了南非，没有签证去了算非法入境。

我们使馆团结快乐。晚上常由一个人值班，4个人玩扑克，最喜欢打“升级”，也叫“提拔”——挣足40分或赢得最好一役的那个组可提一级，如果两者皆得，则提两级。这种打法，我十几年后向美国几位议员朋友推荐过，他们觉得比桥牌更有趣，更难学。

马塞卢的夜晚宁静而迷人，银河低垂，好像会从不远处一座平顶山上倾泻下来。我们常躺在草地上，仰望着星空，有时也出去听莱索托朋友摆龙门阵。

日子是忙碌的，也是短暂的。我在莱索托的两年任期很快结束了。真是小国家大舞台，这次临时代办的经历让我得到了比较全面的锻炼，让我学会在新的环境中如何打开局面。我带着新的收获回国担任外交部新闻司副司长、发言人。

我一直惦念莱索托。2005年1月，我重返阔别了20年的故地，受到莱索托外交部和当地民众的热情接待。我去之前，莱索托国王莱齐耶三世刚做过膝盖手术。他对中国驻莱大使仇伯华说，李肇星外长是莱索托人民的老朋友，又是专程远道而来，即使扔不掉拐棍，他也要见一见。我荣幸地见了国王、莫西西里首相、莫莱莱凯外交大臣，相谈甚欢。

在使馆，我吃惊地看到一位熟悉的当地员工。20年过去了，他仍在为中国使馆工作。我送这位老人一部收音机，和他手牵手合影留念。从他身上和那次访问中，我再次体会到莱索托人民对中国的深情厚谊。这份友情经受住了国际风云变幻的考验。

第十二章　非洲七国行：心甘情愿苦亦甜

说到非洲，很多人马上想到的是贫穷、战乱、传染病。外交部有的年轻人害怕去非洲工作。我对他们说，越是艰苦的地方就越应该去，就越能得到锻炼，而且非洲没有那么可怕，非洲还有全球独特的美景、质朴善良的人民。我在非洲待了近10年，非洲54个国家中我去过48个，一直深感幸福。

2007年初，我一口气访问了7个非洲国家，是我作为外长最后一次访非。2006年11月，我们举办了中非合作论坛北京峰会。在这次中非关系史上规模最大、级别最高、与会非洲国家领导人最多的盛会上，中非领导人就建立中非新型战略伙伴关系等问题达成很多共识。这次去非洲就是为落实峰会成果。

贝宁：疟疾是这样得上的

2006年12月31日，我来到第一站——贝宁共和国。1992年11月，我作为负责非洲事务的部长助理来过这个西非国家。当时索格洛总统称赞中国妥善应对了冷战后的挑战。他说，苏联、东欧垮台了，中国却仍然屹立在世界东方，在大风大浪中站稳了脚跟。我备受鼓舞。那几年中国外交确实不容易，多亏包括非洲朋友在内的广大发展中国家的支持，才得以打破西方国家的制裁。

这次重返故地，贝宁外长迪亚洛亲自到机场迎接并送我到饭店。我和迪亚洛外长、亚伊总统谈得很愉快。总统对我说，贝宁视中国为发展中国家的一面旗帜。贝中有着坚实的传统友谊，在经贸领域开展了富有成果的合作，贝宁人民永远铭记中国对贝宁经济社会发展的巨大支持。听了这些话，我和15年前一样感动，表示中国将一如既往地发展与包括贝宁在内的非洲国家的合作，不断把中非伙伴关系推向前进。

非洲条件比较艰苦，在非洲工作过的同志要承受远离祖国与亲人的寂寞和艰苦生活条件带来的不便，更大的挑战是有的国家流行疟疾（俗称“打摆子”）。使馆有的同志一年得好几次疟疾，被称为“单打冠军”；有的一家两口子都病倒，被称为“双打冠军”。驻几内亚使馆有一阵子全馆同志都打摆子，没法正常运作，国内只得临时派人支援。

贝宁有种疟疾是脑疟，如不及时抢救，容易死人。我到贝宁后，听说不久前有家中资公司新来的小伙子打篮球，出了一身汗，后来发烧，感觉像感冒，没当回事。他不知道是得了脑疟，治疗不及时，不幸去世。

别看我们代表团在贝宁仅停留两天，也有人被蚊子叮中感染。我的秘书丁孝文到贝宁第二天就发烧，后来是商务部援外司的赛旦霞副司长、非洲司的肖晗发烧。很奇怪，这几个人前一天还精神抖擞，第二天就萎靡不振了。有人说，打摆子没那么快吧？但他们的确是打上了。幸亏我有在东非打摆子的经验，我提醒他们立马去当地中国医疗队打点滴，注射中国专利名药青蒿素。结果，一个个都在半天或半夜之内痊愈。

在非洲，找中国大夫看病比较容易。中国从1978年开始向贝宁派医疗队，累计派出18批409名专家。从1963年4月6日向阿尔及利亚派第一支援外医疗队算起，中国共向非洲派出医疗队员2.3万人次，诊治患者达2.6亿人次。2006年中非合作论坛北京峰会上，我们又承诺为非洲国家援建30所医院、设30个抗疟中心。

在路上，我和年轻同事聊天说，可能国内有些同志对中非关系不理解，不明白我们为什么这么重视非洲，但我们千万要心中有数，要牢记非洲国家对中国的帮助，特别是长期以来在政治上对我们的巨大支持，这是难以用金钱衡量的。我们帮别人做了好事可以忘，别人帮我们做了好事不能忘。中国是从贫穷和被西方封堵中走过来的，在困难时得到过包括非洲国家在内穷朋友的帮助。中国现在发展较快，尤其不能嫌贫爱富，不能忘记长期患难与共的非洲老友，不能丢掉对非洲真诚友好的传统。

赤道几内亚：石油是这样改变国运的

2007年的非洲之行几乎是一天一个国家，一到目的地就参加活动，晚上睡一觉，第二天继续前行。

第二站是赤道几内亚（以下简称“赤几”），我以前没有去过，访问短暂，但印象深刻。奥比昂总统对我说，赤几与中国有着特殊的合作关系。没有哪个国家像中国那样给予赤几这么多帮助。赤几是个小国，但中国与赤几的关系是平等的，丝毫不受国家大小因素影响。中国是赤几的朋友，是整个非洲的亲密伙伴。

奥比昂主动表示，近年来国际上对中非合作有些议论，指责中国不是真心帮助非洲。我不这么认为。欧洲列强在非洲殖民数百年，从非洲得到很多好处，却没见他们给非洲做什么。美国对非洲也只看重利益。中国与非洲的互利合作却实实在在。

一些西方国家习惯于把非洲看作自己的“领地”或势力范围，看到中国与非洲好心里就不舒服，常说三道四，甚至挑拨离间。我接过奥比昂的话说，中方感谢总统先生为中国仗义执言，我一定将总统的话如实报告中国领导人。事实胜于雄辩。中国与赤几乃至整个非洲的合作之所以能取得丰硕成果，在于中国把包括赤几在内的所有非洲国家看作真正的好兄弟、好朋友。

与赤几领导人进行这样的深入交流，我心里真高兴。访问中，我也看到，中非关系正从过去侧重政治关系慢慢转向政治与经贸关系并重。非洲国家有资源、有市场，但缺少资金、技术、企业和价廉物美的产品。中国与非洲优势互补的特点突出，合作潜力巨大。

在特定时期、特定领域对特定国家，提供一定的无私援助是必要的，是可行的，也是一个负责任的大国应尽的义务，但不宜片面、刻意强调无私援助。毛主席早在50多年前就说过，不能做到互利的合作是很难持久的。我们发展中非经贸关系既要考虑我方需求，也要照顾非洲关切，努力扩大双方利益汇合点，以体现中非关系的最大特点——平等互利。

记得有一次一位欧洲朋友曾大惑不解地问我："西方国家对非洲的援助并不少，对非洲的重视程度不低，但非洲国家对西方若即若离，对中国却情有独钟，中国对非政策成功的秘诀是什么？"我一辈子都严守外事纪律，那次却不怕泄露"机密"，向那位欧洲朋友透露了"8字秘诀"：相互尊重、平等互利。

赤几曾是世界最不发达国家之一，经济长期困难，十多年前因发现石油，经济出现转机，年均经济增长率达到两位数，是经济增长最快的非洲国家之一。赤几和另外七八个非洲国家的人均国内生产总值已经超过中国。赤几朋友开玩笑说，赤几有点儿像暴发户，一下子有钱了，不知道该怎么花。

随着大规模建设的展开，许多问题也来了，特别是基础设施和服务跟不上。比如，港口小，许多货物滞留港口上不了岸。有一次我们大使的车坏了，前窗玻璃摇不上去，修理厂却没有配件，大热天只好敞着窗户开出去参加活动，汗流浃背，让人哭笑不得。这类问题在安哥拉等国也存在。我听商务部的同事说，苏丹的情况不一样，它在中国帮助下稳步发展起来的：中国先帮助苏丹把管道、公路建好，然后再开发资源，还在苏丹建了现代化炼油厂。

几内亚比绍：总统是这样换来换去的

政局动荡是几内亚比绍的一大特点。1980 年，部长会议主席维埃拉发动政变。1998 年，武装部队前参谋长马内发动叛乱，并经过 11 个月的内战推翻了维埃拉政府。2000 年，社会革新党主席亚拉当选总统。2003 年，武装部队参谋长塞亚布拉发动政变，逮捕总统亚拉，成立恢复宪法和民主秩序军事委员会，自任主席。才过一年，部分士兵发动哗变，杀死塞亚布拉。在 2005 年的总统选举中，前总统维埃拉以独立候选人身份参选，以微弱优势获胜。维埃拉总统 2009 年遇刺身亡，几比又陷入战乱。

几比是联合国公布的最不发达国家之一。根据联合国开发计划署 2012 年发布的人类发展指数统计，几比在全世界排名第 176 位，人均预期寿命 48.6 岁。

20 世纪 90 年代，非洲各国受西方民主化浪潮影响搞起了多党制。在几比这样一个不足 200 万人的国家出现了 32 个政党。政党竞争与部族矛盾相互交织，成为不少非洲国家动荡的原因。1987 至 1997 年间，在全世界发生的 29 场内战中，有 14 场发生在非洲。安哥拉内战长达 27 年，是非洲持续时间最长的内战。刚果（金）经历了“非洲的第一次世界大战”，6 个国家直接卷入。战争导致人员伤亡、基础设施和环境被破坏，令投资者望而却步，非洲失去了不少发展机会。

非洲统一组织（“非洲联盟”前身）前秘书长科乔曾痛心疾首地说，

古老的非洲大陆，正陷入对抗的深渊，落入暴力的魔掌……而逝去的是笑容，是生活，是快乐。谁听了这句话都会感到心酸。

中国和几比 1998 年复交。听说我要来，维埃拉总统取消了原定赴巴西出席卢拉总统就职典礼的计划，留在国内为我主持欢迎晚宴。维埃拉 2006 年访华时我见过他。他对我说，中国向几比提供了农业、基础设施、财政等方面的宝贵援助，改善了几比人民的生活。几比人民牢记在心，将永远做中国人民的好朋友、好兄弟。

贝南特议长对我说，中国长期以来向几比提供物质帮助，并在联合国为几比说话，几比人民深为感激。2006 年 7 月，几比议会通过了坚持一个中国原则的决议，反映了几比人民的心声。

我访问的时候，驻几比大使田广凤正准备离任回国。维埃拉总统签署 2007 年第 1 号总统令，授予田大使“合作与发展功勋国家勋章”，并于 2007 年 1 月 22 日在总统府主持了隆重授勋仪式。这是几比授予国际友人的最高级别荣誉勋章，是田大使的崇高荣誉，更是中国与几比人民深厚情谊的写照，从一个侧面反映了非同一般的中非友好关系。

乍得：“邦交国”是这样被争取过来的

我 1 月 4 日到达乍得。1972 年 11 月，乍得与中国建立外交关系。1997 年 8 月，乍得政府同台湾当局恢复所谓“外交关系”。后经交涉，乍得纠正了在台湾问题上的错误政策。2006 年 8 月 6 日，我和乍得外长阿拉米分别代表各自政府在北京签署联合公报，决定即日起恢复两国大使级外交关系。

20 世纪 90 年代，李登辉大搞“金钱外交”，并有所得手。部分非洲国家政府换得快，一个人好不容易当了总统，既得养公务员，又得给老百姓出“政绩”。“台独”势力就乘机用钱来利诱，迫使对方背信弃义。有人管这叫“金钱外交”，我管它叫“腐败外交”。

乍得就是个例子。1997年前后，乍得经济严重困难，财政入不敷出，公职人员领不到工资，政府难以为继。台湾当局乘虚而入，给了乍得200多万美元的个人好处费、7 000多万美元的援助，将乍得拉拢过去。我们愿意在力所能及的范围内向非洲国家提供援助，但我们是有原则的，决不同台湾当局比“送钱”。

那几年黑非洲有45个国家，倒向“台独”势力的还有中非、尼日尔、圣多美和普林西比、几比等。1992年3月，在台湾当局的利诱下，连赞比亚内阁都一度决定同台“建交”，就差正式公开宣布了。赞比亚是东南部非洲的重要国家，是中国的老朋友，坦赞铁路是中非友谊的一面旗帜。对中国外交来说，失去这块阵地在国际上和国内都会带来负面影响。后来我们及时、有力地做工作，“台独”在赞比亚的图谋才未得逞，可见当时涉台外交形势的严峻。

对乍得这样与我已经复交的国家，也不能大意。我此次访问主要是就台湾问题与代比总统和阿拉米外长加强沟通，巩固两国关系的政治基础。我说，代比总统和乍得政府奉行一个中国政策，是对中国的宝贵支持，希望乍得继续支持中国的统一大业。代比说，2006年，乍得决定与中国复交，这是从两国人民的根本利益出发所作的选择。

1月5日，我在使馆与馆员一起举行了中国驻乍得使馆开馆仪式。阿拉米外长参加。我在仪式上说，看着五星红旗在乍得的灿烂阳光下飘扬，我感到高兴。中方赞赏代比总统做出与中国复交的正确决策。中国愿与乍得在中非合作论坛框架内、在双边领域以及联合国等国际组织中加强合作。面对重新升起的五星红旗，我和使馆的同志们暗下决心：一定守好这块阵地，维护祖国的尊严。

乍得物资匮乏，使馆条件艰苦，缺乏文化娱乐活动。离开乍得前，我要求代表团每个人把自己带的非必需物品都留下，一盒清凉油、一盒饼干、一包方便面、一支笔、一本杂志或小说……都留给使馆。

中非：援助是这样送到心坎上的

中非位于非洲大陆中央，是非洲唯一在独立后恢复过帝制的国家。30多年前我常驻非洲的时候，非洲朋友就告诉我，殖民主义者带走了非洲的财富，留下了贫穷、疾病、战乱的祸根。世界上48个最不发达国家，有33个在黑非洲。我这次访问的7国中有6个是最不发达国家，包括中非。2012年联合国人类发展指数排名中，中非名列第180位。

据联合国教科文组织统计，非洲大约三分之一人口缺乏饮用水，有近半数的非洲人因饮用不卫生的水而染病。水资源问题经常成为一些非洲国家之间发生纷争的导火索。许多非洲国家因干旱缺粮。

博齐泽总统在会见我时说，2003年3月中非新政权成立之初处境困难，中国伸出了援手，并在联合国仗义执言，帮助中非渡过了难关。中国朋友最可靠。中非将永远在涉及中国的问题上支持中方。中非百废待兴，希望加强与中国在各个领域的合作，以加快重建。我说，中国会积极落实2006年中非合作论坛北京峰会提出的措施。

多泰总理在和我会谈时提出政府办公楼、会议中心、电站、水泥厂、幼儿园、流浪者收容中心等15个项目，要求中方援建。中非还成立了北京峰会后续行动部际委员会，邀请我驻中非大使、参赞分别担任该委员会副主席、协调员。作为一名"老非洲"，我明显感到，中非政府和人民对中国的期望值比较高。

在非洲朋友看来，既然是好兄弟，我有困难，你理所当然应该帮我。我向你提要求用不着客气或不好意思，给不给是你的事。这就是非洲人朴素的想法。非洲国家促进经济社会发展的愿望迫切，正在探索适合本国国情的道路，希望借鉴中国经验、得到中国援助。我们对非工作要适应这一形势。

有的非洲国家期望值过高，中国不可能完全满足。我们要认真听取非方意见，分清轻重缓急，根据双方国情量力而行。要对非洲朋友讲实话：中国有北京、上海、深圳这样的发达城市，也有许多地方刚刚解决群众温饱问题。中国仍然是一个发展中国家，贫困人口数以亿计，中国帮助非洲朋友肯定是真心诚意的，但还没有能力满足非洲朋友的所有要求。

访问期间，中非政府要为我授勋，表彰我为促进中国与中非关系所作的努力。博齐泽总统主持授勋仪式，总理多泰、外长祖马拉等5位部长出席。我说，这不仅是我个人的荣誉，更体现了博齐泽总统、中非政府和人民对中国政府和人民的情谊。我珍视这枚勋章，把它看成是对我的鼓励，愿继续与中非朋友一起，为推动两国友好合作不断努力。我心里明白：非洲朋友并不是认为我李肇星怎么好，而是把我的祖国看得很高、很重。

中非政府重视中国外长的访问，给了最高礼遇，把我安排在总统府住。可那天晚上特别热，我起来冲了好几次凉，还被蚊子叮了，第二天知道病了，硬撑着继续访问，回北京途中赶紧到解放军驻港部队医院打针才治好。

厄立特里亚：兄弟是这样成为冤家的

厄立特里亚是非洲大陆最新独立的国家之一，从独立之日起就面临一些历史遗留问题，包括与邻国埃塞俄比亚的纠纷。

几乎所有非洲国家之间的麻烦都是欧洲列强在19世纪人为制造出来的。为了便于统治，殖民者强行肢解了许多有相同文化的部族，又将许多文化语言各异的部族并入同一殖民地，将原有政治实体合并成40多个殖民地或保护国。殖民者擅长分而治之，让“非洲人治理非洲人”。像乍得就有256个部族。殖民主义者留给非洲的“遗产”可谓后患无穷。

厄立特里亚和埃塞俄比亚的冲突源于1885年《柏林条约》后欧洲列

强对非洲的瓜分。1993 年厄立特里亚建国时，与埃未明确划定两国边界和埃出海口，为两国领土和经济争端埋下了隐患。1998 年两国边境冲突升级为全面战争，使 7 万多人丧生，上百万人流离失所。2000 年底，两国签署全面和平协议，联合国派出维和部队，国际专家组成边界委员会为两国勘测划界。经多年努力，厄埃边界问题仍未彻底解决。

说一千道一万，这实际上是兄弟分家闹出来的事。惨痛的历史表明，年轻的发展中国家要学会用兄弟的心态处理问题，互谅互让，并警惕“第三者插足”。

厄方对我的来访很重视，伊萨亚斯总统亲自和我会谈。外交上一般讲对等原则，我是外长，会谈的对象一般是外长。给我这么高规格的接待，主要还是看重中国。访问中，我与主人重点谈两国友好合作，几乎没有不同看法。

中国与厄立特里亚、埃塞俄比亚都保持友好关系，在厄、埃两国边界问题上持中立、劝和立场，不偏袒任何一方。我对伊萨亚斯说，中国一向支持厄、埃双方在《阿尔及尔协议》基础上，通过协商和对话，以和平方式解决边界争端。我们希望厄、埃兄弟尽快消除分歧，恢复睦邻友好，共同为促进非洲的稳定与发展做贡献。伊萨亚斯高度赞赏中方这一立场。

博茨瓦纳：“小康之国”是这样炼成的

我在国内为访问做功课时，了解到博茨瓦纳是非洲大陆最具竞争力的国家之一，被誉为非洲的“小康之国”。那一年，非洲有 11 个国家人均国内生产总值超过中国，博茨瓦纳是其中之一。一路上我在想，这个面积 58 万平方公里、人口 180 万的国家为什么能在非洲脱颖而出呢？

博茨瓦纳是 20 世纪六七十年代获得独立的，第一任议长是白人，第一任总统卡马娶了个白人姑娘。这些领导人很大度、智慧，把发达国家一些好的、可行的做法借用来发展这个新生国家的经济，少走了一些弯路。

博茨瓦纳历届政府过渡顺利，从卡马到马西雷，到莫哈埃，再到小卡马，从未出过大的麻烦。政府官员比较注意与老百姓打成一片，与各部落的关系处得挺好。博茨瓦纳还设立酋长院，让主要部落的大酋长有机会参政议政。有位名叫希帕皮措二世的大酋长曾出任驻华大使，后来当过酋长院主席。他对中国情有独钟，特别喜欢中餐，是中国驻博使馆的常客。

我听当过外交信使的张昆生说，博茨瓦纳资源丰富，毛坯钻石产值居世界第一，出口钻石成了博茨瓦纳收入的主要来源。在博茨瓦纳，私自拥有毛钻是违法的。毛钻属国有财产，不管你是从哪里“捡”到的，一律交公。给我印象深刻的是博茨瓦纳政府的廉洁，钻石带来的巨大收益都用在国家建设上。这难能可贵。

博茨瓦纳重视国民教育，是世界上人均教育支出最高的国家之一。政府还提供免费医疗。有一次，中国施工队一个工人受伤了，在医院住了两天，政府花钱买药和管饭，出院时只交了 5 个普拉（相当于 5 元人民币），也搞不清这是挂号费还是别的什么，反正基本上是白吃白住白治病。

但博茨瓦纳是艾滋病问题最严重的国家之一，全国艾滋病病毒平均感染率为 17.1%，其中 15 至 49 岁年龄段感染率为 25%，等于每 4 个青壮年就有 1 人已经或可能感染艾滋病。博茨瓦纳政府曾计划将每年财政预算的 25% 用于艾滋病防治。

艾滋病在非洲泛滥成灾有很多原因。有非洲朋友告诉我，他们不怎么重视艾滋病。政府免费提供安全套、免费检查、免费供药，一些人就是不理会。有的人即使感觉不舒服，也不去就医；有的人想，反正治不好，就不管它了；有的人甚至拿到药就随手扔掉。

我这次到博茨瓦纳，是同博茨瓦纳外交部举行政治磋商，谈友好合作。梅拉费外长对我说，博中关系非常友好，各领域合作不断向前推进。博茨瓦纳感谢中国政府和人民对博社会经济发展提供的支持。我表示，中国政府重视中博关系，愿与博方共同努力，促进中博友好关系不断发展。莫哈埃总统特意中断在外地的休假，专门回首都会见我。

用外交部的套话说，我这次非洲之行“取得了成功”，达到了找准双边关系的着力点、落实北京峰会成果、巩固中非传统友好的目的。非洲司在总结中说“李外长的访问取得了圆满成功”，是我把“圆满”两字去掉的。说一场活动、一场会谈、一场研讨会“圆满成功”，作为客气话还凑合，要当真就至少是不够全面、不够严谨。内部报告上写什么“圆满完成任务”、“访问取得圆满成功”，凡是让我审核的，我都把“圆满”去掉。成功就够好了，还“圆满”？我“挖苦”过有的司长：贵司什么都圆满，今后工作量肯定大减，人员编制是否应该减少了？我也调侃过自己：千万别说访问“圆满”成功，应该说有的工作还要改进，否则就没有理由再次出访了。现在想想，我是不是有点儿太较真了？

一次跑这么多国家，时间又短，身体会累一点儿，但能为世界和平尽点儿力，为祖国多交些朋友，内心充溢着幸福感。我的外交生涯始于非洲，我与非洲有不解之缘。

我们代表团从非洲回来后两个月，团员之一丁孝文到博茨瓦纳当大使。他自嘲说，访问途中他首次打了摆子，这大概是上天对他首次当大使的任前考验。我回北京后经常肚子胀，中医、西医检查都说没有问题，可就是好不了。后来才知道，是得了非洲型肠胃感冒，305医院建议我永远不喝凉水、不吃冰激凌……当然，比起一些比我在非洲工作时间更长的同志，这算不上什么，就当是伟大非洲给我的一份特殊纪念吧。

第十三章　阿尔巴尼亚：关系好过头就会出问题

上中学的时候，看的外国电影主要来自苏联和阿尔巴尼亚，我特喜欢看周恩来总理访问阿尔巴尼亚的纪录片。没想到，50 年后，我作为外长也有幸一睹阿尔巴尼亚这个曾让亿万中国人向往的国度。

此情难忘

2005 年 3 月 18 日，在从北京飞往阿尔巴尼亚途中，我仔细琢磨这个既熟悉又陌生的国家与中国关系的历史和现状。

对中国人来说，阿尔巴尼亚为我们做的好事是不能忘的。

中国和阿尔巴尼亚 1949 年 11 月 23 日建立外交关系。阿尔巴尼亚是世界上最早承认新中国的国家之一，这十分难得，对于新中国打开外交局面具有重要意义。

上世纪 50 年代后期，中国与苏联的矛盾公开化。1960 年 6 月，12 个社会主义国家在罗马尼亚首都布加勒斯特召开会议，苏共代表团在会上散发了苏共中央给中共中央的通知书，指责中共是教条主义者，拉开了把中国排挤出社会主义阵营的序幕。会议期间，唯独阿尔巴尼亚代表团团长卡博力排众议，明确表示不同意苏共对中共的批评。阿尔巴尼亚为中国仗义执言，遭到苏联的打击报复。加上其他问题，苏联1961年同阿尔巴尼亚断交。中阿两党在反对苏联“修正主义”的斗争中走到了一起。当时，绝大多数共产党执政的国家都跟着苏联走，阿尔巴尼亚几乎是唯一支持中国的国家。

1971年10月25日，联合国第26届大会通过阿尔巴尼亚、阿尔及利亚等23国提出的关于恢复新中国在联合国合法席位的提案（史称“两阿提案”），这是中国外交的历史性胜利。在这场斗争中，“两阿”和其他穷朋友出了大力。联大表决前，阿尔巴尼亚代表团奔走呐喊，不遗余力，阿副外长马利列更是冲锋在前。

以美国为首的一帮国家曾千方百计阻挠恢复新中国在联合国的合法席位，要把这一问题搞成什么“重要问题”，而重要问题在联合国通过就需要三分之二多数赞成。更为用心险恶的是，美国还想搞所谓“妥协方案”，让中华人民共和国进来，同时保留台湾的席位，实际上是搞“两个中国”。由于阿尔巴尼亚等一大批发展中国家对中国鼎力相助，美国的阴谋没有得逞。

当时以具有远见卓识著称的基辛格博士正在北京。我们的人到机场送他，没有告诉他最后表决结果。基辛格相当自信地说：“阿尔巴尼亚的提案可能通不过，你们今年进不了联合国。”

事后，阿尔巴尼亚劳动党第一书记霍查、人民议会主席团主席列希、部长会议主席谢胡致电毛泽东主席、董必武副主席和周恩来总理表示祝贺，并决定派他们认为“最好的外交官之一”马利列重返联合国工作，以便对新参与联合国事务的中国同志提供帮助。谢胡说：“中国同志在这方面无论需要什么帮助，我们都会全力以赴。”

倾力相助

在中国人眼里，20 世纪 60 年代的阿尔巴尼亚，是“情同手足的兄弟国家”。周恩来总理三访阿尔巴尼亚。中国领导人很少在国外过新年，可周总理有一次就是在中国驻阿使馆过的元旦。

两国对对方来访客人的礼宾接待规格都极高。中国访阿团组，霍查或谢胡一般都接见。阿尔巴尼亚来华访问团，周总理一般都接见。1975 年以前，一般由霍查率阿尔巴尼亚劳动党政治局全体委员出席中国使馆的国庆招待会。在中国一般由周恩来总理或叶剑英元帅带多名政治局委员出席阿尔巴尼亚使馆的国庆招待会。

1966 年 6 月，周总理访阿，称赞阿尔巴尼亚人民面对帝国主义、现代修正主义的四面包围，一手拿镐，一手拿枪，有“宁愿站着死，不愿跪着生”的气概。这一年 11 月，阿尔巴尼亚劳动党举行第五次全国代表大会，中共中央政治局委员李先念在会上宣读了由毛泽东署名的致阿劳动党“五大”的贺电。

贺电赞道：“以恩维尔 · 霍查同志为首的光荣的阿尔巴尼亚劳动党，在帝国主义和现代修正主义的重重包围中，坚定地高举马克思列宁主义的革命红旗。英雄的人民的阿尔巴尼亚，成为欧洲的一盏伟大的社会主义的明灯。”

贺电满怀激情：“海内存知己，天涯若比邻。中阿两国远隔千山万水，心是连在一起的。我们是你们真正的朋友和同志。你们也是我们真正的朋友和同志。我们之间革命的战斗的友谊，经受过急风暴雨的考验。马克思列宁主义真理在我们一边。被压迫民族和被压迫人民在我们一边。全世界 90%以上的人民大众在我们一边……一小撮反华、反阿尔巴尼亚的可怜虫，是注定要失败的。”

贺电表示：“我们前进的道路不会是笔直的、平坦的。请同志们相信，不管世界上发生什么事情，我们两党、两国人民，一定团结在一起，战斗在一起，胜利在一起。”

阿尔巴尼亚劳动党称赞贺电是具有伟大历史意义和伟大国际意义的文献。阿工人、农民、军人、学生等各界人士认为贺电是对阿尔巴尼亚劳动党和人民的“最大的鼓舞”、“最高的评价”。从此，阿尔巴尼亚便开始流行“世界上两只雄狮，一只在欧洲，一只在亚洲。恩维尔（霍查）—毛泽东，哥俩同根生”的赞歌。

从 1954 年起，中国开始向阿尔巴尼亚提供援助，1961 年阿苏关系破裂后援助的规模明显扩大，“文化大革命”时期达到高峰。1954 至 1978 年间，中国援阿成套项目达 140 多个，共提供援款 75 笔，协议金额 100 亿人民币。中国为阿兴建了钢铁、化肥、制碱、制酸、玻璃、铜加工、造纸、塑料、军工等新的工业部门，援助的粮食共计 180 万吨、食用油 7.6 万吨、糖 2.7 万吨、棉花 7.4 万吨。

兄弟反目

中阿关系好是好，但好过头就容易出问题。随着国际环境以及阿尔巴尼亚和中国内外政策的变化，“好得不正常”的中阿关系越来越难以维系。

上世纪 70 年代初，中国开始打开与美国关系的大门。这引起阿尔巴尼亚的误解与不满。周恩来总理特意约见阿驻华大使罗博，通报中方处理中美关系的考虑，说中国反对帝国主义的基本原则不动摇，不会拿原则做交易。但阿方反应强烈，反对中国同美国改善关系。

霍查于 1972 年 8 月以阿尔巴尼亚劳动党中央的名义给毛主席写了一封“万言信”，质问中国这么大的事为什么不事先同阿商量。信中说：“你们在北京接待尼克松的决定是不正确的，我们不赞成、不支持你们这一决定。我们坚信其他国家的人民、革命者和共产党人也不会接受尼克松对中国的访问。”

毛主席提出“三个世界”的理论后，阿方攻击这一理论是“反马克思主义的，反革命的，是机会主义的新变种”，是“破坏革命，扑灭反帝斗争，分裂马列主义运动和国际无产阶级的团结”。

对阿尔巴尼亚的援助也出了问题。中国人民用节衣缩食、勒紧裤带省下的钱生产的大量钢材、机械设备、精密仪器等，万里迢迢送到阿，阿方却不珍惜，随意堆放在露天地里。中国专家看到了，心疼得直掉眼泪。中方人员提醒阿方不要浪费时，阿一些人竟满不在乎地说：“没关系，坏了没有了，中国再给嘛。”阿方把在国际市场上卖不出去的一些劣质商品，如香烟、纺织品，强行塞给我们包销。我们帮他们搞了纺织厂，还得用外汇从埃及买棉花送给他们。他们织成布，做了成衣，又硬要卖给我们。这种荒唐事经常发生。

曾任驻阿大使的耿飚将军在回忆录中讲得很清楚：

> 我国对阿尔巴尼亚的援助一直是在自己遭受封锁、存在经济困难的情况下提供的。阿尔巴尼亚存在一种向欧洲发达国家生活水平看齐的思想，如他们在向我们提出援建电视台时说，要做到每个农业社都有电视。在援助物资的使用上，我看到马路边的电线杆都是用我国援助的优质钢管做的。我们援助的化肥，被乱七八糟地堆在地里，任凭日晒雨淋。类似的浪费现象不胜枚举。我想，对友好国家进行援助，这符合国际主义原则，但必须注意两点：一是要按照我国的能力，量力而行；二是要根据对方实际需要和使用援助的能力。像现在这样“有求必允”的援助法，加重了我国的经济困难；对阿方来说，只能养成他们的懒惰和依赖心理，而无助于他们的经济建设。

耿飚大使的话切中要害。他大胆建议通盘修改援阿的规模、内容和方法。这种敢说真话的勇气值得学习。

我驻阿使馆一位同志说，对阿尔巴尼亚援助有求必应、无求也送，过多过大，效果不好，对促进阿自力更生没什么帮助，我们的好心不一定有好报。

“文化大革命”后期，中国经济到了崩溃边缘，难以满足阿尔巴尼亚对经援、军援的巨大要求。阿方很不高兴，霍查甚至在阿劳动党第七次全国代表大会的报告中攻击中国。

1978 年，面对百废待兴的局面，中国外交上的一个重大决策是停止对阿尔巴尼亚的援助，改变中阿关系的畸形状态。外交部经过深入研究认为，阿领导人出于自己的内外需要，对我们以怨报德。中阿合作基础已遭严重破坏。

阿尔巴尼亚劳动党中央和部长会议于 7 月 29 日致函中共中央和国务院，妄称“中国停止对阿援助是中国领导人背离马列主义和无产阶级国际主义原则，同美帝国主义和好与勾结的结果”，“中国是最危险的敌人，比苏联更危险”。

对于这种攻击，中央领导指示，阿方的来信不尊重事实，又不讲道理，不必答复。中国对阿采取了不过于重视、不予置理、不与之论战、不主动恶化关系的做法。这么处理是恰当的，两国政府之间出了问题，但几十年积累的民意基础并没有受到根本损害。多年后，前阿劳动党中央总书记阿利雅对记者说，阿中关系的破裂，是阿方的责任。我觉得，阿利雅讲的是良心话。

中阿关系的曲折发展留下一个重要启示：国与国之间的关系，只有相互信任、相互尊重、平等互利，才能长期健康稳定发展。中阿过去那种“甜如蜜”是不可持续的。

回归正常

到 80 年代中后期，中阿双方都认识到，各国人民自主选择发展道路的权利应当受到尊重；社会制度、意识形态、经济模式的差异不应妨碍国家关系的正常发展。2005 年我访问阿尔巴尼亚时，中阿关系已经进入稳定阶段。

我原本是计划访问欧盟总部、卢森堡、波黑和意大利的，没打算去阿尔巴尼亚。阿方听说后，多次提出希望我访问阿尔巴尼亚首都地拉那。考虑到中阿人民传统友谊并为进一步推动双边友好，我爽快地答应，中央也很快批准。阿外交部秘书长在机场对我说，阿方很满意，“意大利那么大的国家你才访问 6 个小时，而在阿尔巴尼亚能待一个晚上和一个上午”。这体现了中国对阿的尊重和对中阿友好的重视。

访问期间，我见到了莫伊休总统、纳诺总理、伊斯拉米外长。他们说，两国政治关系好，合作潜力大。阿尔巴尼亚人民钦佩中国的发展成就，重视中国在国际事务中的作用。两国应抓住机遇，扩大传统贸易，探索新的合作形式，深化互利合作。

针对台湾当局有意利用阿尔巴尼亚经济困难挖我们墙脚的传闻，我就台湾问题做阿方工作。对方表示，阿奉行一个中国政策，不与台湾发展任何形式的官方关系，支持中方为实现祖国统一所作的努力，支持中国全国人大审议通过《反分裂国家法》。

听到阿尔巴尼亚领导人这么积极的表态，我说，感谢阿坚持一个中国政策，支持中国统一大业。中阿是好朋友、好伙伴。中国人民永远不会忘记阿为恢复新中国在联合国合法席位所做出的历史性贡献。中方对两国关系前景充满信心，愿意和阿方共同努力，推进双边友好合作。

中阿关系从一个侧面表明，中国外交并不总是顺风顺水。新中国从诞生之日起就在国际上受打压、受遏制，遇到各种各样的困难。为打开局面，我们尽一切可能争取其他国家的支持，尽一切力量多争取朋友，有时到了委曲求全、令人心酸的地步。这是由历史条件、国际环境和中国的实力地位决定的，意识形态的因素也起了相当大的作用。就像一个人要经历磨难才能成器一样，中国外交历经困顿、挫折、磨砺，一步步走向成熟。

我飞离阿尔巴尼亚时，心里仍在回味中阿关系发展的曲曲折折，思考有关意识形态、经济援助、多边政治博弈等在国家关系中的作用……

第十四章　南斯拉夫：一个国家的消亡

《三国演义》开篇词说，白发渔樵江渚上，惯看秋月春风。外交官常常见证民族兴衰，似乎有老渔翁看云卷云舒一样的感受。对我们这一代外交官来说，受震撼最大、感触最深的莫过于苏联解体、东欧剧变。我多次访问南斯拉夫，看到它作为东欧一个社会主义国家走向消亡，至今仍感慨万千。

欧洲“火药桶”

1983 年 5 月，中共中央总书记胡耀邦访问南斯拉夫，我作为外交部新闻司一名副处长随团担任新闻官，第一次踏上曾经被称为欧洲“火药桶”的巴尔干半岛。

那个时候，不少中国人都有某种南斯拉夫情结，为当年南斯拉夫游击队英勇抗击德国法西斯的壮举所折服。南著名电影《瓦尔特保卫萨拉热窝》和《桥》在中国几乎家喻户晓。毛主席称赞铁托元帅说：“铁托是铁，不怕帝国主义施加压力，也不怕苏联社会帝国主义施加压力。”

中国与南斯拉夫的关系基础良好。新中国成立后，南推行对华友好政策。在南游击战争时期，几乎所有的南斯拉夫人民军官兵都知道中国红军的万里长征，知道毛泽东和朱德。南曾积极呼吁国际社会承认新中国，在联合国支持恢复新中国的合法席位。即使中南两党关系因种种原因一度中断、南在社会主义阵营被排挤，南也坚持承认一个中国。

南斯拉夫所在的巴尔干地区位于欧亚两大洲交汇处，战略地位重要。这里民族成分复杂，宗教多样，自古以来就动荡不安。1914 年 6 月 28 日，奥匈帝国皇储在萨拉热窝被刺，成为引发第一次世界大战的导火线。我访问波黑时专门去当年出事的河边看了看。

第一次世界大战结束后，奥匈帝国崩溃，以法国为代表的协约国主张在巴尔干建立一个强大的斯拉夫国家以牵制德国。1918 年，部分南部斯拉夫人建立了“塞尔维亚人—克罗地亚人—斯洛文尼亚人王国”，史称“第一南斯拉夫”。1929 年，王国改名为南斯拉夫王国，面积近 25 万平方公里，成为巴尔干半岛上最大的国家。

第二次世界大战时，德国一度占领南斯拉夫。南人民在铁托元帅领导下，进行了艰苦卓绝的斗争。“二战”后，铁托领导建立了“南斯拉夫联邦人民共和国”，史称“第二南斯拉夫”。1963 年，南改国名为“南斯拉夫社会主义联邦共和国”。

历史的变迁让南斯拉夫的国情变得复杂：一个国家有两种文字（契里尔字母和拉丁字母）、三种语言（塞尔维亚-克罗地亚语、马其顿语、斯洛文尼亚语）、四种宗教（东正教、天主教、伊斯兰教、犹太教）、五个主体民族（塞尔维亚、克罗地亚、斯洛文尼亚、马其顿、黑山）、六个共和国、七个邻国（每个国家的首个字母正好组成塞尔维亚语“BRIGAMA”——“麻烦”这个单词）。

从 60 年代开始，南斯拉夫经济发展较快，成为社会主义国家中经济最发达的一个。老百姓有自己的住房、汽车，人均住房面积达 18 平方米，平均每 8 人就有一辆轿车，人人享有免费教育、医疗和丰厚的养老金。这令其他社会主义国家羡慕不已。中国有人当时很羡慕地说，我们的商店叫百货商店，而在南斯拉夫，商品那么丰富，那儿的商店一定是叫作“千货商店”吧。

我在那里，看到的是宽广的高速公路和高速行驶的轿车，还有青山绿野中一栋栋橘红色小别墅。商店里的东西琳琅满目。我们代表团的一位同志没有见过玻璃门，出门时撞了上去，头上留下了难忘的纪念——一个大包。

在南斯拉夫期间，胡耀邦同志会见了南共联盟中央主席团主席里比契奇、南联邦主席团主席斯坦鲍利奇，相互通报了各自国内政治、经济形势和在国际问题上的立场，表达了加强双边经济合作的愿望。

胡耀邦同志对南斯拉夫领导人说：我们曾在一个时期对你们缺乏了解，跟着人家骂你们，批评过你们，后来为此进行了自我批评。经过这些曲折，我们对中南友谊更加爱护。现在两党之间是互相信任、互相学习、互相尊重和完全平等的关系。中方的诚恳态度给南斯拉夫领导人留下了深刻印象。

我们参观了亚得里亚海上的布里俄尼岛。这个岛离意大利很近，风景迷人，岛上有铁托的别墅。

胡耀邦同志私下对我们讲，南斯拉夫这个国家不容易，五次遇到困难：第一次是“二战”时的民族解放战争；第二次是 1948 年后全世界的共产党压它，我们也参加了；第三次是 1956 年大家又围攻它，叫它“现代修正主义”；第四次是铁托去世，一面旗帜倒了，却没有思想准备，不知道接下来怎么办；第五次是遇到经济困难。这个国家艰苦奋斗几十年，战胜困难，搞到现在这么个样子，生活水平也比我们高！南斯拉夫倡导不结盟运动，在世界上威望和影响不小。我们要多了解人家的长处，学习人家的长处。最令人敬佩的是，我们党骂过他们，人家却不还嘴，这一点了不起。

冷战陪葬品

有人说，国际形势演化的最大魅力在于，同汤显祖和莎士比亚等名家的戏剧一样——既有可预测之道，也常常出人意料。谁能想到，我第一次访问南斯拉夫后不到 10 年，这个曾经令我神往的社会主义国家就开始分崩离析了。

南斯拉夫的诸多民族有不同的文化传统。以民族为基础建立的共和国都拥有分离权。南社会主义工人自治制度还带来一个“副产品”，那就是权力下放过多，中央政府几乎只剩下外交和国防方面的权力。

南斯拉夫经济政策在取得成功的同时也有失误。铁托总想对各个共和国一碗水端平，如果塞尔维亚要建一个钢铁厂，那么其他几个共和国也要各建一个，结果建了一大批效益低下的“政治工厂”。共和国之间、中央和地方之间、企业之间、工人和管理层之间都有协议。这种联系是人为的、行政的。一个环节出问题，就影响一大片。南始终没有形成一个统一、高效的国内市场，国家向心力和社会凝聚力不强。

铁托在世时，凭借崇高的威望尚能拢得住，各民族大体保持了和平共处。他逝世后，继任者就没有他那样的威望了。国家元首是 8 个人组成的联邦主席团，主席团主席轮流坐庄，结果 6 个共和国各自为政，为后来的分裂埋下了祸根。

20 世纪 80 年代起，南斯拉夫经济出现困难，并不断恶化。80 年代后半期，在西方推动的“民主化”浪潮冲击下，南知识界接受西方的政治主张，天真地认为：只要采用西方的民主制度，所有问题就会迎刃而解。结果，全国各地共出现了 1 000 多个政党，局面一发而不可收，联邦政府和南共联盟中央慢慢被架空。

在这样的背景下，固有的民族矛盾开始激化。西方一些国家出于私利，经常在南各民族中挑拨离间。小矛盾慢慢酿成政治危机，最后演变为流血冲突和全面战争。

那几年，中国驻南斯拉夫使馆提出过不少有前瞻性的看法。1991 年初，他们认为南斯拉夫形势正出现转折性变化，统一的联邦制国家面临解体的危险。第二年初，这一预测变成了现实，统一的联邦国家不复存在。

从 1991 年开始，斯洛文尼亚、马其顿、克罗地亚、波黑共和国宣布独立。原南斯拉夫仅存的塞尔维亚和黑山两个共和国于 1992 年成立南斯拉夫联盟共和国，被称为“小南斯拉夫”或“第三南斯拉夫”，2003 年更名为“塞尔维亚和黑山”。2006 年 6 月，黑山宣布独立，随后塞尔维亚如法炮制，南斯拉夫联邦宣告彻底解体，塞尔维亚继承了它的首都贝尔格莱德。2008 年，科索沃单方面宣布从塞尔维亚独立。前南斯拉夫地区就像个潘多拉盒子，一旦打开，问题就没完没了。科索沃人担心“大塞尔维亚”，马其顿担心“大阿尔巴尼亚”，而隔壁的希腊担心“大马其顿”。没有人知道什么时候是尽头。

与前苏联解体不同，南斯拉夫的解体基本是在战争与动荡中完成的。民族间一旦发生战争，就很难和好如初。从前的朋友、邻居、同事、情人，都会卷入战争。随着一次次惨剧的发生，各民族成了不共戴天的仇敌。其中，波黑战争是几十年来欧洲规模最大的局部战争。

内因是根本，外因是条件。西方国家对南斯拉夫解体起了推波助澜的作用。在西方操纵下，国际货币基金组织要求南实行全盘私有化，导致发生经济危机，成为内战的又一导火索。西方国家最后还派兵参与南内战，支持一方打另一方。1999 年，以美国为首的北约对南联盟连续轰炸 78 天，造成许多无辜平民伤亡、重大财产损失和环境破坏。

我多次在外交场合问一些前南斯拉夫人，你们原来是一家子，为什么闹分家，还兵戎相见？他们说，各共和国原本并无太大恩怨，这么多年在一起，民族间通婚很多，相互来往密切。但冲突发生后，一个人的伤亡就牵动整个家庭和亲友，涉及几十人甚至上百人，仇恨就是这样滋生和蔓延的。

克罗地亚总统梅西奇2000年6月16日对到访的李鹏委员长说，南斯拉夫存在的原因，一是铁托，二是南共，三是统一的军队。铁托去世后，这些因素发生变化，南失去了作为联邦国家存在的基础。

南斯拉夫的解体是一面历史镜子：一个国家的命运有时就是这样不可预测，真会一失足成千古恨。那么大的一个国家说没就没了。

“南斯拉夫”作为国家已经成为历史，但巴尔干的问题还没有完，如科索沃的“独立”问题还悬在那儿。更严重的是，冷战后的民族问题日益突出。2 000多万人口的南斯拉夫是个多民族国家，一些由来已久但为冷战对抗所掩盖的种族、宗教和地区冲突随着冷战结束突出起来，演变成复杂的种族仇视甚至武装冲突。如何妥善应对民族宗教问题对国际关系的影响，促进国家间和睦相处，值得外交家、政治家们深思。

对华“一条心”

20年后，我作为中国外长访问巴尔干地区。统一的“南斯拉夫”国已不存在，我访问的是它的几个“继承国”。

南斯拉夫解体后，中国与各“继承国”很快建立了外交关系，我有幸参与了一次建交谈判。1993年10月，我任中国常驻联合国代表，被授权与马其顿常驻联合国代表马莱斯基在纽约进行建交谈判。我按国内指示提出了中方关于建交公报内容的建议，其中包括我们在台湾问题上的立场。对方总体很爽快，接受中方提出的建交公报内容，但强调在公报中只能用马其顿宪法规定的“马其顿共和国”这一国名，而不能用马其顿加入联合国时使用的“前南斯拉夫马其顿共和国”这一称谓。我们同意了对方这一要求，很快达成一致，并于10月12日在纽约市西55街中国常驻联合国代表团办公楼内签署了中马建交公报。

马其顿在国名上坚持己见，与它和邻国希腊的争议有关。马独立后，宪法定的国名为“马其顿共和国”。希则声称，历史上马其顿是个广泛的地理概念，包括希的部分领土，马用这个国名表明它对希怀有领土野心，坚决反对。作为妥协方案，马以“前南斯拉夫马其顿共和国”的临时名称加入了联合国。但马、希两国围绕马国名的争执一直未断。

我劝希腊朋友，世界上重名的多了，在中国叫“李辉”、“赵军”、“李军”、“张丹”、“王丹”的人都超过10万。一个国家的国名，只要符合国际关系准则就行，别国不必太介意。中国以马其顿宪法国名与其建交，并在双边交往中一直使用这国名。在多边场合，我们则根据联合国有关决议使用“前南斯拉夫马其顿共和国”这个名称。许多国家为此称赞中国的公道、善意和对别国的尊重。

2005年3月，我访问波黑，8月又来到马其顿、塞尔维亚和黑山。我去塞黑前，塞黑驻华大使莫姆契洛维奇到外交部欧洲司抱怨，上次李肇星外长访问巴尔干国家没有去塞黑，他本人因此受到国内批评。两国关系友好，彼此给对方很多支持，塞黑又是最早公开赞成中国全国人大通过《反分裂国家法》的国家之一，希望李外长这次无论如何要去一下贝尔格莱德。

就涉台问题做工作是我访问前南几个国家的原因之一。20世纪90年代末21世纪初，台湾当局利用前南地区多年动乱，浑水摸鱼，大搞“金钱外交”，马其顿一度倒向台湾。1999年中国在联合国安理会被迫用过一次否决权，反对关于联合国驻马其顿预防性部署部队延期的决议草案。不久，马其顿改正错误，决定与台“断交”。

和我一起访问的欧洲司陈波处长，曾在1999年的“炸馆事件”中受伤，得到美国政府的一点儿赔偿。途中，有位同志问她得到多少钱。我有点儿激动地插话：怎么说话？钱算什么？一位女同志50多天在枪林弹雨中坚守岗位，这种不怕牺牲的精神不能用金钱衡量。她受到的伤害，也不是几块破美元能补偿的。

访问期间，我们专门去了一趟被炸的驻南联盟使馆旧址，敬献了花圈，表达了对三位烈士的哀思。看着那些残垣断壁，我对陪同的李国邦大使说，有些东西应该带回国，陈列在部史馆。“炸馆事件”可以教育我们的外交官，特别是青年外交官。现在是和平年代，但外交工作同样会遇到风险，外交官要有不怕苦、不怕死的精神。

与塞黑外长德拉什科维奇见面时，我说，我和我的同事刚刚凭吊了被美国导弹炸过的使馆，心情十分悲愤。我已要求驻塞黑使馆将有纪念意义的物品，像炸弯了的窗框、烈士生前用过的家具送回国内，以教育中国的年轻人。这事希望外长帮助。

德拉什科维奇说，塞黑强烈谴责美国轰炸中国使馆的野蛮行径，对不幸遇难的三名中国烈士表示深切哀悼。关于留在被炸使馆内的部分物品运输问题，他将指示有关部门向中方提供便利。

访问期间，德拉什科维奇外长为我举行午宴，中方共有10人参加。我让中方每人作一段三分钟演讲，就是即席发表一篇祝酒词。有的年轻人听我这样安排，顿时有些紧张，以为我要考他们，让他们用外语致辞。其实，我不是想考他们，而是给他们提供一次锻炼机会，我让他们讲中文，再相互帮助译成塞尔维亚语。午宴的气氛变得十分活跃。活动后，有人说，这是他第一次在外交场合发表讲话。我说，对，世上没有免费的午餐，只吃不说不行。

这些前南国家都对中国友好，也都心里有数，知道我们最关心台湾问题。马其顿女外长米特雷娃一见面就对我说，马已重新回到正确立场，将继续坚持一个中国政策。为此，我称赞她是马最优秀的姑娘，她灿烂地笑了。波黑部长会议主席特尔兹奇对我说，波黑理解中方制定《反分裂国家法》，将一如既往地支持中国的统一大业。塞黑领导人表示在台湾问题上将永远支持中国的立场。

支持是相互的。波黑当时正竞选2010至2012年度联合国安理会非常任理事国，希望中国帮忙。我说，中国乐见波黑作为独立主权国家在国际社会发挥积极作用，将认真考虑波黑的竞选。波黑方面听了很高兴。

由于长年战乱，波黑地雷隐患严重。中国派维和民警和民事官员参加了联合国在波黑的维和行动，为波黑经济重建和消除雷患提供了不少帮助。1998年，中国向“联合国协助扫雷自愿信托基金”捐款10万美元，专项用于波黑扫雷行动。2000年，中国与联合国在南京合作举办国际扫雷技术培训班，邀请波黑派人参加。

有意思的是，这次访问期间，我在塞黑这个国家共同体一天见了三个总统：塞黑总统马罗维奇、塞尔维亚共和国总统塔迪奇和黑山共和国总统武亚诺维奇。按外交惯例，外长一般都要转达国家领导人的问候。可我遇到了小麻烦。根据外交上的对等原则，作为共和国总统，塔迪奇总统和武亚诺维奇总统不能与胡锦涛主席“平起平坐”。我分别转达了胡锦涛主席对马罗维奇总统、曾庆红副主席对塔迪奇总统和武亚诺维奇总统的问候。

可惜，我访问后的第二年，塞黑作为一个国家共同体也从世界上消失，分裂为塞尔维亚、黑山两个国家，南斯拉夫作为一个国家彻底地成为了历史。

第十五章　古巴：卡斯特罗为什么能行

说起古巴，人们自然而然会想起叱咤风云、与美“帝国主义”抗争了几十年的卡斯特罗，不由得对这位传奇人物产生深深敬意；然后就是享誉全球的雪茄。据说上等雪茄是美丽的古巴少女用手在膝盖上搓出来的。古巴带给人们很大的想象空间……

哈瓦那感人的一幕

当古巴和中国的国歌相继奏响，一位年逾古稀的老人拄着一根金属拐杖，两腿颤抖着，吃力地从轮椅上站起身，脸上冒着虚汗，目光透着坚毅……

这是 2004 年 11 月 23 日我在哈瓦那看到的一幕，是胡锦涛主席拉美之行最后一站的高潮。此前一个多月，正当我们紧锣密鼓地在北京为胡主席出访作准备的时候，传来了古巴领导人卡斯特罗不慎摔伤的消息。他的左膝盖骨折，碎成 8 片，右臂上肱骨骨裂。伤筋动骨一百天。对于一位 78 岁的老人来说，受伤后一个月就要接待中国国家主席，身体是否吃得消不能不令人担心。

可是，卡斯特罗坚持要在革命宫举行隆重仪式，给胡主席授予体现古巴最高荣誉的“何塞 · 马蒂”勋章。仪式开始，军乐队演奏古、中两国国歌。卡斯特罗在警卫人员的帮助下从轮椅上站起，这是他摔伤后第一次站立。古巴国歌长达1分多钟，《义勇军进行曲》持续近50秒。卡斯特罗强忍着疼痛，顽强地主持完授勋仪式。

此情此景，在场的古巴人和中国人都为之感动。站在中国代表团行列中的我不由得热泪盈眶，对这位老革命家顿添无限尊敬。

古巴是西半球第一个同新中国建交的国家。拉美司王成家司长告诉我，中古两国未经谈判就建立了外交关系。那是在1960年9月2日，哈瓦那革命广场百万人集会，卡斯特罗在激情演说后提议，断绝同蒋介石集团的关系，同中华人民共和国建立外交关系，他问：“大家同意吗？”百万群众欢声雷动，振臂高呼：“同意！同意！同意！”建交的事就这样定了。这在世界外交史上算得上独一无二。

华人华侨为古巴革命做出了贡献。我在哈瓦那城东的一个街口，看到一座为华人烈士修建的纪念碑，上面刻着古巴独立战争英雄克萨达将军盛赞古巴华人的两句话：“没有一个华人是逃兵，没有一个华人是叛徒。”

中古两国在冷战结束后成了患难之交。中国珍视古巴政府多年来在人权、台湾、涉藏等问题上给予的坚定支持，也一向支持古巴人民维护国家主权和民族独立的正义斗争。

记住了山东圣人老乡孔子“每事问”的教导，我养成了走到哪儿问到哪儿的习惯。国家有大有小，有穷有富，但每个国家的历史、文化、制度、经济、社会等各方面都有自己的亮点。一到哈瓦那，我就向当地朋友请教：古巴与中国最早有联系是在什么时候？当地人答：最早可回溯到哥伦布初到新大陆。哥伦布带着西班牙国王给中国皇帝的信，想到中国去送。船航行到古巴，他误以为古巴就是中国，还感叹：“中国真美啊！”

这可以说是古巴与中国最早的联系。

我觉得，没有比研读古巴这个美丽而独特的国家更有意思的了。中国人对古巴情有独钟，我这一代尤其如此。1959 年古巴革命胜利后，老师兴奋地告诉我们，世界上又多了一个社会主义国家，而且它就在美帝国主义的后院。我们在学校游行，高呼："要古巴，要古巴，不要美国佬。" 我们还爱唱称赞古巴的歌谣：美丽的哈瓦那，那里有我的家，明媚的阳光照新屋，门前开红花。

"吓不怕、压不垮、打不倒的大胡子"

我见过卡斯特罗很多次，每见一次，对他的敬意就增加一分。

卡斯特罗是一位生命不息、战斗不止的革命家。他从小胸怀大志，投身于爱国学生运动。1953 年 7 月，他率领一批青年攻打古巴圣地亚哥的蒙卡达兵营，在全国掀起武装斗争的浪潮。1956 年 11 月，他率 81 名战友从墨西哥出发，远征古巴，进入山区开展游击战争。经过几年努力，起义队伍不断壮大，亲美政权土崩瓦解。1959 年元旦，起义军在万民欢呼中进入首都哈瓦那。1961 年 4 月，他向全世界宣布古巴进行社会主义革命。几十年来，他在维护民族独立、捍卫社会主义制度、反抗外来干涉等方面表现出大智大勇，人们称他是"吓不怕、压不垮、打不倒的大胡子"。

卡斯特罗是位才思敏捷的雄辩家。他自幼勤奋好学。他的演说极富感染力，语言活泼，说理深入浅出。他常在大会或电视上讲几个小时，让听众如醉如痴。他有演讲近 10 个小时的纪录。我在联合国工作时知道，在联大讲坛上，他是最受欢迎的演讲者之一。台上发言，台下打盹儿，是联合国开会的一大特征，但每次卡斯特罗演讲，台下的人都聚精会神，不时报以热烈掌声。大会规定每人每次发言限 5 分钟，大家唯独希望卡斯特罗能演讲超时，因为他敢讲一些别人不大敢明讲的实话。

卡斯特罗勤政爱民。他要求干部密切联系群众，扎根群众。他经常深入基层，听取意见、解决问题。发生重大事件的时候，卡斯特罗就通过电视广播向群众做解释和动员工作。20 世纪 60 年代，美国雇佣军入侵古巴吉隆滩，他身先士卒，率领古巴军民击溃雇佣军。在古巴，老百姓喜欢谈论他们的领袖，亲切地叫他“菲德尔”。和蔼可亲，是老百姓对卡斯特罗共同的评价。

2008 年 2 月 24 日，对古巴来说是一个历史性的日子。在躲过上百次暗杀后，卡斯特罗结束了差不多半个世纪的政治生涯，光荣地退居幕后。他的弟弟劳尔 · 卡斯特罗当选古巴新领导人。

不管人们如何评价卡斯特罗，他在世界上创造了一个“政治奇迹”是不争的事实。

古巴的几个“为什么”

外交部流传着这么一个说法：卡斯特罗太能侃了，有一次和我们一位领导人谈了三四个小时。大家都很奇怪，这么长时间能聊什么呢？于是就问翻译李金章，他风趣地回答：“十万个为什么。”

1989 年我随钱其琛外长首次访问古巴，后来陪江泽民主席、胡锦涛主席访问，自己也单独去过。我总是带着问题去了解这个面积只有 11 万平方公里、人口只有 1 100 多万的岛国。

为什么能够成为“世界糖罐”

古巴气候炎热，土壤肥沃，雨量充沛，是甘蔗生长的天堂，甘蔗种植面积占全国可耕地的三分之一以上。古巴甘蔗种植历史悠久。1492 年哥伦布一眼就相中这块土地，想推广甘蔗种植。后来，西班牙人除在这里种植烟叶之外，把这个岛国变成了甘蔗的“青纱帐”。在殖民时期，非洲黑奴的大量涌入为甘蔗业提供了充足的劳动力。

古巴工业以制糖为主，人均产糖量居世界首位。20世纪90年代以前，蔗糖一直是古巴最重要的出口产品，后来由于国际糖价持续低迷和能源短缺，古巴蔗糖工业陷入困境，不得不削减甘蔗种植面积，并关闭不少糖厂。我最近一次去古巴得知，国际糖价又涨至几十年来的高水平，古巴政府正抓住时机，重振蔗糖业。

雪茄为什么能够出名

古巴是烟草种植大国。据记载，古巴人是世界上最早的雪茄烟民。哥伦布初次踏上古巴的土地，就看到土著印第安人手里总是拿着一根未燃透但仍在冒烟的干树枝和植物叶，不时地放到嘴里吸，冒出的却是烟雾。他让水手去问岛上的土著人：这是什么东西?土著人听不懂水手的话，就回答：Sikar！ Sikar！意思是用火烧这种烟叶产生的香味。哥伦布以为"Sikar"就是这种东西的名字，于是把它称为"Sikar"(雪茄)。他把雪茄带回欧洲，献给西班牙国王。随哥伦布来古巴的水手自然成为第一批吸雪茄的欧洲人。

只有古巴沃土才能种出最好的烟草，来自古巴的手制雪茄更是独步全球的极品。古巴西部的比那尔德里奥省有着肥沃的红土壤，最适合雪茄烟叶的生长。

第二次世界大战期间，嗜烟的英国首相丘吉尔有一次从哈瓦那购买了5 000支"罗密欧与朱丽叶"牌雪茄。这个品牌的雪茄越来越有名，已经成为目前最负盛名的雪茄。

卡斯特罗当游击队长时常用抽雪茄来庆祝胜利。他担任国家领导人后，人们经常从媒体上看见卡斯特罗或手持雪茄谈笑风生，或口叼雪茄凝神沉思。这为古巴雪茄做了最好的广告。

卡斯特罗从15岁起抽雪茄，而当年他领导的古巴革命，主题竟是“反雪茄运动”——反抗烟草资本家和种植园主对老百姓的剥削。为此，卡斯特罗一度特意戒了雪茄。革命胜利后，他发现，建设社会主义同样需要资金，而雪茄是古巴出口创汇的重要来源。于是，古巴政府鼓励生产雪茄，还常把雪茄作为礼品赠给外国朋友以扩大影响。

胡锦涛主席访问古巴时与卡斯特罗先后进行了大、小范围的会谈，谈得很好。会谈过程中，为了表示对中国客人的友好，古巴礼宾官端出一盘雪茄。他先走到胡主席身边，礼貌地问要不要雪茄。胡主席不抽烟，表示不要。礼宾官依次询问中方代表团成员，大家都没要。我看到这种情景，担心古巴朋友会误会中国人不给面子，连古巴最好的东西都不要。当礼宾官走到旁边的时候，从不吸烟的我伸手要了一支，悄悄装进上衣口袋。

晚上回到宾馆，我发现我房间有一盒上好的古巴雪茄。一打听，只有我一个人有雪茄，代表团的其他成员都没有。原来，古巴朋友误认为中国代表团成员中只有我一个人吸烟。其实，他们大错特错，代表团有好几位每天一两包烟的部长级“烟鬼”，他们保持着中国人表面“客气”的传统，看着人家送雪茄，心里痒痒的，却不好意思拿。偏偏我这个不吸烟的人“不客气”。我的“不客气”反而让主人高兴。

我暗自得意：让我的“烟鬼”朋友们后悔去吧。可我不善于“保密”，这事让代表团的几位我敬重的“烟鬼”知道了，他们纷纷来到我房间，那盒雪茄很快被一抢而光。

其实，我能“智慧”地把一根雪茄揣进口袋，是因为汲取了“文革”期间新华社驻波恩记者王殊的教训。毛主席对王殊关于帝国主义阵营不是铁板一块的判断很欣赏，曾请他到中南海交谈，时任外长乔冠华作陪。年轻的王殊太激动、很紧张。毛主席便自己点上一支烟，又递给王殊一支，亲切地安慰他：咱先抽抽烟，放松一下。这是伟大领袖送的烟，王殊舍不得抽，想走时悄悄带走。不料，乔部长见状即说：小王不抽啊！那我抽了吧。乔“老爷”真抽了，“小王”后悔莫及。“小王”后来当过驻德国（当时的西德）大使和副外长。

生物制药业为什么能够发达

2000 年，中古最大生物制药合作项目——百泰生物药业有限公司落户北京。2003 年 12 月，中古合资的长春海伯尔生物技术有限责任公司在东北的长白山下诞生。2004 年胡主席访问古巴，两国正式签署《中古生物技术领域合作谅解备忘录》。

古巴的生物技术整体上处于世界领先水平，这一成绩来之不易。古资源和能源均不充裕，美国对古持续几十年的经济封锁又给古带来严重困难，但古人民奋发图强，举全国之力发展生物技术。

通过多年努力，古巴成为生物制药大国。不少生物制品具有世界先进水平，如干扰素、生长素、脑膜炎疫苗、乙肝疫苗等。古生物药品出口到包括中国在内的 40 多国。据我了解，古主要有两条经验：第一，政府扶持。20 世纪 90 年代初，随着苏联解体、美国禁运，古从外国采购药品十分困难。古政府实施了耗资 10 亿美元的“生物技术投资计划”，使生物技术在短时间内取得长足发展。第二，形成教育—研发—生产—营销中心一条龙的机制，有利于人才培养和科研成果产业化，推动了整个产业链的可持续发展。

社会为什么能够稳定

古巴是一个欠发达国家，可又是一个社会安定的国家。古领导人常说：决不会遗弃一个人，决不让一个人流落街头；决不关闭任何学校和医院。

社会公正平等、人人享有社会保障是古巴社会稳定的重要原因。政府实行全民免费教育和免费医疗，收取低价房租，对城市居民的食品和基本生活用品实行低价定量供应。有人称古是拉丁美洲收入分配最公平的国家。群众不埋怨政府，认为困难是美国封锁造成的，相信在卡斯特罗领导下一切会好起来。

就医疗而言，全国建立了社区、市级、省级、国家级四级医疗体系，居民终身公费医疗，是世界上人均医生最多的国家之一。古巴人均预期寿命 78 岁，名列世界前茅，多项主要公共健康指数达到了发达国家的水平。陈竺任中国卫生部长时曾赴古取经。古还通过“出口医生”来强化自己独特的软实力，共向 77 个国家派出 5.4 万名医护人员。“医疗外交”改善了与许多国家的关系。

古巴政府 50 多年来一直实行全民免费教育，保证每个公民不论种族、性别、出身都享有平等受教育的机会。古教育体系完备。全国适龄儿童入学率达 100%， 99%的学生可接受中等教育，愿意学习的人均可接受高等教育。古高等教育历史悠久，著名的哈瓦那大学建于 1721 年，也为新中国培养了不少外交官。

古巴社会的文明程度较高。大人孩子都讲礼貌；食品供应再紧张，也没有人哄抢；公共交通再困难，也都有秩序地排队上车。我最近一次访古，向街上一位年迈妇女买花生米，我多付了她两个美元，请她不用找钱，她坚决拒绝。她的自尊和自强精神让我敬佩。

党的干部廉洁奉公，也是古巴能够保持社会稳定的重要原因。在物资匮乏的特殊时期，广大干部能和群众同甘共苦，一样“凭本供应”，不搞特殊化。古共党内规定，公职人员外出，路遇要求搭车的群众，如有空位又顺路，一律不得拒载。

为什么能够顶住美国压力

美国是世界上唯一的超级大国，古巴是加勒比地区的小国，北隔佛罗里达海峡，与美国相距只有217公里，简直就在美国的眼皮底下。1959年古革命胜利后，美国就想拔掉这个眼中钉，一直试图通过政治、经济、军事等手段干涉古巴内部事务。在不到200年的时间里，美国对拉丁美洲采取过140多次军事行动，仅在20世纪就先后推翻了拉美大约40个政权，但古是唯一的例外。美国人无可奈何地说，美国都换了十多个总统了，卡斯特罗依然站在国际舞台。

古巴外长罗德里格斯曾说：我们有过问题和挫折，但没有犯战略性错误。有专家分析，古巴共产党比较廉洁，党群关系比较好，人民有不屈不挠的革命斗争传统。

多年来，古巴在国际上广交朋友，以打破美国的封锁。美洲35个国家除美国外，都恢复了与古的正常关系。2009年，美洲国家组织结束对古长达47年的孤立政策。在对美斗争中，古策略灵活，有理、有利、有节，不屈从于压力，也不蛮干；积极开展民间外交，与美国学者、议员、企业界及宗教界人士和旅美侨民广泛联系，还多次邀请美国前总统卡特访古。

我常在国外跑，常对其他国家进行对比观察。40多年前我到发达国家，觉得中国缺少的是高楼和汽车，现在羡慕它们的则是青山绿水……以前到发达国家，觉得朴素勤俭是我们的突出优点，现在发现外国朋友请客吃饭多是一菜一汤，不劝酒，菜基本不会剩下，比我们节俭多了。每一个国家都有独特的地方，古巴就有这么多值得参考和学习的东西。我想起早年读过的毛主席《论十大关系》中的话：每个民族都有它的长处，不然它为什么能存在？为什么能发展？

毛主席多有先见之明！我觉得，看世界就要多看人家的长处，学人家对我有用的优点。我们国家越来越富强，却仍要有平常心、有谦虚好学的态度。

第四部分

多边舞台过招

有人说，对一般国家而言，多边外交是表演给世界人民看的，干不了什么实事，只有美国想干啥就干啥。有人问，中国在联合国这个最大的多边舞台上，除偶尔弃权，总是投赞成票，能发挥什么作用？这是一种误解。事实上，多边外交与双边外交相辅相成、相得益彰，多边外交发挥着双边外交难以发挥的作用。中国在多边舞台上是一个重要而且活跃的角色。随着世界日益成为安危与共、不可分割的“地球村”，多边外交的重要性不断上升，多边合作的领域、议题日益扩展。多边外交自然成为中国外交越来越有所作为的舞台。中国有需要也有能力以更积极的姿态参与国际事务，为中国人民和全人类进步事业发挥作用。

第十六章　世妇会：为中国妇女事业做点事儿

第四次世界妇女大会于1995年秋在北京召开。我被提前从中国常驻联合国代表的任上调回，担任世妇会组委会副主任、中国代表团副团长兼秘书长。后来发现，我是中国代表团唯一的男性领导成员。这是我外交生涯中第一次直接为妇女事业服务，并曾在全国妇联有一间比在外交部大得多的办公室。

顶着压力准备

世妇会是我国在1989年北京政治风波后举办的第一次大型国际会议，是我们举办的规模最大的国际会议，是联合国有史以来参加人数最多的大会。

为了打破西方制裁，顺应发展中国家要求，1991年1月我国政府决定邀请联合国在中国举办第四次世界妇女大会。西方国家竭力阻挠，对我国的会议设施和承办能力提出怀疑，更声称中国有“人权问题”，造谣说中国不会允许与会者自由活动，不会允许非政府组织和记者自由与会。我们一年多的斗争，依靠发展中国家的支持，在1992年3月争取到联合国同意，获得大会举办权，取得了外交上的一大胜利。

从纽约回来，我听到国内种种议论。不少人说，召开这么大规模的国际会议，邀请几万人来北京，鱼龙混杂，容易出事，国际反华势力肯定会趁机制造事端，西方政客会利用这次会抹黑中国，我们防不胜防。有些同志甚至发出怨言：为什么要办世妇会？有的人公开埋怨全国妇联的“老太太们”没事找事。

大家心里有疙瘩。1993年，我们申办2000年奥运会，因为西方反华势力捣乱，以两票之差负于悉尼，伤害了中国人民的感情，增加了一些人对与国际社会打交道的疑虑。

主管外事的钱其琛副总理坚持认为，举办世妇会是为了多交朋友、多做工作，让外界多了解中国。我们要利用各种机会，打破西方制裁，为改革开放创造良好的国际环境。钱副总理开导我们说，举办世妇会任务光荣，自己不要怕抱怨，而要把别人的抱怨当作鞭策，把工作做得更好。

这次会议的方针确定为积极参与、宣传自己、多做工作、广交朋友、坚持原则、求同存异。各项工作都围绕这一主线。

为开好世妇会，我离开纽约前专门请教了好朋友、埃及籍联合国秘书长加利。他说：“根据以往的经验，全心全意开会的人占少数，一心一意搞破坏的人是极少数，大多数人是既去开会，又去主办国旅游；把会开好并不难，把大多数人安排好，防止极少数人破坏，就OK了。”后来的事实证明，加利的看法是对的。

憋着劲儿开会

一些西方国家不相信中国有能力办好世妇会，但用老百姓的话说，我们不蒸馒头也要争口气，要憋着一股劲儿把会开好。

中央对世妇会十分重视，1992 年 8 月成立了以国务委员彭珮云为主任的世妇会组委会。中国妇女代表团团长是全国人大常委会副委员长、全国妇联主席陈慕华，第一副团长是北京市副市长何鲁丽。彭珮云负责内部事务，陈慕华带队对外，全国妇联、外交部、公安部、北京市政府等通力合作。李鹏总理专门抽时间去会场视察，要求我们务必做到细致、周到。

实事求是地说，办世妇会并不复杂。但当时国际大环境不太好，我们又缺少办国际会议的经验。我决心边干边学，全力以赴。

大会于 9 月 4 至 15 日在北京国际会议中心举行，197 个国家和地区的代表、联合国系统各组织和专门机构及有关政府间和非政府组织的代表共 1.7 万余人出席。联合国秘书长加利本打算参加会议，但之前访问非洲染上疟疾，不得不去巴黎治病，为此专门给我打电话表示歉意，并称赞中国为世妇会所做的出色准备。

我与第四次世妇会大会秘书长蒙盖拉夫人举行会谈，就会议安排进行沟通。蒙盖拉夫人 50 多岁，来自坦桑尼亚。我俩还用斯瓦希里语交谈。她告诉我，上了年纪的非洲人都记得中国为非洲所做的好事。

南非代表团团长是南非总统曼德拉的前夫人温妮 · 曼德拉。她也是南非的一位风云人物。她写过一本书《我的心与他同在——温妮 · 曼德拉自述》，讲述她与曼德拉的传奇故事。说来也巧，这本书几年前由我夫人秦小梅翻译成中文出版，很受欢迎。小梅在世妇会前见到温妮，告诉她这些情况。温妮说："这是中国朋友表示的最大友谊，中国读者喜欢这本书，我非常高兴。"她诚恳表示："我愿和中国朋友一道努力，使大会取得成功。"

作为大会东道主，9 月 4 日中国政府在人民大会堂举行欢迎仪式，约 1 万人参加。仪式由彭珮云主持，江泽民主席、联合国秘书长的代表基塔尼副秘书长和蒙盖拉夫人分别致辞。

欢迎会上，乔羽作词、谷建芬作曲、韦唯演唱的第四次世妇会主题歌

《大地芬芳》给与会者留下深刻印象。歌曲节奏欢快，催人奋进。韦唯在台上唱，台下代表主动击掌助兴，气氛热烈，令人难以忘怀。

这次盛会的主题是“以行动谋求平等、发展与和平”，次主题是“教育、健康、就业”。会议分为全会和两个委员会。全会主要进行一般性辩论，共举行了16次全体会议；两个委员会分别负责磋商《北京宣言》和《行动纲领》。

在一般性辩论中，代表们在平等、求实的气氛中就消灭贫困、制止战争、消除男女不平等、制止对妇女施行暴力等问题热烈讨论。我的老友、美国代表团团长、美国常驻联合国代表奥尔布赖特发言说：“我们来北京是为了促进和保护人权，强调妇女与男子的权利完全平等、不可分割……今天是国际女童日（9月6日）。我想起了一首中国民谣：一位父亲对他女儿说，养狗能看家，养猫能捉鼠，养猪能卖钱，但养女儿有什么用呢？让我们共同努力，确保在中国以及世界其他地方不再提出这样的问题。”听到这话，我又气又乐：这老太太的话有点儿道理，但她用旧中国的民谣说事儿，有点儿抹黑新中国的意思。我想与她“理论”，却没找到机会。

由于宗教、民族、文化及社会发展水平的差异，代表们就妇女基本权利、平等、堕胎乃至妇女运动等一系列问题各抒己见，看法不一，但本着对全球妇女负责的态度，大家求同存异，就《北京宣言》和《行动纲领》的主要内容达成了共识，即以“平等、发展与和平”为主线，要求各国和国际社会做出承诺并采取行动，创造条件消除妇女贫困、推进教育和保健事业，消除对妇女一切形式的歧视和暴力，让妇女平等参与经济和社会发展。

会间我曾告诉美国代表团：“我愿代表中国女同胞们感谢美国妇女，1909年3月8日美国芝加哥等地的妇女举行规模空前的大罢工和示威游行，这才有了‘三八’妇女节。中国的妇女事业进步很大。新中国一成立就强调男女平等，强调妇女能顶半边天，妇女的社会地位很高。不像你们美国，直到1920年，美国建国后150多年才争取到投票权。就这一点来说，新中国妇女比美国妇女幸运。当然，我们也有需要努力解决的问题，像妇女受教育程度不高、妇女担任高官的还不够多等。”

可能由于我们对外交流不多，有些中文说法译成外文让人难以理解，如晚婚晚育、计划生育等，不作解释外国朋友看不明白，而一些外国朋友弄明白“妇女能顶半边天”的意思后，会情不自禁对用“半边天”这么优美生动的话来形容妇女的作用表示赞赏。美国总统克林顿在回忆录《我的生活》中引用了“妇女能顶半边天”，估计是参加北京世妇会的第一夫人希拉里·克林顿告诉他的。

最有效的宣传是事实。有位欧洲国家的女代表曾激烈抨击中国的计划生育政策。她想利用会议间歇去天津市看看。大会秘书处让一位女志愿者陪她从北京老火车站出发。她们在北京站的人海中挤了半天才上车，车还没到天津，这位女贵宾就感叹：真想不到，看来中国搞计划生育不无道理。

大会举办了“95北京非政府组织妇女论坛”。当时，大家对非政府组织的认识有限，有的人望文生义，认为非政府组织就是与政府对着干的组织。

会前，围绕在哪里接待这么多非政府组织成员，我们颇费心思，最后决定把会址放在京郊风景区怀柔，那里活动场地大，吃、住、开会都很方便。有人开玩笑说，“怀柔”就是要“以柔克刚”，有助于争取更多朋友。国际上则有人说三道四，说我们不喜欢非政府组织的与会者，要把他们赶得远远的，怕他们给中国政府找麻烦。我们广泛做工作，争取理解，顶住压力，不为所动。中国就是中国，不能让几口唾沫给吓住。

8月30日晚，非政府组织论坛在北京亚运村运动场开幕后，就移师怀柔。

参加论坛的有来自近200个国家和地区、2 000多个非政府组织的3.1万名妇女，其中境外与会者2.6万人，中国与会者5 000人，另有数千名北京大中学生志愿者，为与会者提供翻译、引路等服务。

论坛就妇女参与政治和经济发展、和平与安全、贫困、女权、教育、种族和民族、保健、针对妇女的暴力、环境、科技和儿童等问题进行探讨，共办了近 5 000 场研讨会和图片展、图书展、表演、工艺品展销、妇女实用技术展、电影论坛等活动。中国的非政府组织也很活跃，办了 63 场专题研讨会和 100 多场其他活动。

爱搞游行是非政府组织论坛的一大特点。我们事先划好一块区域，专供妇女们游行用。游行的名目繁多，有中东、波黑和日本妇女的反战游行，打出“女人不要战争”的标语；有不少妇女对大国霸权主义和经济掠夺表示抗议，甚至喊“打倒美帝国主义”的口号；有韩国妇女代表的游行，要求日本政府就“二战”期间强迫韩国妇女当“慰安妇”道歉。

中国是一个讲文明、讲法治的国家。当时有谣言说，有人要组织上千人的裸体游行，让中国政府难堪。大会筹备处提前准备了 4 000 条毛毯，以应对可能发生的裸体游行。后来并没有这种事。但有一天，一名日本留学生在前门喝醉，要脱衣服凉快凉快。有位警察警惕性太高，马上用毛毯把他裹上，卷起来送走。这是会议期间使用的唯一一条毛毯，剩下的 3 999 条没能派上用场。我至今不知道那些可怜毛毯后来的去向。

非政府组织论坛取得了成功。与会妇女发起了“一起编织世界”等促进友谊的活动。各国妇女用一针一线，将友情绣成一件件艺术品，进而连成长达 1 000 米的“和平之毯”，并曾将其中一段挂到长城上。

多年后，我遇见一位曾参加大会的外国总统夫人，她对这次大会仍记忆犹新，津津乐道。

静下心来总结

第四次世界妇女大会是世界史上规模空前的一次盛会。国际舆论说，这是世界对中国的信赖、中国对世界的贡献；会议的成功以及大会通过的《北京宣言》和《行动纲领》，对促进男女平等、提高妇女地位将产生积极影响。

举办这次会也是我们对多边外交的尝试。我们初办告捷，广受好评。联合国副秘书长基塔尼说，这次会议开辟了中国与联合国关系的新时代，是联合国妇女工作史上的一个里程碑。论坛召集人素帕达拉女士称赞道，这次论坛与前三次论坛比，规模最大，组织得最好。巴基斯坦总理贝·布托说，这次大会的准备工作完美无缺。不少国家政府、非政府组织和友好人士向全国妇联表示感谢。

中国妇女同各国妇女对话，增进了彼此的感情。外国朋友用自己的眼睛看到真实的中国，并把在中国的真实感受带回去，影响是难以估量的。

大会向世界展示了中国改革开放的风采，是我国对外开放的一个标志性事件，表明中国不仅从经济方面打开国门，而且从社会、人文方面打开国门，提高了中国的国际声望。世界进一步了解了中国，中国进一步了解了世界。采访大会的境外记者达 3 100 人，是到那时为止集中来华采访人数最多的一次。有 3 000 余名外宾参观了北京的农村、学校、医院和社会福利机构。

这次大会是中国多边外交的一次大练兵，特别是锻炼了一大批女干部。世妇会不少做法为后来举办中非合作论坛北京峰会和 2008 年北京奥运会提供了借鉴案例。可能因为我担任中国代表团副团长，有人认为我分管妇女工作，个别人甚至认为我是女干部，会后一段时间，我常收到各地女同志来信，反映歧视妇女等问题，我都将这些来信转给了全国妇联。

第十七章　人权会：中国不是任人捏的软柿子

中美在联合国人权会上的较量是美国挑起的。在斗争中，我们维护的是国家利益，是民族尊严，是正义。中国人民是压不垮的，希望那些至今仍想干涉中国内政的国家，能从中美人权会的较量中吸取教训。

为的就是争口气

20世纪90年代初，西方国家对中国进行制裁，国际涉华舆论相当负面。不少人怀疑，中国能否顶住压力，是否会步苏联和东欧国家后尘？为了给中国施加更大压力，西方国家大打“人权牌”，对中国进行围攻。为了形成声势，它们连续多年在联合国人权会上提出反华议案，企图以人权会决议形式把中国推上“被告席”，羞辱中国，搞垮中国。

围绕联合国人权会的外交斗争，不再是一个单纯的人权问题或多边外交问题，而是影响我国外交全局的大事，是对我国如何突破重围、站稳脚跟的考验。

人权委员会是联合国系统内处理人权事务的主要机构，成立于1946年，总部设在日内瓦，由经社理事会选举产生的53个成员国组成（最初仅18个成员国，1979年扩大至43个，1992年扩大至53个）。1989年后，美国等西方国家利用这个平台，集中向中国发难。

1990年1月29日至3月9日，联合国召开第46届人权委员会会议。16个非政府组织点名"谴责"中国，比利时、丹麦、美国等18个西方国家首次联合提出"谴责"中国人权状况的议案，要求审议表决。巴基斯坦代表提出对该议案不采取行动的动议。与会的43个成员国进行表决，结果，巴基斯坦的动议以17票赞成、15票反对、11票弃权获得通过。第一次较量，我们在巴基斯坦等朋友支持下挫败了西方国家的图谋。

此后，除1991、1998、2002、2003这4年美国或出于其对外战略需要，或出于希望中国在海湾战争、反恐、伊拉克战争等问题上提供合作等原因，没有提反华议案，其他年份都提了，直到2005年3月联合国人权委员会被改为联合国人权理事会并修改议事规则。这期间共进行了11次较量，中国都取得胜利。

最惊险的一次是1995年第51届人权会。美国使足了狠劲，总统特别助理、国务院负责人权事务的助理国务卿沙托克亲临日内瓦指挥。一些友好国家代表团团长私下对我们说，美国人威胁他们，如继续支持中国，美国就中断援助。在就对中国不采取行动的动议表决时，有两个曾表示投支持票的国家"变了卦"，改投反对票，结果是22票支持，22票反对，9票弃权。

一位非洲国家的外交官在表决前接到国内指示，由弃权改为支持中国。但美国人在会场内外严密"监视"各方动向。发现中国外交官与这位非洲外交官的"异常接触"后，美国人立即找到他，追问详情。迫于压力，这位非洲外交官如实相告。沙托克立即打电话向这个非洲国家外长施压，迫使该国又回到最初投弃权票的立场。美国代表团还派人专门坐在这位非洲外交官后面，死盯着，直到投票结束。

根据议事规则，在得票相同情况下，动议被视为未获通过，我们的第一道防线被攻破。第二天人权会将就西方国家的反华提案进行表决，形势十万火急。我们国内外同时发力，想尽办法做关键国家工作。我驻科特迪瓦大使接到国内指示后，顾不上外交礼节，深夜去找科特迪瓦外长，把他从床上叫起来，晓之以理，动之以情，说服科方同意支持中国。最后投票结果是 20 票支持、21 票反对、12 票弃权，西方国家的反华提案未获通过，我们以 1 票的优势赢得胜利。自那以后，支持西方提案的国家越来越少，每回我们都能以较大优势获胜。

可话说回来，即使当时西方国家的反华提案被通过，也没有什么了不起，天不会塌下来。我们看得重，是因为提案背后西方国家想整垮中国的心态让人气愤。这是对中国内政的粗暴干涉，对中国人民的侮辱。中国是有 5 000 年文明史的大国，不是任人捏的“软柿子”。别人叫板，我们就要迎战。用老百姓的话说，我们争的就是一口气。

中国大使好样的

外交战线是没有硝烟的战场。围绕人权会的斗争持续十几年，我们外交上投入比较大。在中央领导下，我们考虑到人权斗争“北强南弱、北攻南守”的总体形势，从多边外交一靠掌握真理、二靠取得多数的基本经验出发，制定了针对性、操作性都很强的战略战术，采取前方代表团、我驻人权委员会成员国使馆以及国内三条战线协同的立体作战模式。中国常驻日内瓦代表团大使范国祥、金永健、吴建民、沙祖康等表现出色，共和国的外交史会记住这几位大使的辛劳。

建民大使在一次发言中指出：“自 1992 年以来，人权会通过了 58 项国别人权决议，几乎全部针对发展中国家。人权会简直成了法庭，被审判的是广大发展中国家，法官是少数发达国家，最大的法官是那个超级大国。少数国家把人权会当作推行自己外交政策的工具，保护人权是假，推行强权政治是真。”这反映了广大发展中国家的心声。

祖康大使讲话直率。有一年，面对英国大使对中国人权状况的无理指责，他毫不客气：“我一看见你这张脸就想起鸦片战争。你们英国人强行占领中国香港多少年，从来没有搞过任何选举，这样的国家哪有资格指责中国的人权状况？”在2004年人权会上，他说：“美国以所谓‘人权卫士’自居，随意点评他国人权状况，但对自己恶劣的人权记录只字不提。前不久我曾建议美国在批评别人之前自己先照照镜子，两个星期过去了，美国还是不肯照镜子。堂堂超级大国，居然如此胆怯……”他还指名道姓地说：“搞不搞反华提案是你的权利。但我告诉你，如果你搞，我一定打败你，一定揍扁了你！”

后来听说，沙大使和美国大使成了朋友。这就是外交工作的魅力所在。外交官爱国，一般也佩服爱国的外国同行。

为了人权会，国内指示前方，要采取人盯人的战术，一票一票地争取。就这样，我们取得了一次又一次胜利。

我在一旁敲边鼓

我没有参加人权会的现场辩论，只是敲边鼓，协调有关行动，在会外跟提案国家论理，做友好国家工作。那些年我在国内见外宾或出国访问，必谈人权。

我任驻美大使期间，常反击美国对中国人权状况的攻击。有一次我对美国官员说：“就参加国际人权公约而言，中国比美国多参加了两个，这是许多美国政客所不知道或不愿意提及的。令人不解的是，1998年中国遭受百年不遇的特大洪灾，3 000多人失去宝贵生命的时候，没有一个美国

‘人权卫士’向受灾民众说半句同情的话，而许多美国普通百姓却慷慨解囊。中国人民感激真正的友情，也看清了‘人权卫士’们的冷漠与伪善。”

有一次我访问某拉美国家，该国家外长表示，在人权会上完全支持中国有困难。我明白，美国人肯定向他施加了很大压力，但我不肯轻易放弃。我坚持：“那不行，我们是好朋友，关键时刻你们得支持中国。”他说：“实在是有困难。”我说：“你们至少不能支持美国。”对方说：“弃权也有困难，美国压力实在太大。”

我们正式会谈没能谈妥，后来私下谈，我诚恳地说：“我理解你的苦衷，为了不让你为难，中国不要求你们公开说弃权，到投票的时候你们的大使离开会场就行了。”这位外长说，“这是个好主意，你真有才”，欣然接受了我的建议。凡事都得落到实处，我立即通知前方：派人盯住该国大使，确保他投票时不在场。

有一年，东欧某国准备在人权会上挺美反华。会前该国一举止优雅的女副外长访华，我抓住机会见她。我从历史讲到现在，从大道理讲到小事实，重点是说她的国家太不讲道理，太不讲友谊了。可能是我口气太重，也太理直气壮，这位副外长又太年轻心软，听到最后竟流泪了，说我冤枉她，事情都是领导定的，不是她的错。这是我没有想到的，赶忙安慰她：“对不起，现在我知道了，不是你的错，只希望你回去做工作，争取纠正你的领导的错，别影响咱两国的传统友谊。”

有一年，听说日本考虑联署美国的反华提案，我警告日本外相：“亚洲国家中唯有日本追随美国攻击中国。中国从未做过对不起日本、伤害日本人民感情的事，而在全世界近200个国家中，日本历史上对中国人民造成的伤害最大、最令人发指。日本政府哪有资格指责中国的人权状况？”对方听了哑口无言。

美国成了孤家寡人

2004年4月15日，联合国人权委员会53个成员国以28票赞成、16票反对和9票弃权通过中国代表团提出的对美国的反华提案不采取行动的动议。这是历次较量中我们得到支持票最多的一次。我们甚至争取到了4个未建交国的支持或弃权。美国找不到一个提案联署国。更令美国感到悲哀和尴尬的是，那一年人权会上没有一个国家的代表在发言中支持它的提案，美国差不多成了“孤家寡人”。

人权会斗争的硝烟已经散去，胜利来之不易。

我们根据中国国情把维护和促进人民的生存权和发展权置于首位，取得了巨大成绩。当然，中国有13亿人，政策再好，在执行过程中也会存在这样或那样的问题。不带偏见的人是能够理解的。我们欢迎善意的和建设性的批评和建议，但反对借人权问题干涉中国内政。

正如2012年习近平副主席访美时所指出的，在人权问题上没有最好，只有更好，没有哪个国家在保护人权方面是完美无缺的。中国自身的发展与进步在国际上赢得了越来越多的支持和理解，是我们赢得人权会斗争的根本原因。我们高举平等对话的旗帜，对瓦解西方阵营也起到很大作用。

美国等西方国家为达到其政治目的，以人权问题为借口，频频抛出反华提案，粗暴干涉中国内政，这违反《联合国宪章》的宗旨和原则。我曾提示美国朋友，自作聪明、好为人师，而不学《联合国宪章》到头来会落得个搬起石头砸自己的脚。

美国在人权领域采取双重标准遭到普遍反对，在人权会上的霸道做法让许多国家反感。有一次，一个发展中国家的大使向我们大使祝贺时说，中国的胜利打击了美国的嚣张气焰，为大家出了一口恶气。他说自己心里真想投反对美国的票，但政府指示投弃权票，他没有办法。

在人权问题上，发展中国家与我国处境相似，愿意帮助中国。在第一次较量中，一位友好国家的同事就提了很好的建议，让我们根据联合国经社理事会议事规则，提出不采取行动的动议，将实质性问题转化为程序性问题，使那些受到西方压力的发展中国家比较容易采取支持中国的立场。巴基斯坦、古巴等国多次仗义执言，奠定了我们胜利的基础。好多国家是顶着美国压力支持中国的。

有一次人权会的投票结果出来后，美国常驻联合国代表理查森酸溜溜地对我大使说，祝贺中国在人权会上的胜利，中国的游说工作太厉害了，就像美国国会的“督导”[①]一样，把发展中国家赶到中国一边。中国大使笑答：我们不是美国国会的“党鞭”，党鞭为了本党会不顾是非曲直。我们是为了人类正义事业把同发展中国家的团结合作作为中国外交的基础。

人权会的较量表明，中国反对对抗，也不怕对抗；美国要一意孤行，我们愿奉陪到底；美国同中国的关系不是师生关系，不是裁判员与运动员的关系，而是同学关系，两国可以相互交流，相互学习，但任何一方都没有权利对另一方指手画脚。不过话又说回来，作为唯一超级大国的美国喜欢以“世界领导”自居，爱当“教师爷”。如果不对别国颐指气使，那就不像美国了。

日内瓦的联合国机构开会，一般没有多少人旁听，但那几年人权会就涉华提案辩论、表决时，会场总是挤得水泄不通。看热闹的人很多，都想看看中美两个大国如何较量。20 世纪 90 年代初期，美国在不少问题上和中国搞对抗，后来见这样做没出路，西方内部也出现分化，才不得不转向更多的对话与合作。

那些年人权会上的案例，值得回头多看看多想想。

---

① 督导，又称“党鞭”，负责本党议员的组织工作，包括监督议员按本党统一要求投票，该词的英文原意是鞭子。

第十八章　反恐战：阿富汗人把战争当作一种消遣

恩格斯1857年在《阿富汗》一文中写道："阿富汗人是勇敢、刚毅和爱好自由的人民……战争对他们说来是一种消遣和摆脱单调的营生的休息。"这就是阿富汗人的民族特性。对他们，长枪大炮是不管用的，飞机导弹也难以奏效。可惜，超级大国不肯学马克思主义，也没有记取历史教训，接连发生的苏联入侵阿富汗和美国出兵阿富汗，都付出了荒唐而惨烈的代价，包括滋生了恐怖主义。具有讽刺意味的是，恐怖分子也学超级大国，想以阿富汗为"基地"。

"帝国的坟墓"

马克思在《印度史编年稿》中有这么一段话："1842年1月13日，贾拉拉巴德城墙上的哨兵眺望到一个穿英国军服的人，褴褛不堪，骑在一匹马背上。这个人是布莱顿医生。他是从喀布尔逃出来的1.5万英国士兵（有不少是来自印度的雇佣军）当中的唯一幸存者。他因饥饿而濒临死亡。”马克思说的是第一次英国阿富汗战争，在阿人民不屈不挠的抵抗面前英国侵略兵撤退的情形。

阿富汗原意为“山上人”，其国土面积是英国的两倍半多，但五分之四的面积为山区和高原，土地贫瘠，气候恶劣。也许困难真是最好的老师。阿历来民风强悍，威武不屈，有誓死抵抗外敌入侵的传统，而且屡屡战胜强敌。

阿富汗有上千个部族，长期各自为政，部落首领与宗教长老掌握实权，中央政府一向很弱。人口占多数的普什图人是一个跨国民族，散居在阿与巴基斯坦边境地区。阿是连接南亚与中亚和西亚的交通要冲，是帝国主义国家争夺的重点。

19 世纪初，英国殖民者为建立从北非到印度的势力范围，把侵略矛头指向阿富汗。1839 年 4 月，英国以“俄国威胁”为幌子，出兵阿，扶植傀儡政权。喀布尔爆发起义，各地游击队联合抗英，这就出现了马克思所描述的那一幕。第一次英阿战争历时三年半，英国殖民者损失了 3 万余。

第一次英阿战争与英国侵华的鸦片战争几乎同时发生。我读这段历史总是有一种悲壮感，觉得阿富汗人民为国奋战的精神值得敬仰。强大的英国入侵阿落了个可耻下场；而英国发动第一次鸦片战争，只死了大约 500 名士兵，就打败了比阿不知面积大多少倍、富裕多少倍、人口多多少倍的清王朝。

1839 至 1919 年间，经济落后的阿富汗掀起三次抗英战争，一次又一次地击败了当年世界上最强大的殖民帝国。

1979 年，苏联入侵阿富汗。阿抵抗力量与这个超级大国展开一场历时 10 年的较量。苏联前后有 150 万军人赴阿参战，付出了数百亿美元的军费和伤亡近 5 万人的代价。最典型的战例是，1980 年 5 月 12 日，苏军出动一个有 300 多辆坦克和装甲车的机械化步兵团去围剿阿游击队，结果在查普查勒山口遭到伏击，仅一小时就被打败。1989 年 2 月 15 日，驻阿苏军总司令格罗莫夫跨过苏阿界河回家，结束了侵阿战争。没过多久，苏联不复存在。

难怪有媒体评称，阿富汗是“帝国的坟墓”。

拉登的基地

谈到阿富汗，就不能不说塔利班、“基地”组织和拉登。

自苏联 1989 年从阿富汗撤军后，阿重新陷入混乱与无政府状态，给外界这样的印象：纵横交错的山洞里藏着扛步枪拿匕首的男人，黄土下藏着不计其数的地雷，处处是死亡、饥荒、鸦片、走私、宗教极端主义和穿布嘎的蒙面女人。

一股名叫塔利班的势力打着恢复和平、维护主权、铲除腐败的旗号乘势而起。1996 年 9 月，塔利班占领首都喀布尔，夺取了政权。塔利班还炸毁了阿富汗最宝贵的文化遗产巴米扬大佛，热情迎接将长期待在阿的“基地”组织领导者本 · 拉登。

“9 · 11”事件震惊全世界，拉登成了美国的头号敌人，美国据此发动了阿富汗战争。当年美国曾支持阿抗苏，曾以多种方式支持拉登，中央情报局给过拉登不少钱。见过拉登的外交部亚洲司同事告诉我，拉登个子高，话不多，多年后领导“基地”组织发动了大规模恐怖袭击。

20 世纪 60 年代以前，恐怖分子主要以暗杀、绑架等形式来制造事端，后来开始劫机、爆炸。新世纪以来，恐怖主义发展成为影响世界与地区和平的重要因素，危害很大。莫斯科文化宫劫持人质事件、俄罗斯别斯兰人质事件、印度尼西亚巴厘岛爆炸事件、西班牙“3 · 11”马德里爆炸事件、伦敦“7 · 7”爆炸事件等都是典型案例。

2001 年，有些学者评论，“9 · 11”事件标志着“后冷战”时代结束，进入“后冷战后”时期。反恐从此成为国际社会的热门话题和多边外交的重要内容。

过去的战争多发生在国与国或国家集团之间，反恐战争多在国家与非国家行为体之间进行。反恐一向是一个国家安全部门的任务，现在军队逐渐成为反恐的重要角色，涉及经济、金融、法律、舆论、军事、执法等方面。美国的阿富汗战争已经打了十多年，谁也不知道什么时候能真正结束。过去，敌人投降了就是战争结束，而反恐战难有明显的胜负标志。阿富汗战争使国际社会对在新形势下的战争与和平问题有了新的认识。

2001 年 12 月，联合国启动“波恩进程”，向阿派遣国际安全援助部队协助治安。2002 年 3 月，联合国援助团成立，帮助阿维护稳定。

阿富汗战争暴露了不少问题：反恐是不是应该多管齐下，而不是简单地以暴易暴？反恐究竟是否需要符合人类法治准则和《联合国宪章》精神？曾被关在关塔那摩美军基地的人并不全是死硬恐怖分子，有的是被“基地”组织抓去的，有的是没饭吃去混口饭的，有的是稀里糊涂上了“贼船”的，如何区别对待？反恐不能搞双重标准，美国不把中国的恐怖分子遣返中国而是放到别国，是否心怀不可告人的政治动机，搞双重标准？能不能未经别国同意，在别国土地上动枪动炮？

中国反对一切形式的恐怖主义，主张反恐要遵守《联合国宪章》和国际法基本准则，反对将恐怖主义问题和特定的宗教或民族相联系，各国应综合运用政治、经济、法律、外交、社会等手段加以应对，标本兼治。

2003 年 12 月，我接受德国《明镜》周刊采访时说，国际恐怖主义是世界和平与安全面临的最主要威胁之一，各国都不应该也不可能置身事外。这场反恐斗争是长期的，仅靠一两个国家不行，需要各国携手合作；仅靠军事手段更不行，需要综合治理。

中国的邻居

中国和阿富汗雪山相连，友谊源远流长，边境线长约92公里。公元前139年，西汉张骞出使西域，就到过今天的阿首都喀布尔和战略要地坎大哈，并引进了西瓜。似乎我们中国人当时就有知识产权意识，从一开始就把这种水果在名称上冠以“西”字，以示其源于西边的邻居。公元600年前后，唐朝高僧玄奘就从当时称为吐火罗、平均海拔3 500多米的阿兴都库什山脉经过。

2001年12月，阿富汗战争刚开始两个月，中国就向阿派出工作小组，参加临时政府成立仪式。第二年1月，我们邀请阿临时政府主席卡尔扎伊访华。12月，中国和阿其他5个邻国一道与阿政府发表《睦邻友好宣言》，表示尊重阿主权和领土完整，支持阿和平与重建。

2004年3月，我代表中国政府参加在波恩举行的第三次阿富汗问题国际会议，宣布向阿提供1 500万美元无偿援助，为阿大选提供100万美元物资援助，并免除其960万英镑债务。

我在会上说：“阿富汗问题关乎地区的稳定与发展，也是国际反恐斗争的重要环节。我们真诚希望阿各民族、各派别继续以国家利益为重，同心同德，共建家园。国际社会应该尊重阿的国情，尊重阿人民的选择，支持阿中央政府和人民重建家园的努力，继续支持波恩进程，履行承诺，让和平的果实更加丰硕、实在。历史告诉我们，和平进程不会一帆风顺。阿谚语说得好：‘决心攀登高山的人，总能找到登山之路。’只要团结、自主、协作，我们就能完成历史重任，实现阿人民的夙愿。我愿在此自豪地、郑重地重申，中国人民永远是阿人民可以信赖的邻居和朋友。”

为促进中阿友谊，我们很快就恢复使馆正常工作。孙玉玺大使、刘健大使等年轻同事不怕牺牲、不怕困难先后赴任。

我听说，阿富汗战争爆发后，外国人纷纷撤离，但一些中国公民留了下来，冒着生命危险在当地兴业，改善民生。

2005 年 4 月 3 日，我对阿富汗进行了 23 小时访问。因阿局势不稳，美军专门派出战斗机为我乘坐的包机护航。抵达后，我对一起去的同事说，我可是第一次享受这么高的“待遇”，得谢谢美国朋友。

在喀布尔我见了卡尔扎伊总统、马苏德第一副总统、哈利利第二副总统、查希尔前国王、阿卜杜拉外长。卡尔扎伊对我说，经验是最好的老师，阿富汗人民赶走了恐怖主义，将注意学习包括中国在内的他国经验，重建美好家园。两位副总统说，阿中是传统友好国家，两国有相似的历史遭遇。近年来中国积极参与阿政治、经济重建，阿人民永远不会忘记。阿为有中国这样的朋友感到骄傲。

2006 年 1 月，我赴伦敦出席阿富汗问题国际会议，代表中国政府宣布向阿提供 8 000 万元人民币无偿援助。从 2002 年算起，我们共向阿富汗提供了 10.3 亿元人民币的无偿经济援助，在阿援建了一批基础设施项目，为阿培训了各类专业技术人员近千人。卡尔扎伊说，中国政府的援助是所有外国援助中最先到位的。

2006 年 6 月，卡尔扎伊总统在出席上海合作组织峰会后对中国进行国事访问，中阿签署《睦邻友好合作条约》，发表《联合声明》，宣布建立全面合作伙伴关系。

阿富汗和平与重建任务还未实现，中国正和国际社会一道共同努力，帮助阿逐步走上和平发展道路。中国人常说，“亲望亲好，邻望邻好。”我衷心期盼阿人民早日过上安宁、幸福的生活。

第十九章　联合国：文山会海，明争暗斗

有位小品演员曾调侃道：许多人来到这个世界，好像就是来开会的，大会、小会、总结会，会山会海，是会会到场，一直开到人生最后一个会，躺着也得列席！不容易啊！

这段话勾起了我多年来对联合国这一最大的政府间国际组织特殊的感情。我在联合国大厦不知参加过多少会、主持过多少会。参与多边外交是我外交生涯的组成部分。

问题不少，作用不小

1993 年 3 月，我离开北京到纽约，出任中国第 6 任常驻联合国代表。我以前没有担任过这么重要的职务，心里有些不踏实。外交部和常驻团的一些同事也有些怀疑：李肇星长期在非洲常驻、在国内从事新闻工作，能胜任常驻联合国代表吗？

赴任前，我一一登门向 5 位前任常驻联合国代表请教。

新中国首任常驻联合国代表黄华曾是“一二·九”爱国学生运动领袖，当过朱德总司令的秘书。他嘱咐我，工作要抓住台湾问题等重点。他夫人何理良同志提醒我要重视对外宣传，我永远记得做副司长时第一次对外介绍国际形势是在广州市委党校，就是她热心推荐并陪同我去的。

第二位是山东老乡陈楚大使，他抗日战争时期当过山东省委机关报《大众日报》的总编，曾任驻日本大使、中央外办主任。他谦虚地说：“你去联合国有优势，英语好，比我强。”我诚恳地说：“反正中文是联合国工作语，不懂外语更容易集中注意力听会和发言；讲点儿外语有时容易挑剔翻译的毛病而忽略本职。”陈大使笑称：“小老乡还学过辩证法呀！”

第三位是凌青大使，伟大爱国者林则徐的后代，在延安时代曾任毛主席的译员，曾出任首任驻委内瑞拉大使。他忠告我：特命全权大使实际上授权有限，要加强组织纪律性。

第四位是李鹿野大使，多边外交大家，长期担任外交部国际条法司司长，对我国在联合国合法席位的恢复贡献卓著。他向我全面介绍了联合国的历史、现况和发展趋势。

第五位是李道豫大使，年轻时是上海地下党党员，曾任国际司司长和常驻联合国日内瓦办事处及其他国际组织代表处副代表，是文艺型外交家，离任后一直担任外交部老干部合唱团团长。他给我讲了眼下要处理的几件多边外交大事。

中国是联合国创始会员国，再加上“二战”战胜国的地位、综合实力和潜力，理所当然地成为安理会常任理事国。1950 年 11 月，新中国代表第一次出席联合国会议，伍修权同志在安理会上发言，谴责美国武装侵略中国领土台湾。此后 21 年，蒋介石集团的代表一直窃据联合国席位。美国霸道无理，一直阻挠新中国进入联合国。据说，毛主席曾生气地说：进联合国干什么，美国不让我进，让我进我还不进呢。我们自己就是联合国。

1971 年 10 月 25 日，第 26 届联合国大会通过第 2758 号决议，纠正了一大历史错误，中华人民共和国在联合国的合法席位得到恢复。坦桑尼亚常驻联合国代表萨利姆说，这是向全世界宣告，发展中国家可以在联合国讲坛扬眉吐气了。

此前，针对美国在联合国搞“两个中国”的阴谋，毛主席说，我们决不上“两个中国”的“贼船”。不进联合国，中国照样生存，照样发展。2758号决议通过后，毛主席高兴地指示外交部：是非洲朋友把我们抬进联合国的，要派团去开会。

这一年11月，我们恢复在联合国合法席位后第一次派团出席联大。当风度翩翩的乔冠华团长在一般性辩论发言中说，中国将在联合国同一切爱好和平和主持正义的国家代表一道，为维护国际和平、促进人类进步的事业而努力。全世界的事，要由世界各国来管；联合国的事要由参加联合国的所有国家共同管，反对超级大国操纵联合国和国际事务的蛮横做法。他的话说到了发展中国家心坎上。此前美苏两个超级大国操纵联合国事务，美苏之争常使联合国无所作为。现在中国来了，人们希望中国能给联合国带来新气象。乔冠华发言后，几十位发展中国家代表团团长排起长队，同他握手。

联合国是一个庞然大物，机构复杂，议题繁多，文牍主义盛行，清谈成风，不免有些劳民伤财。用乔冠华的话说，联合国文山会海，会太长、太不定时，有的成了马拉松式的。但这只是问题的一面，事实上，联合国是世界上最重要的政府间国际组织，肩负着维护世界和平、促进共同发展的重要使命；是我国维护统一、反对分裂的重要阵地，是广交朋友的难得场所。外交也是事在人为，关键在于自己怎么做，怎么用好这个舞台。

在联合国的两年多时间里，我在实践中摸索，注意对原则问题旗帜鲜明，对具体问题表态适度，注意平等待人，依靠发展中国家，争取在中国外交处境困难的情况下扬长避短，不断开创新局面，为祖国的改革开放与和平发展服务。

我们利用在联合国事务中美国有求于中国的一面比较明显的特点，巧妙运筹，推动美国在我关切的问题上表现好点儿。1994 年，美国想推动安理会，授权向海地派遣以美国为首的多国部队。有一天，美常驻联合国代表奥尔布赖特找到我说，美重视中国在安理会的作用以及在海地问题上的立场，希望中国支持美有关解决海地问题的设想。为了打动我，她主动谈及台湾问题，表示美奉行一个中国政策，反对有些会员国鼓噪台“重返”联合国。

奥尔布赖特大使的话不无做交易的味道，但我还是给予积极回应，因为在海地问题上我们恰好持相似立场。后来我由何亚非参赞陪同搭乘美总统专机去海地看望联合国首批维和部队。

有一次回国述职，我到中南海向江泽民主席汇报工作。准备告辞时，江主席指着我身上的衬衫问：“肇星，这种衬衫在纽约卖多少美元一件？”我从不去商店，不知道行情，只好如实回答：“对不起，江主席，我不知道。”江主席语重心长地说：“肇星啊，当大使，不仅要懂外交、政治，也要了解经济情况。”我虚心接受了江主席的批评。回纽约后要求常驻团加强经济调研，自己也破天荒地两次去超市看看，并在小本上记下一些服装的零售价。第二年回国，我又去见江主席，可惜这回他没问衣服的价格，而是问别的事情了。

过了几年，我到美国当大使，便特别关注美国经济了，专门让使馆研究室写过《美国经济 200 年》等文章报告国内。

在联合国，我发现一个怪现象：有的问题讨论了几十年也没有结果，像中东问题，讨论来讨论去，没完没了；世界上有一种人不怕会失业，就是外交官。一位美国同行挖苦联合国说，在这里外交官不用干很多实事，就能打发很多时间。

我对同事开玩笑说，不来联合国不知道自己官儿小。在联合国开会，不小心撞到一个人，抬头一看，这不是某某总统吗？刚打完招呼往前走，又不小心撞到一个人，这不是某某总理吗？我由此想到一位退役山东老乡上将的顺口溜：官大官小，总有烦恼；身心健康、为民服务，才真正美好。

开会迟到，听会睡觉

安理会是联合国的主要机构之一。联合国内，只有安理会和管会费的第五委员会的决议才有强制性。

《联合国宪章》规定，为保证联合国行动迅速有效，会员国将维持国际和平及安全的主要责任授予安理会。它由联合国 15 个会员国组成（1945 年联合国成立时安理会只有 11 个成员国，当时联合国只有 51 个会员国）。中国、法国、俄罗斯、英国、美国为常任理事国。联合国大会定期选举联合国其他 10 个会员国为非常任理事国，任期两年；选举时考虑会员国对于维持国际和平与安全及联合国的贡献，并考虑各大洲平衡分配。安理会会议一般在联合国总部举行；如安理会主席认为必要，或经联合国大会、秘书长或任何理事国请求，可随时开会。

我在任时的 1994 年安理会共举行了 165 次正式会议，每次正式会议事先要举行多次非正式会议，磋商文件。为了准备这 165 次会议，安理会举行了 273 次非正式磋商。为了这 273 次非正式磋商，5 个常任理事国举行了至少 270 多次五常之间的磋商……安理会在这一年总共通过了 77 项决议、82 份主席声明。

联合国其他理事会、委员会、花样繁多的专业会、会前会、会中会、以会落实会的会、全体会、小范围会、对记者和专家开放的会、闭门会、绝密会……更数不胜数。这还没提宴会、酒会、茶会，我个人的最高纪录是一个晚上出席 6 个宴会和招待会，结果根本没吃饭，还得回家吃方便面、参加内部当日工作总结会。我“晋升”为爷爷后，有一次 3 岁的孙女佳馨听妈妈说她姥爷阎维文要去“开会”，她天真好学地问：“爷爷，什么叫开会？”我一时语塞，甚感惭愧。我开了那么多会，却说不清“开会”的定义。还是她妈晶晶聪明，帮我解围，说：别问了，快吃饭。开会就是两个人以上在一块儿说话，也可以一边吃一边说……

有的会开完要投票。在安理会，投什么票，成员国通常事先打招呼、沟通、讨价还价，都知道各方要投什么票。

安理会开会有个多年形成的习惯：会议厅的第一排必须坐上人，若该成员国的大使不在，坐在第二排的人要替补上来，代表该成员国参加会议和投票表决；若第一排位子空着，就被视为弃权缺席。据说这与朝鲜战争有关系。1950 年 6 月，朝鲜战争爆发，在美国操纵下，安理会召开紧急会议，通过决议，授权组成 16 国参加的“联合国军”。当时苏联代表不在，没有否决上述决议，让美国钻了空子。

我到联合国没多久就发现，在安理会，各国大使都是“大腕”，有架子，开会常迟到，用我中学老师评价一些学生的话说就是“自由散漫”。开会时间到了，有的大使还在走廊里聊天。这时，安理会主席就用木槌敲桌子，提醒大家开会。有一次我举手发言，“建设性”地抱怨说，主席先生这么敲槌子，等于惩罚已经到会的人，没有到会场的人却听不见，这不公平。英国大使戴卫勋爵开玩笑说，对，支持李大使的意见，应该像中国京戏里那样敲锣，让室外的人能听到。我说，可惜中国京剧的锣声太大。戴卫勋爵接着又认真建议安装一个电铃，主席一按，走廊上的人也能听到。我表示赞成，又提了一项“补充条款”：把电铃的线连接到附近大使们常去的咖啡厅。于是，那次安理会经过表决，批准一项专门“预算”，不到 400 美元，设立一个提醒“开会了”的电铃，大家管它叫“李氏铃”（Li Bell）。这算是我代表中国对联合国安理会所做的一点儿“贡献”。后来，我听继任的常驻联合国代表秦华孙、王英凡、王光亚、张业遂、李保东、刘结一讲，那铃一直在，但不是十分有效。

2005 年 9 月 19 日上午，我以外长身份在第 60 届联合国大会发言后，很快赶到中国常驻联合国代表团经常使用的“不结盟磋商室”会见澳大利亚、荷兰和南非外长，计划与每位外长各谈20分钟。我与澳外长唐纳谈到第19分钟时，房间天花板上突然传来清脆悦耳的铃声。唐纳看了一下表说：“李外长，我知道还有1分钟，但也用不着把你为安理会贡献的‘李氏铃’搬到这间小屋吧！”会议室里响起一阵笑声。

这时，荷兰外长在不结盟磋商室外已等了1分半钟。当我送唐纳外长走出会议室并迎接荷兰外长时，对方故作严肃状说，看来“李氏铃”对李本人已不起作用，中澳外长的谈话超时1分半才结束。我匆匆与荷外长握手，肩并肩快步进入不结盟磋商室。落座后，荷外长仍不依不饶：“我有一个请求，请中方派人到安理会大厅将‘李氏铃’往后调1分半钟，因为中国和荷兰在国际上都坚持公平、公正的原则……”

安理会主席由常任理事国和非常任理事国按国名的英文头一个字母（如一个字母相同，再按第二个字母，依此类推）顺序按月轮流担任，任期一个月。常任理事国通常由其常驻联合国代表出任，而非常任理事国，特别是一些中小国家有时由外长来当主席，或由外长当一段时间，主持一两次重要会议，风光一两次。常任理事国外长在遇到重大热点问题时也参加安理会会议。

我担任安理会主席时，秘书处给我派了一个秘书，专门登记发言的人数和次序。想发言，就把桌上自己国家的木制标牌竖立起来，表示向这位秘书报名。

在安理会发言有三句必要的套话。如轮到某位大使发言，要先说，感谢主席先生给我发言机会；尔后说，祝贺（前一位发言者）某某大使的精彩发言，然后才转入正题，说自己的话；发言的最后一句是“谢谢主席先生”——相当于说“句号”。

有次开会我按顺序点名，请发言。当我请日本大使发言时，这位大使可能是年龄大，太累，也可能是会议内容乏味，他报名发言后不久睡着了。我又叫了一遍，他才被坐在后面的助手叫醒。

这位老大使很快进入状态，有板有眼地开始说：感谢主席先生给我发言机会，祝贺某某大使的精彩发言……全场哄堂大笑，因为他祝贺的那位大使还没有发言。

日本大使马上意识到自己搞错了，但他久经沙场，临场应变经验丰富，慢悠悠地解释说："今天安理会的讨论不热烈，气氛沉闷。我故意说错话，让大家高兴，让气氛热烈一点儿。"大家又都笑了。

在安理会，最活跃的角色当属五个常任理事国。五常在热点问题上会有不少共识，有分歧也会高调沟通。只要一家有要求，就随时举行五常磋商。磋商通常由其中一国担任协调员，按中、美、俄、英、法的次序轮流"坐庄"。一些重大的决议草案或主席声明稿，通常由五常事先磋商并达成共识，才拿到全体会议上讨论，这在一定程度上提高了工作效率。

五常的作用极为重要，在非常任理事国和安理会外广大国家心目中却恰恰暴露出国际秩序不太公平。五常年年月月有代表待在安理会，也不太把这当回事。会外国家却很羡慕，个别国家甚至嫉妒。据说中东某国等了几十年才头一次被选进安理会，便百里挑一，找了位正部级官员去当两年大使，并通过广播向全国介绍这位大使的履历，说他是位优秀公民、杰出公务员，曾任镇长、市长、省长、议员等等。一般只有名人谢世才如此介绍，他有的亲戚朋友没有从头听，越听越害怕，以为出意外事故了，赶快打电话问，才知道，原来是重大喜事！还有一个大洋洲国家，争了若干年才当了两年非常任理事国。它的大使，我的好朋友，离任时告诉我：来的时候很兴奋、幸福，走的时候发现，国际秩序不合理，安理会的秩序也不合理，五常，尤其是超级大国太厉害。我是陪五常来休闲了两年啊。

五常大使谈完正事后也会聊些轻松话题。有一次，奥尔布赖特建议五常大使都学用电脑，在电脑上打自己的发言稿。她是教授出身，早就会用电脑写书。但英国大使说他年纪太大，不想学了。俄罗斯大使说，他有秘书，不用学。法国大使是著名作家梅里美的侄子，爱好广泛，他表示，他有空得打马球，没时间学。我在当时五常大使中最年轻，资历最浅，最后发言："就发扬民主吧，我服从多数。"奥尔布赖特那么好的一个建议没能通过，我至今没有学会电脑打字。

既是讲台，也是舞台

联合国大会由全体会员国组成，每年举行一届，9 月至 12 月集中举行常会，其后的特别会议则根据需要而定，但必须在下届大会开幕前闭幕。特别会议应由秘书长经安理会或联合国会员国过半数的请求召集。

联合国所有会员国都可派代表参加大会。每个国家不论贫富、不分大小，都有一票表决权。有关重要问题的决定，如关于和平与安全、接纳新会员国和预算事项的决定，必须由三分之二多数通过，其他问题以简单多数决定。

联合国大会的辩论有时间限制。讲台上有个计时器，快到时间时灯就会亮，提醒发言者尽快结束发言。开会比较随意，听众可以随时出入。比较重要的国家领导人或比较独特的人发言时，听众会多一些。

以演说天才而著称的古巴领导人卡斯特罗的发言，曾是联合国大会的一件盛事。他常指名道姓地批评美国霸权主义，并列举具体事例证明自己的观点，讲话时间常远远超过规定。计时器响了，他也不理睬，大家也特别愿意听，因为他说别人想说而又不敢说的话。每当这个时候，美国外交官会走出会场，以示不满，而更多的人会挤进会场。

有一次，卡斯特罗登台讲话，一上去就掏出手帕，盖住讲台上的计时器。大家一看都乐了，今天卡斯特罗又要长篇大论了，等着看好戏吧。出人意料的是，时间一到，卡斯特罗的演讲结束。大家又失望又高兴，以热烈掌声欢迎他罕见的简短演讲。

我国领导人上台演讲时一般都准时。外交部在准备演讲稿时，有时会找个与领导人语速差不多的礼宾官提前试一下，适当调整演讲稿的篇幅。

1974 年 4 月，邓小平同志在联合国大会第六届特别会议上发表讲话，第一次向全世界介绍了毛主席“三个世界”的思想，并庄严宣布：“中国现在不是，将来也不做超级大国。如果中国有朝一日变成一个超级大国，也在世界上称王称霸，到处欺负人家，侵略人家，剥削人家，那么世界人民就应当揭露它，反对它，并且同中国人民一道，打倒它。”2005 年，胡锦涛主席在联合国成立 60 周年首脑会议上提出建立持久和平、共同繁荣的和谐世界的主张。

外长一般都出席每年的联合国大会一般性辩论。2003 年 9 月 23 至 28 日，我第一次率团出席第 58 届联大会议，参加联大一般性辩论、安理会外长会议、同安南秘书长与五常外长会晤，并参加 77 国集团加中国会议、与多国领导人和外长交流，会见纽约知名人士，共参加 49 场多、双边活动。

我在一般性辩论中发言时，想起在常驻联合国代表任上含泪读过的一个故事。1970 年北京医院院长吴桓兴奉周恩来总理之命为陈毅副总理兼外长治病，他说：“陈老总，您放心，我一定能治好您的病。我等着您以中国外交部长的身份出席联大会议，像在上海那样，代表中国人民向世界作大报告的日子！”可惜这一天没有到来，我却有幸沿着前辈搭建的台阶登上了联合国讲台。

那次，中国常驻联合国代表团为我举行了一场招待会。联合国一位山东临沂籍雇员对我说：“真过瘾，第一次在联合国听到这么纯正的家乡话。”我不明白这位老乡是在表扬还是在批评我山东口音重，就笑着说：孔子、孟子等等都是咱老乡，我受他们的口音影响多年，改也难。好在联合国只大而化之地规定中文是工作语言之一，没有明确说不能讲“山普”——山东普通话。

会费多少，按规矩办

联合国是非营利性的国际组织，运转全靠会员国缴纳的会费维持。会费包括经常性预算、维和费用和国际法庭费用，由会员国按照支付能力原则分摊。分摊根据每个国家的国民总收入、人口以及其他一些影响支付能力的因素确定，对人均国民总收入低于世界平均值的国家，还会打一定比例的折扣。会费每三年重新审议一次，由会员国充分讨论和协商，经大会审议决定。从 2001 年起，会员国的会费上限为 22%，下限为 0.001%。

大多数会员国都按时足额缴纳会费。但美国作为全球最大富翁、唯一超级大国，经常拖欠会费，大家都有意见。但美国会钻《联合国宪章》有关规定的空子。《宪章》第四章第十九条规定："凡拖欠本组织财政款项之会员国，其拖欠数目如等于或超过前两年所应缴纳会费总数时，即丧失其在联合国大会的投票权。"美国会在快到上述期限时补交一点儿钱，保住它的投票权。

一天，我在安理会休息厅准备下一场会。一位职衔为三等秘书的同事向我报告，刚才在走廊里听到一位日本年轻外交官在煽动说："安理会早就该改革了，有的国家缴的会费比日本少得多，但享受的权利比日本多得多，有否决权，有使用本国语言的权利（联合国有 6 种工作语言：阿拉伯语、汉语、英语、法语、俄语、西班牙语）。我们日本出了那么多钱，讲日文还得自己找翻译。"

我听后生气了："你堂堂的三秘，不应该跑来把问题交给大使。三秘在国内相当于镇长、乡长或者部委里的科长了，要管多少事？领导多少人？你该当场告诉那日本人，联合国不是银行家俱乐部，不是企业董事会，不是按钱数分配权利。联合国是在第二次世界大战几千万无辜死难者的遗体上建立起来的，是为了警告和惩罚那些侵略者，防止他们再度发动侵略战争。你还应问问那个日本人，是谁让他在这里胡说八道的？是他们大使允许的，还是外务省授权的？你快跑回去找那个日本人说理。”

这位年轻同事回去狠狠数落了那个日本小伙子，对方吓得哆哆嗦嗦，说他知道错了，千万别告诉他的领导。

1993年我任常驻联合国代表时，中国缴纳的会费占联合国会费的0.94%。中国恢复联合国合法席位后，向联合国缴的会费一度达到5.5%。后来根据小平同志要实事求是的指示，该交多少就交多少。到20世纪80年代初，这一比例降为1.62%。随着中国人均国内生产总值增加等变化，特别是香港、澳门回归后，中国会费有所增加。

有一次，朱镕基总理开玩笑地问我：怎么回事？联合国会费怎么一下子增加这么多？中央不在香港收一分钱的税，香港的GDP怎么也算在中央头上？我解释说，联合国只认香港是中国的领土，所以找中国中央政府要钱。收不收税是我们自己的事情，联合国管不着……以后台湾海峡两岸统一了，中国交的会费会更多。朱总理笑了。

中国经济发展快，差不多每次调整会费，中国都要增加。2009年第64届联大批准了2010年到2012年会员国会费分摊的比例，中国的会费又有较大增长，光是正常预算部分就从2.667%增加到3.189%，还要另加维和费用和其他费用。

台湾二字，重如千钧

台湾问题事关中国的主权，是中国外交最敏感的核心问题。中国外交官讨论别的问题也许可以打盹儿，对台湾问题一刻也不能懈怠。

可能是我这根弦绷得太紧了，有一次我对部下发了脾气。一天，我在距联合国总部大楼不远的街上步行准备去开会。代表团一位年轻随员从后面赶上来，对我说，刚才有个陌生人向他散发材料，鼓吹“一中一台”、“台湾独立”。我对这位年轻人的政治敏感性不强有点儿不满：“外交授权有限，及时请示汇报是对的，但也要看什么问题。你看到有人散发鼓吹‘台独’的材料还要先汇报？你当场就应驳斥那人！快跑回去看那散发材料的家伙还在不在……”

20世纪90年代初，李登辉成为台湾地区领导人，大搞“台独”分裂活动，形势严峻。台湾当局似乎忘了美国常驻联合国代表布什1971年10月在联合国大会上的警告：“让我们现实地记住这一点：中华民国一旦被驱逐，它作为一个单独的会员国——不管以什么名字或称呼——被重新接纳到联合国的可能性将会几乎等于零，因为根据宪章，中华人民共和国可能否决主张接纳它的任何建议。”

从1992年起，台湾当局开始策划“重返”联合国。那一年，它唆使拉丁美洲9个“邦交国”的总统或外长在第47届联大一般性辩论中为“重返”说项。头一年他们只是嘴上说说，1993年就动真格的了。在“台独”势力重金拉拢下，危地马拉、洪都拉斯、巴拿马等7国在第48届联大上提出所谓台在联合国“代表权”问题的提案，要求联大成立特设委员会，“根据分裂国家在联合国平行代表模式审议台湾‘中华民国’的特殊情况”。

根据指示，我和代表团的同事们沉着应战，有步骤地反击。我们把目标定在联大总务委员会，让上述提案压根儿过不了总务委员会这一关，因为根据联合国大会议事规则，提交大会的议题须先在总务委员会获得通过。

常驻联合国代表团以我的名义致函联合国秘书长加利，作为联大正式文件散发。我在函中愤怒揭露台“银弹外交”分裂祖国的图谋，并指出中美洲7国提案是对中国内政的粗暴干涉，严重违背《联合国宪章》的宗旨和原则以及联大有关决议。我当面和加利秘书长谈了这件事。加利承诺，联合国及其秘书处关于台湾问题的立场没有任何变化，联合国与台湾当局没有任何联系。

外事无小事，外事有重点。我注意做常任理事国的工作。奥尔布赖特说，美国政府坚持奉行一个中国的政策；俄罗斯常驻代表称，俄“百分之一千”地支持中国的立场；英、法也都表示支持一个中国原则。我仔细向即将出任第48届联大主席兼总务委员会主席的圭亚那常驻代表尹萨纳利介绍台湾问题的由来。尹萨纳利说，发展中国家情同手足，他会像办自己的事一样办好这事，愿与中国代表团密切配合，将7国提案掐掉在萌芽状态。

我和同事们还注意做联大总务委员会成员、7个提案国和其他一些影响大的国家的工作。为确保万无一失，我们要求联合国秘书处采取措施，决不让“台独”分子混入联合国总部。

我在联大总务委员会发言说，一个最简单明了的事实是，世界上只有一个中国，即中华人民共和国，台湾作为中国的一个省没有资格加入联合国。任何国家以任何借口提什么台湾在联合国的“代表权”问题，都是侵犯中国主权、干涉中国内政的行为。

9月24日，第48届联大总务委员会开会，决定不将“台湾在联合国代表权”问题列入联大议程。

我在联合国期间，台湾“邦交国”搞了两次提案。从1995年我奉调回国到2005年，台当局一直妄图在联合国制造“两个中国”、“一中一台”，但年年遭到惨败。

台湾问题事关中国的国家主权和民族感情，牵动中国外交的神经中枢。中国外交官在任何时候、任何地方都绷紧着这根弦。在联合国守好阵地，是涉台外交斗争的重要一环。

我离开联合国快20年了，但旅途中仍习惯地随身携带《联合国宪章》，仍关心“国际大家庭”的事情。在这个地球上，和平之光和民主之光并未照亮每个角落，不公道、动荡、贫困、恐怖、艾滋病还在蔓延……世界期待各种信仰、各种肤色的人携手迈入更合理、更富足的明天，期待联合国多做好事、实事。

第五部分

大事、小事、天下事

世界上唯一不变的就是变化本身。国际形势在变，中国自身在变。中国外交的外延和内涵也会随之不断扩大和丰富。对中国外交官来说，这是必须应对的挑战，也是学习进步的机遇。

第二十章　外交“扩容”：从“非典型肺炎”到“非典型外交”

说到外交，人们通常的反应是主权、安全、战争、和平等大概念，外交官似乎都在忙一些遥不可及的大事。实际上，外交越来越贴近大众百姓，不是“高高在上”。干外交得大事、小事、天下事，事事操心。

“非典”惊动全球

2003 年 3 月，第十届全国人民代表大会第一次全体会议任命我为共和国第九任外交部长。上任没多久，就遇到从未曾有过的外交问题——非典型肺炎。

2002 年底，广东部分地区出现有关“非典”的报道。春节过后，疫情开始蔓延，逐渐波及国内大部分地区和世界 4 大洲 32 个国家和地区。

2003 年 4 月中旬，世界卫生组织将中国的香港、广东、山西、台湾以及新加坡、加拿大的多伦多、越南的河内列为“非典”疫区。人们不了解这种病的传播机理和途径，缺乏防治手段，早期一些医务人员被感染死亡，各种传闻和猜测流行，民众出现恐慌心理。

那时，在北京的外国使团和联合国机构人员以及外国记者有6 300多人，他们有的人考虑撤离。这直接影响国际社会对我国疫情和防治工作的看法。部分西方媒体借机污蔑中国政府无视民众健康，有意隐瞒疫情，一些国家甚至提出要“隔离中国”。在此背景下，中国对外交往受到不小影响。

一些外商取消对华商务交流，一些国际航空公司暂停往返中国的航班。据不完全统计，“非典”期间有50个国家100多个代表团推迟或取消来华访问，20多场原定在华举行的国际会议被推迟或取消，120多个国家对中国人入境采取限制措施。

4月5日，我们一个医疗队在巴黎转机，一名队员因吃方便面受调味品刺激，咳嗽了几声，引起机场人员注意。法国医生强行要求该队员脱去上衣，接受肺部听诊，还要把人带走。这名队员表示，他身体正常，如需检查，应先通知我国驻法使馆。结果，法国人不听，他还是和其他队员一起被隔离，第二天才放出来。我们就此事件向法国提出严正交涉。我一高级代表团访问意大利，意机场人员以预防“非典”、禁止携带食品为由，要对全部行李开箱检查，我驻意大利大使当即与机场交涉，但对方仍对我代表团刁难了三个小时，直到意外交部来人干预。

对于这场突如其来的公共危机，新一届中国政府高度重视，国务院成立了由吴仪副总理任总指挥的全国防治“非典”指挥部。外交部按中央部署积极引导国际舆论了解和报道事实真相，努力争取国际支持。

我们开展便捷的“电话外交”。4月26日，胡锦涛主席与美国总统布什通电话讨论“非典”问题，布什积极评价中国政府所做的工作，表示美方愿提供帮助。4月30日，英国外交大臣斯特劳给我打电话，说英同情中国，愿提供必要协助。5月12日，我同印度外长贾斯万特 · 辛格通电话，辛格表示，印方高兴地看到中国抗击“非典”取得的成效，印愿向中方提供必要支持，相信中国人民终将战胜“非典”。

4月初，世界卫生组织拟根据香港和广东“非典”疫情，发布劝阻到香港和广东旅游的指南。外交部国际司和驻日内瓦代表团分别紧急约见世卫组织官员，要求不要渲染疫情，以免在国际上引起新的恐慌。世卫组织听了我们的劝告，认真评估了疫情，没有发布指南。

外交部重视外国驻华使领馆、联合国驻华机构和外国媒体驻华记者的健康，主动关心他们。4月4日，我会见东盟10国驻华大使做工作。4月14日，我出席阿拉伯21国驻华大使的宴请，就“非典”问题与他们座谈。我说，中国有关部门正采取有力措施救治患者，积极预防，情况在不断好转。中方与世界卫生组织密切合作，也愿同在座大使所代表的国家就“非典”的病因研究和防治经验加强交流。阿拉伯国家的大使们说，中国政府在“非典”问题上的态度是真诚的、负责任的，他们深受感动。有的大使表示将重新考虑安排子女暂时回国的计划，让他们继续留在北京生活和学习。4月21日，我会见外国驻华使馆使团长以及俄罗斯、泰国、印度、巴西等国驻华大使和联合国系统驻华代表，通报“非典”最新情况以及外交部为保护驻华人员卫生安全拟采取的措施。

外交部领事司及时把卫生部公布的“非典”热线和外国人“非典”就诊指定医院周知各国驻京机构。外交部发言人及时发布有关消息，还专门举行过情况通报会。

针对西方媒体的炒作，我们主动出击，驻外使领馆采取拜访、接受采访、举行发布会等多种方式，让外国朋友了解中国抗击“非典”的真实情况，减轻疑虑，消除误解。

在中国人民抗击“非典”的关键时刻，国际社会向我们提供的官方和非官方援助近6 000万美元。法国总理拉法兰不顾法国卫生部门反对，坚持如期访华。拉法兰对中国领导人说：“友谊如同爱情，信义最重要，法中友谊应持之以恒……法国将忠于法中友谊，不会置身事外，要与中国站在一起，并和世界卫生组织一道支持中国。法国相信中国人民必将取得这场特殊战斗的胜利。”他的话让所有中国人感动。他和我还成了个人朋友。我不当部长后，他曾请我去他家乡访问。他热情地让我为他关于中国的散文集中文版写了序言。

罗马尼亚总理、阿富汗副总统和瑞士外长也坚持如期访华。到访的俄罗斯副外长费多托夫风趣地说，他在北京期间生活得很愉快、很安全，愿广为宣传在北京的所见所闻。

温家宝总理和东盟国家领导人紧急举行特别会议，商讨如何共同应对“非典”危机。会上，温总理承诺，将以极其负责任的态度处理好“非典”问题。中国和东盟决定建立疫病防治通报机制，加强信息交流、协调。中国决定出资 1 000 万元人民币设立专项基金，支持与东盟国家开展防治“非典”合作。温总理与会时间不到 24 小时，但效果很好，展示了中国政府开放、坦诚和以人为本的态度，传达了“与邻为善，以邻为伴”的信息。这次会议增强了本地区人民战胜疫情的信心。

后来，我们又推动亚太经合组织卫生部长会议通过了《APEC非典合作行动计划》、《APEC 贸易部长非典问题声明》等。

中国政府把人民的身体健康和生命安全放在第一位。一个视人民利益、百姓福祉为最高利益的政府必然受人尊重。中国渡过了难关，在国际上威信更高了。中国人重情义，对国际社会的帮助也铭记在心。

蝗虫不认国界

2004 年 6 月，新疆维吾尔自治区外办向外交部反映，邻国哈萨克斯坦的蝗虫泛滥成灾，有不少越过边境，跑到我们国家这边来了，平均密度每平方米 2 000 余只，最高密度达 5 000 只，给我方生态造成巨大危害。为根除蝗害，新疆方面希望派防治飞机和机车跨境作业。国务院指示外交部与哈方协调。

我很着急，怕我国边民的庄稼和草场遭到蝗虫袭击损失太大。我小时候在老家见过蝗虫，知道它们的可恶，也知道它们会无视国界疯狂地飞来飞去，迅速繁殖。我在第一时间指示欧亚司司长周力紧急约见哈萨克斯坦驻华使馆临时代办，建议两国有关部门协同防治，允许中方防治飞机、机械跨境作业。哈萨克斯坦代办说，哈方充分认识此次蝗灾的严重性，愿与中方全力配合。外交部还指示驻哈使馆马上要求哈萨克斯坦外交部提供必要协助。

我叮嘱欧亚司的同事，这次蝗灾至少关系到两国老百姓的切身利益，弄不好还会漫延到第三、第四国，一定要处理好。

哈方在中哈边界哈方一侧采取了一系列治蝗行动，并同意中方派 5 名治蝗专家赴哈开展合作。我们从外交上配合了农业部、新疆维吾尔自治区的蝗灾防治。

我心里琢磨：当外长还得管蝗虫，真难以想象。过去人们一说起外交，不是秘密谈判、签署条约，就是首脑会晤、国际会议……现在看，外交真的走进平常人家，直接服务民生。

全球化背景下，各种非传统安全问题日益突出。环境、气候变化、产品质量、跨境河流水资源的利用等，都有可能演变成为国家间的外交议题。渔民出海捕鱼、外国对我出口商品采取贸易保护主义措施、地区冲突引起的油价上涨、外国企业操纵商品价格等问题都可能直接或间接影响到普通百姓的就业和生活。外交工作的主体、对象和手段日趋多元，领域不断拓展。中国的外交实践更加丰富多彩了。

事事都有外交

2005 年 9 月，韩国传出“中国泡菜铅含量超标”的消息，韩有关部门两次宣称在中国泡菜中检出寄生虫卵超标，这导致国际上有关中国不实报道屡见报端，引起消费者的关切。我国对韩出口的泡菜大批滞港，上百个集装箱在海上无法通关，有的企业不得不停产。“泡菜”一时成了中韩关系的热门话题。

为了泡菜消费者的健康，也为了泡菜企业的利益，我与韩国外长潘基文共同调研，发现这些“问题”泡菜大多来自韩国人在我国山东省兴办的企业，双方都有些责任。有了共同认识，就有了共同行动，泡菜质量很快得到提高和保证，在山东的韩国企业恢复了生产。又一个想不到：外长管泡菜，泡菜问题的解决使我和“老潘”成为更铁的朋友，一年多后我坚决支持他竞选联合国秘书长，并帮他出过一点儿诸如学几句法语、俄语等关于竞选的小主意。两年多后，他成为第一位到我国四川慰问地震灾民的联合国高官。

2005 年 11 月，中国吉林吉化公司双苯厂发生爆炸事故，部分污染物进入松花江，不仅影响到沿岸群众，也影响到下游俄罗斯居民。俄各界广泛关注，直接受影响的哈巴罗夫斯克边疆区反应强烈。少数人要求中方赔偿损失，有议员要在俄杜马提出对华不利的决议。一些西方媒体也借机挑拨中俄关系。

胡锦涛主席会见访华的俄罗斯第一副总理梅德韦杰夫时，表达我高度负责的态度和诚意。温家宝总理致函弗拉德科夫总理，表示愿与俄方共同做好善后工作。唐家璇和华建敏国务委员积极与俄方沟通。外交部迅速启动应急机制，昼夜值班，与俄方密切联系。驻俄使馆和驻哈巴罗夫斯克总领馆加班加点与俄方一起处理此事。

我紧急约见俄驻华大使拉佐夫，向他通报事故处理情况并表示歉意。我说，中方高度重视俄方关切。俄罗斯是中国的友好邻邦和重要战略协作伙伴，中方将认真负责地处理好这一事件。事故发生后，两国环保部门建立了热线联系。中方愿随时向俄方通报有关信息、资料，并提供其他协助。两国政府都是为人民利益工作的，希望双方共同努力，将事故带来的损失降至最低，最大限度地维护两国人民的利益。也希望俄方引导媒体实事求是地进行报道。

拉佐夫说，俄政府对爆炸造成人员伤亡和污染物外泄深表同情和慰问，感谢中方通报和致歉，感谢中方愿向俄方提供协助。这一事故是两国共同面临的挑战，双方应从战略协作角度处理这一事件，共同采取有效措施，切实减少损失。

经过我们一系列工作，俄主流媒体客观评价并肯定我处置工作，避免了俄杜马通过对我不利的决议，增进了两国战略互信。

还有一阵子，禽流感在亚洲肆虐，向欧洲蔓延，引起全球恐慌。2005年，我国共有13个省区发生32起疫情，扑杀家禽上千万只，在6个省份发现7例人感染禽流感。外国记者在外交部例行记者会上问，中国是不是考虑关闭边境以控制禽流感？

禽流感传播不分国界，如不能得到有效控制，将影响全球公共卫生，会威胁国际贸易和人员往来。我们从保护人民生命财产安全的角度出发，重视禽流感疫情的防控，并本着及时、公开、透明的原则，向有关国际组织和国家通报情况，与世界卫生组织密切沟通，积极参与禽流感防控国际合作。

农业部、卫生部与联合国粮农组织、世界卫生组织建立了联席会议制度。2005年12月，中国在昆明主办亚洲禽流感防控部长级会议，通过了《昆明倡议》，为亚洲禽流感防控做出了贡献。2006年1月，我们和欧盟委员会、世界银行在北京举行禽流感防控国际筹资大会，中国政府捐款1 000万美元；还通过双边渠道为其他国家提供力所能及的帮助。那几年，美、法等国总统和胡锦涛主席会晤时经常谈及防控禽流感合作。幸好，国际社会共同努力，控制了禽流感，没有酿成大的公共卫生危机。

我和同事开玩笑说，现在外交部都管小虫、小鸟①了，快想想有什么事是外交部不管的。

前些年，气候变化主要是科学家们关心的问题，现在成了广大群众的日常话题。一些小岛屿国家如塞舌尔、基里巴斯、马尔代夫等担心将来有“灭顶之灾”，对这一问题的关切尤为突出。中国是温室气体排放大国，加之有人挑拨，不少人眼睛盯着我们。

有一次，一位日本学者告诉我，小岛屿国家担心随着全球气候变暖，海平面上升，有朝一日会被海水淹没。中国是排放大国，应率先采取行动。我动情地说，我出生的那个村离大海只有1.5公里，我上中学的那个镇离大海约1.6公里，我同小岛屿国家老百姓有同样的担心。如果他们的国家被淹没了，我的家乡和母校也就没了。我能不伤心、着急吗？我继续说，发达国家从200年前开始工业化进程，对气候变化应承担主要责任。中国是发展中国家，但工业化进程也有几十年了。我们愿和各国包括日本根据《京都议定书》的原则采取行动，共同保护地球，也愿虚心学习日本节能减排的好做法。对方边听边点头。

世界上唯一不变的是变化本身。在冷兵器时代，各国主要在陆地上争夺地盘，土地成了国家利益的核心。后来，列强海上称雄，海洋争夺逐渐成了国际关系的重要因素。随着飞机、航天器的出现，领空、太空的概念也纳入国际关系中。各国关心空气的保洁和太空的安全是自然而然的。

中国与外界的往来更加频繁。中国地上、海上、天上发生的事会有国际影响，反过来也一样。外交上维护中国人民和其他国家人民共同利益的工作不断增多。

有一年，中越两国领导人就北部湾海洋划界问题达成“大体对半分”的共识。越南人很精明，就拿着他们的分界方案来跟我们谈。考虑到北部

① 禽流感的英文是bird flu，它的主要传播途径是禽鸟。

湾渔业安排问题涉及广西、海南数十万渔民的生计，外交部进行了认真调查研究，按照国际法与国际惯例，据理力争，最终与越方完成北部湾划界，同时推动越方建立北部湾共同渔区和过渡性安排水域，就渔业问题做出了妥善安排，维护了中越友好大局和双方渔民的就业权益。

看来，外交大事和渔民打鱼谋生这种具体事情有机关联，难分孰轻孰重。外交为民不是空话。

第二十一章　外交为民：有困难，找使领馆

我们的朋友遍天下，我们中国人遍天下。俗话说，在家靠父母，出门靠朋友。那么出了国呢？依我看，出国靠国家，也就是通过驻外使领馆寻求帮助。

领事保护：能管尽量管

我任外长那几年，赶上 2001 年加入世界贸易组织后我对外开放深入发展和我国企业大规模走出去的新时期。改革开放前的 30 年间，中国公民出境总共约 28 万人次，而 2003 年一年，中国公民出境就达 2 020 万人次，现在则以每年 800 万至 1 000 万人次的数量增加。企业和公民走出国门的多了，发生意外的情况也就多了。

海外安全风险越来越多元化、复杂化。

2003 年 4 月 7 日，湖南省一访美教育团组乘车途经宾夕法尼亚州蒙哥马利县境内，发生了翻车事故，造成 7 人死亡，3 人重伤。2004 年 5 月 3

日，在巴基斯坦西南部港口城市瓜达尔，一辆载有 12 名中国工程师的面包车遭到炸弹袭击，造成 3 死 9 伤。据外交部领事司统计，现在中国公民和机构在海外遇到的各类事件平均每年 3 万余起。

好事不出门，坏事传千里。国内如此，国外也一样。一个中国企业家到国外投资，赚了钱一般不会告诉使领馆；一个游客出国旅游，玩得高兴也不一定让使领馆知道。这些事他们都报告，使领馆也受不了。他们遭了抢、挨了偷、受了委屈、受了骗，才会找使领馆。这类事可能较少见诸媒体，但几乎天天在地球的某个角落发生。

领事保护政策性强，涉及法律、民族、宗教、习俗等诸多问题；既要维护海外中国法人和公民的合法权益，也要考虑当时、当地情况。一位驻外大使告诉我，他有时要处理的纠纷是，个别当地人在中国人经营的商店顺手“拿走”物品，大到鞋子，小到袜子。店主发现后不依不饶，要收回那些东西，还要罚款。当事人说：“你的东西我还了，为什么还要钱？”于是争吵起来，引来许多人围观，继而惊动警察，中国店主十有八九被带走。这位大使就要去警察局“捞人”。为减少类似纠纷，他隔一段时间就召集中国店主开会，强调：在当地“拿”点儿东西不算什么，你看紧就是了。你在人家那里做生意，太计较了恐怕不行，你再有理也不能罚款，因为你没有执法权……这么讲，多数中国店主能听进去，越来越学着依法赚钱并在当地广结善缘。

我在外国一些偏远地区发现：最安全、最容易赚钱的中国企业都是在当地慷慨扶贫的企业，在当地百姓中口碑好的企业；各国都是好人多，各地群众的眼睛都雪亮啊。

解救人质：有勇也有谋

2005 年 1 月，有 8 位在伊拉克纳杰夫一家服装厂打工的福建省平潭县农民合同到期租车离开，想在春节前赶回家。哪知在去约旦途中，他们被怀疑是帮美国人干事，被当地“伊斯兰抵抗运动努曼旅”抓了起来。他们当中最年轻的只有 19 岁。绑架者公布录像，要求中国政府必须在 48 小时内澄清在伊拉克问题上的立场和这 8 名中国人在伊境内工作的目的，否则将处死他们。

消息传到国内，外交部在第一时间上报中央，同时启动应急机制。胡锦涛主席立即指示外交部“迅速与伊拉克政府及有关方面交涉、沟通，核实情况，调动一切资源，营救我被挟持人员”。胡主席还把外交部在上呈请示和草拟口径中使用的“绑架”、“劫持”改为“挟持”。我理解，胡主席的考虑是避免对外用词不当刺激绑架者，给营救增加难度。温家宝总理指示外交部确保被挟持的 8 名中国公民安全。全国政协主席贾庆林、国家副主席曾庆红利用会见来访的伊副总统的机会做工作。曾副主席会见伊客人时，每有电话打来，第一反应总是问：“是不是人质有消息了？”

我确实担心人质会有什么不测。前一年发生过 7 名中国人在伊拉克被绑架的事件，前些天先后发生 3 名日本人、1 名加拿大人、4 名意大利人和 2 名美国人被绑架的事件，有的人质惨遭“撕票”。

当晚，亚非司司长翟隽接受卡塔尔半岛电视台直播连线采访，讯息在第一时间传出：8 名人质都是普通中国公民，是自行前往伊拉克的个体务工人员，因合同到期，租车准备离伊。中国人民对伊人民怀有友好感情，希望挟持者善待人质。外交部发言人孔泉在答记者问时表示，中方对中国公民被挟持事件极为关切，希望他们尽快安全获释。

中国驻伊使馆发表声明，呼吁有关武装组织尽快释放被扣押的 8 名人质。外交部亚非司副司长李华新接受半岛电视台连线采访，他呼吁挟持者以人道主义和伊斯兰教的宽容精神，尽快释放中国被挟持人员。我和伊外长通了电话。

外交部应急小组跟踪形势、研提对策、发布信息、联络前方，为营救争取了宝贵时间。我们还以驻伊拉克使馆为中心，协调驻沙特、约旦、叙利亚、埃及、科威特、黎巴嫩、伊朗、土耳其、巴林使馆和驻吉达、迪拜总领馆共计12个馆合力展开营救。

为加强对营救工作的统一领导，我想开党委会研究，找一位能力强、不怕死、阿拉伯文好、在当地有朋友的同志赶赴最前线当总指挥。为留有余地，我先给前驻伊拉克大使孙必干打电话，诚恳地提出："实在不好意思，老同学，你已经退休了，不过这次情况特殊，希望你有个思想准备，可能届时请你担任营救小组组长。"孙大使没等我把话说完，马上回答："只要祖国和人民需要，我立即出发。"我说："谢谢，如果部党委开会决定派你去，我会在20分钟内给你打电话。20分钟你接不到电话，就安心睡觉。"

这次紧急党委会开得很短，我不愿开得太长。我传达完中央领导同志的指示后说，现在需要成立一个紧急营救小组，明天一早出发。这是一件光荣而又危险的任务。有没有同志自告奋勇愿带队去完成这项任务，安全地把那8位同胞带回国？

会议室的气氛异乎寻常的凝重。这时，亚非司司长翟隽说："这个问题还需要讨论吗？我去。"我说："好，就你去。现在授权你挑选你认为合适的助手。你们要尽一切力量把人尽快救出来，同时注意自身安全。散会！"孙必干大使是老伊拉克通，但有更多年轻同事勇于承担重任，他这次"不必干"，让我十分高兴。翟隽同志的表态让我十分感动，我是强忍着泪水和他道别的。

随后，外交部指示驻伊拉克、约旦使馆全力协助营救小组工作。我给驻伊拉克大使杨洪林打电话，嘱咐他和营救小组协调行动，在伊各界朋友帮助下，尽快使被挟持人员获得自由。

翟隽一行第二天一早赶赴伊拉克。他们登机前，我特意打电话叮嘱，此行是受命于危难，不要着急，要沉着，注意安全。他们先到约旦，然后转机到伊。

在驻伊使馆协助下，营救小组通过各种关系，弄清楚了是谁绑架了8名中国人。他们与在当地有影响的宗教组织——穆斯林长老会取得联系，通过他们向挟持者解释：这些中国人都是普通农民，与伊拉克兄弟没有区别，他们背井离乡出外找工作，与美国没有任何关系。

经过沟通，挟持者发布录像称，中国政府表现出了诚意，他们愿意放人，但并未透露人质在哪儿、如何接回这些人。工作组和使馆的同志四处打探，收集到的消息不少，却十分混乱，有些消息似是而非，甚至相互矛盾。经过仔细研判，大家觉得一条消息提到拉马迪这个具体地点，还算靠谱。拉马迪位于反美武装最为活跃的逊尼三角地带，紧挨着2004年10月美军发动“屠城战”的费卢杰。通往拉马迪的高速公路被称为“死亡之路”。营救小组决定冒险去一趟，闯一闯“虎穴”。小组作了最坏打算：如果挟持者设下圈套，哪怕是用他们自己换回8名同胞也心甘情愿。小组和杨洪林大使等使馆同志共8人驱车前往拉马迪。一路上，爆炸的痕迹随处可见，枪声断断续续，美军的装甲巡逻车不时疾驰而过。

到了约定地点，营救小组的同志主动脱掉防弹衣，摘下钢盔，以示诚意。挟持者和当地宗教界一位头面人物神情严肃地出现了，气氛紧张。小组向对方晓之以理，动之以情，挟持者最终被小组真诚的态度打动，被诚挚的语言说服。在确认小组没有引来美军或伊临时政府军后，挟持者把8名中国同胞带出来交给营救小组。

营救小组冒着生命危险，仅用25个小时，就完成任务。两天后，他们和8位同胞回到祖国。我在泰国参加完一个国际会议后专程赴福州迎接他们。在与福建省领导的交谈中，我建议共同提醒出国打工同胞千万小心，防止发生类似事件。

考虑到伊拉克朋友与8位福建农民希望低调处理，外交部对营救行动没有广泛宣传。但这的确是近年来领事保护工作中一个较为典型的案例。被营救的同志说：“经过这次劫难，更体会到‘中国’这两个字的分量。”

外交为民：再累也心甘

“儿行千里母担忧”，祖国关心海外中国公民的安危冷暖。党和国家领导人在以人为本、执政为民方面给我们树立了榜样。我参与处理过的多起重大案件，胡锦涛主席、温家宝总理、唐家璇国务委员等都极为重视。

我对外交部的年轻同事说过，干什么吆喝什么，外交也是一个服务性行业——为国家、企业和群众服务。领事工作就是为海外中国法人和公民服务，维护他们的合法权益。

2006 年 7 月，黎巴嫩真主党民兵与以色列发生武装冲突，造成大量平民伤亡，危及中国在黎公民的安全。中央指示努力保障中国公民生命财产安全。我和外交部要求中国驻黎巴嫩、叙利亚、以色列等国使馆作好应急准备。随着黎安全形势恶化，各国纷纷准备撤侨。7 月 16 日，外交部决定撤离在黎中国公民、中资机构人员和驻黎使馆部分人员。

撤侨计划启动后，外交部领导与有关国家驻华大使紧急通电话，通报中方考虑，要求这些国家采取必要措施，确保中国人员安全。以色列掌握着制空权，以战机轰炸黎巴嫩机场和主要公路，封锁海港，给撤侨行动带来很大困难。驻以大使陈永龙与驻黎大使刘向华通过电话确定首批人员撤离计划，驻以使馆立即与以外交部和国防军沟通，通报我人员撤离时间、路线和方式，要求以方确保我人员安全。以方承诺保证安全，但对一个关键的技术性问题表示担心：仅在撤离车辆两边设置标记是不够的，还要在汽车顶部设置明显标记，以便以空军从高空一眼就可以辨认无误。

两位大使再次通电话商量，一个“创意”随之产生：在车顶铺上五星红旗。最后，在鲜艳的五星红旗保护下，167 名中国公民（包括 7 名香港同胞）分批撤出黎巴嫩，在以色列战机的眼皮底下安全通过从黎首都贝鲁特通往叙利亚的海滨公路。

有一组数字可以说明中国领事官员的辛苦。中国驻外使领馆共有领事工作人员600多名。按照2012年出境8 000多万人次计算，平均每位领事官员要承担约18万公民的领事保护任务。而美国每位领事官员面对的美国公民是5 000，日本是1.2万，俄罗斯是1.3万，英国是2.9万。这等于说，一名中国领事官员的服务对象是美国的30多倍、日本的15倍，工作量可想而知。

总的来说，中国领事保护工作在落实外交为民方针方面取得了比较明显的进步。国内外不少专家说，从“外交为国”到“外交为民”，中国外交正经历一场静悄悄的革命。这话说得有点儿过了，却也反映了一个事实，那就是中国外交与老百姓的关系越来越密切，领事保护已成为新时期外交的重要任务，“为国”与“为民”更加有机地结合到一起，“为国”也是“为民”。

我们党的宗旨是全心全意为人民服务，强大的祖国是老百姓的后盾。外交官要始终牢记，我们拥有的一切来自人民，我们所做的一切为了人民，人民至高无上。

第二十二章　人文外交：八仙过海，各显神通

人文外交以不同国家人民之间的交流为重点，以教育、文化、科技、卫生、体育、旅游等领域的交流为平台，旨在加深了解、增进友谊，从而为国家间关系的发展奠定良好的民意基础。人文外交的特点是官方色彩淡一些，参与主体宽泛，工作方式多样，气氛轻松愉快，影响潜移默化。

音乐：用音符缔结友好

卡尔 · 马克思说，音乐是人类的第二种语言。我深信不疑。

我体会，音乐是不需要护照、签证和特别授权的友好使节。1994 年 6 月的一天，我作为中国常驻联合国代表，邀请正在美国讲学的中国“西部歌王”王洛宾到联合国哈马舍尔德礼堂举办他的作品演唱会。

81 岁高龄的洛宾先生亲自登台为纽约华人华侨和留学生合唱团即兴伴舞，一会儿扮“达坂城的姑娘”，一会儿扮掀新娘盖头的新疆青年，受到热烈欢迎。

我对来自 140 多个国家的外交官说："在联合国，每天听到的大多是灾难、冲突和战争等令人心痛的消息，王洛宾先生却为我们带来了令人愉悦的歌声。刚才王先生告诉我，他为自己是中国人而骄傲。那么，所有喜欢中国民歌的人，也会为中国有个王洛宾而高兴。" 音乐会后，联合国教科文组织秘书长向洛宾颁发了"东西方文化交流特殊贡献奖"。他成为获此奖项的第一位中国公民。

钢琴家郎朗也用音乐为祖国赢得了许多朋友。2005 年 10 月 9 日晚，郎朗应邀在美国白宫演出，台下观众是包括总统布什父子在内的 300 多位贵宾。他演奏了 6 首曲子，当最后一曲《李斯特匈牙利狂想曲第 2 号》结束时，全场观众起立鼓掌，老布什上台热情拥抱郎朗，称赞说："你的演出令人难以置信！这个夜晚，大家会永远记住！" 据说，老布什夫妇都是郎朗的"粉丝"，赖斯国务卿也是。赖斯本人弹得一手好钢琴，曾和郎朗定过"四手联弹"合作之约。

2005 年 11 月 11 日，胡锦涛主席访问德国，德总统专门邀请郎朗为胡主席作专场演奏。郎朗演奏了《保卫黄河》，并以《东方红》和《国际歌》交替演奏作为结束。胡主席听得很高兴，上、下半场两次走上台与郎朗拥抱。看到此情此景，文化部一位副部长感叹说，中国大熊猫有上千只，而郎朗只有一个。第二天我特意去宾馆看郎朗，他还在睡觉，就没打扰他，留了张纸条："郎朗小朋友，感谢你为中国外交事业所做的贡献，太喜欢你了！" 多年后，我回老家青岛看望姑姑和叔叔，又去郎朗在青岛郊区的住所看他，又留下一张字条，这次把"小朋友"前面的两个字去掉了。

熊猫：比大使更受欢迎

2000 年底的一天晚上，中国驻美使馆灯火通明，我邀请了数百名美国各界人士参加晚宴，欢迎大熊猫"美香"与"添添"出使美国。我说，在美国，最受欢迎的中国“大使”不是我，而是美香与添添。来宾们都会心地大笑起来。

事情得从20世纪70年代初说起。1972年，尼克松总统对中国进行历史性的访问，中国政府和人民向美方赠送了两只熊猫幼仔。在两国还没有建交、各方面交流比较少的情况下，这是一件轰动全美国的大事。

名叫“兴兴”、“玲玲”的两只熊猫带着友情，不远万里来到华盛顿国家动物园，很快成了镇园之宝，每年吸引逾300万人次的参观者。兴兴和玲玲不辱使命，与美国人民，特别是纯真的孩子，结下了深厚友谊。

20多年后，玲玲、兴兴先后病逝，不少儿童去动物园献花悼念。美国务院发言人鲁宾在新闻发布会上说，大熊猫的去世让全体美国人都感到难过。

之后，美国多次向中国使馆提出，希望我们再向华盛顿国家动物园提供一对大熊猫。考虑到美国民众对大熊猫的喜爱和中美人民的友好，驻美使馆向国内建议满足美方的请求。双方于2000年上半年达成租借两只大熊猫的协议。华盛顿国家动物园派专家到四川卧龙山，选中了雌熊猫美香和雄熊猫添添作为新的赴美友好使者。

2000年12月6日，美香和添添乘坐美国联邦快递公司的专机从成都出发，经过17个小时的长途飞行抵达华盛顿。专机机身上喷绘了多幅憨态可掬的大熊猫照片，还冠名“熊猫一号”，这使人想起美国总统乘坐的专机“空军一号”。“这就是令山姆大叔望眼欲穿、又累又饿的熊猫宝宝……专机运送、警车开道、媒体焦点”，美联社发自华盛顿的电讯开头以如此煽情的笔法描述美香与添添，此稿成了那几天美国各大电子媒体转载率最高的熊猫报道稿。秦小梅作为大使夫人专程回国陪同美香和添添，美方一位前总统和一位前议长到机场迎接。

一到动物园，美香和添添住进约1 800平方米的“别墅”，动物园投资180万美元修建的熊猫馆。为了让两位贵宾尽快适应环境，动物园方面想尽办法，甚至在熊猫馆内墙上请美术家手绘了大熊猫故乡四川卧龙的山景壁画。熊猫“起居室”状如洞穴，还装了空调，以应对华盛顿夏天的湿热天气。

美香和添添结伴到来不啻一场及时雨，一解美国民众的相思之苦。它们定于2001年1月10日正式与游人见面。有人却等不及了，想先睹为快。1月6日，美国总统克林顿利用“职务之便”，带着家人一道到动物园看望美香和添添。在园长斯佩尔曼陪同下，克林顿饶有兴趣地边参观、边询问。美香和添添一会儿在有积雪的岩石上嬉戏，一会儿坐在地上吃鲜嫩的竹叶，时而又做出各种滑稽动作，引得大家笑声不断。总统说，这对大熊猫好看，特别逗人，美国人民一定会喜欢。

不久，美香和添添成了华盛顿国家动物园的金字招牌，园门口挂起熊猫的巨幅照片。熊猫馆总是参观者最多的地方，不少民众专程从外地赶来看美香和添添。据园方后来介绍，每年有数百万人到熊猫馆参观，华盛顿的地铁票上也印有熊猫图案。

美香和添添到美国之后两个月，我离任回国。可以说，美香和添添比我这个真正的中国大使更受欢迎。它们在美国发挥了特殊作用——亲和力强，联系群众，和谁都能交朋友，把中国的善意带给美各界人士。

在美国，支持发展中美关系的人士常被他们的政治对手称为“拥抱熊猫派”。2006年1月，美国常务副国务卿佐利克在成都卧龙自然保护区抱着一只5个月大的熊猫照了一张相。此事被美国媒体广泛报道，并被解读为这位高官支持发展中美关系。小布什执政期间，积极主张发展中美经贸关系的财长保尔森也被媒体称为“拥抱熊猫派”。保尔森欣然接受这顶“帽子”，并引以为豪。

我自己也特别喜爱大熊猫。记得时任外交部发言人孔泉在卧龙给我和一只熊猫照了一张合影，并写下标题：“左一大熊猫、左二李肇星”。孔泉成了我见过的最有才、最调皮的摄影家。我一直在找机会报复他，迄今未遂。

体育：我的“乒乓外交”

体育常常在促进国家关系和人民友谊方面发挥建设性作用。乒乓外交拉开了中美关系正常化的序幕，中国女足、女排、体操也为促进两国关系发挥过特殊作用。姚明的出现，更让人看到体育在对外交流中的独特作用。可以毫不夸张地说，姚明在美国的知名度超过历任驻美大使。

20 世纪 70 年代初，我驻肯尼亚使馆曾以体育文化交流为突破口，推动两国关系走上正常发展轨道。2008 年北京奥运会更是近年来我国人文外交的一大亮点。

我从小爱玩，初中时是班上的篮球、乒乓球、足球队员。很少赢球，可还是喜欢。北京首次主办亚洲运动会时，我出人意料地当过中国代表团副团长。申办 2000 年奥运会时，我担任奥申委委员。1993 年我们申办失利的蒙特卡洛之夜，我远在美国，一个人伤心了好长一阵子。2001 年申奥成功时，我在长安街上，与数不清的群众一起欢庆了一夜。之后，我写过一首短短的顺口溜：“同一个世界，同一个梦想”，发表在《天津日报》，并把稿酬捐给边疆地区一所希望小学，给孩子买几件运动背心。

北京提出人文奥运的口号，突出“和谐、交流与发展”的主题。奥运会期间，204 个国家和地区的朋友们来到北京，100 多个国家和地区的政要同台观看开幕式；来自世界各地的 1 万多名运动员参加比赛；全球 45 亿观众通过电视屏幕，共同感受“同一个世界、同一个梦想”的快乐。这一切有助于推动中外人民增进理解、信任和友谊。北京奥运会被誉为人文外交的盛宴。

我也经历过一次“乒乓外交”。2005 年 6 月 19 日，我作为外长到以色列正式访问。以方为显示友好，安排了一场体育活动。原来，以外交部早就想和中国驻以使馆举行一场乒乓球友谊赛。他们和使馆商量，把比赛定在我到访的当天举行，让两国外长参加。

比赛是在会谈成功结束后进行。沙洛姆外长笑着说：“听说你是乒乓球高手，我打不过你。”我回应：“我是业余的，在中国外交部内比赛也排在第32名以后，踢足球都上不了场。不过我相信友谊第一、比赛第二。”沙洛姆说：“好极了，那就友谊第一。”他可能平时很少打球，我轻松地赢了他。

赢得了一场“国际比赛”自然高兴，但转念一想：有点儿问题。我到以色列访问，把人家的外长打败有点儿不尊重主人。“中国外长打败以色列外长”有可能成为缺乏建设性的新闻。我又不能打假球，便和使馆同事商量一下，建议再举行一场双打比赛，由我和沙洛姆对中国大使和以外交部礼宾司长。经过激烈较量，中以外长联手取胜。

赛后，我和沙洛姆外长在各自使用的球拍上签字，并相互交换作为纪念。这场比赛给我的以色列之行增加了乐趣。第二天，以报纸刊登了这条消息。我上街的时候，一位以老人把我认了出来，问：“你不是昨天打乒乓球的中国外长吗？”看来电视也报道了，这可能是我的体育活动第一次上电视。

我出访时同利比里亚女总统打过乒乓球，在钓鱼台国宾馆同来访的基辛格博士打过乒乓球，都是只求共赢同乐。

其实，我第一次乒乓外交更纯属民间性质。那是1965年，我还在北京外国语学院读书。我被借去给时任北京新华印刷厂厂长姜信之率领的印刷考察团当翻译，到了德国的多特蒙德市。乒坛名将容国团刚在该市为祖国夺得首枚国际乒乓球赛金牌。我们住的饭店的职工，从总经理到服务员，误认为每个中国人都会打乒乓，便硬要跟我们比试一下。从不打球的抗日老英雄姜团长让我应战。我年轻、好胜、认真，全赢了。

语言：英国人也说OK

进入21世纪，全世界兴起“汉语热”，大背景之一是中国经济发展了。这使我联想到一个英文词语的故事。

我在北京外国语学院读书时，特别喜欢听克鲁克老师讲词源学。他是来自牛津大学的英国共产党员，曾帮助八路军培养英语干部。他告诉我们，英国人不喜欢说“OK”，认为它不是标准的英文。原来，“OK”是一位纽约港口码头工人名字的缩写。他在港口负责监督包装和装船的情况，如果他认为可以装船了，就签上自己名字“O. K.”。慢慢地，“OK”就演变为“行”、“可以”的意思。

随着美国国力的上升和影响的扩大，美式英语向全世界扩张，“OK”成了常用词，在外交场合也有人讲“OK”。2007 年我和英国外交大臣见面，他在讲话中也用了“OK”，我逗他：“你们英国高级官员也‘OK’了。”他笑了笑：“没办法，只好随波逐流。”这从一个侧面说明，一个国家语言文化的兴衰与它的国力有着密切关系。

我任外长期间，中国在对外交流方面采取了一个重要举措，那就是开设孔子学院。孔子是中国传统文化的代表人物，选择孔子作为汉语教学品牌有利于传播中国文化。

2004 年 11 月，全球第一家孔子学院在韩国建立。到 2012 年底，中国在 108 个国家和地区共建立 400 多所孔子学院和 535 个孔子课堂，有数千名汉语教师和志愿者奔赴 100 多个国家执教。许多国家和地区的大中小学开设了汉语课，学习汉语的人越来越多。据说，中文老师给外国学生起中文名字可费劲了。学生的要求五花八门，有的希望有一个地道的中国名字，有的则希望中文名字既有中国味儿，又与自己母语名字的发音有联系，要有“信、达、雅”的效果。有个美国朋友取了个“好厉害”的中文名，一下蹿红中国网络。

到 2012 年底，美国 48 个州和首都共设立了 92 所孔子学院和 318 个孔子课堂，在这些学院和课堂学习汉语的约 16 万人，汉语成为美国人学习的主要外语之一。第一夫人米歇尔的母校惠特尼 · 杨中学开设了中文课，总统的女儿、副总统的孙女都在学中文。

有一年，佛罗里达州的一所大学请我去参加它的建校一周年庆典。这所大学开设了中文系，全系共6人：3位老师、3名学生。这是一所新大学，钱不太多，也不太有名，但它坚持设中文系。3个学生中最年长的已50多岁，我觉得他精神可嘉，鼓励他好好学，还送了他几本中文书。我说："中文最容易学，中文没有字母，你永远不会犯拼写错误。"他开心地笑了。

2011年1月19日，胡锦涛主席对美国进行国事访问。奥巴马总统9岁的小女儿萨莎挥舞着中国国旗，与同学们一起在白宫南草坪欢迎胡主席。在奥巴马陪同下，胡主席走到萨莎面前，和她用中文交谈。在随后的国宴上，奥巴马向胡主席介绍说，萨莎和班里的同学正努力学中文，她希望利用这一难得机会与胡主席用中文交流。这件事被看作汉语在美国升温的一个例证。

第二十三章　公共外交：与老百姓面对面

唐代大诗人白居易写完一首诗，总是先念给不识字的老婆婆们听。如果对方有听不懂或不喜欢的地方，他就修改，一直改到对方能听懂又喜爱为止。白居易的诗通俗易懂，受普通百姓欢迎，不是偶然的。

外交有类似的道理。好的外交政策，不应该曲高和寡，而应该既得到本国民众的理解与支持，也得到国际社会的理解与认同。公共外交是服务大众、大众参与、走向世界、赢得民心的桥梁。

学当发言人

说来又是缘分，我好像注定了这辈子要与记者打交道。我小时候是个不爱说话的孩子，用山东老家那边的话就是“不叫人”，嘴不甜、不乖的小子。后来，上小学三年级时，张环藻、张敦兰老师硬逼我去参加了一次全乡三个小学的演讲比赛，我才开始胆子大了点儿。在胶南一中，我的代数老师程容和蒋树勋都说：“李肇星说话不是很流畅，没发现他说话好像舌头大吗？”我有自知之明，后来对香港学生开玩笑说：“我一开口人家就知道我绝对是乡下人。”后来敢说话，是被工作逼出来的，是在逆境中学的。

1963 年，我在北京大学读书。法国记者要采访中国大学生，系里通知我去。我和记者在未名湖边见面。一开始，想到要与帝国主义国家的人打交道，心里紧张，但想起毛主席的教导：帝国主义和一切反动派都是纸老虎，就有了信心。那次采访顺利，记者问我：“你作为一名大学生，对核武器有什么看法？”我就按照当时的口径说：“第一，我们反对使用；第二，我们不怕。”这是我第一次与记者打交道。

第一次到使馆工作，我注意多与外国朋友交流，上至总统下至老百姓都聊过天。回国亲历了外交部设立发言人制度的过程。

1982 年 3 月，前苏联领导人勃列日涅夫发表长篇讲话，话中有对中国的攻击，但也传达出愿意改善对华关系的信息。邓小平同志捕捉到这一信息，指示外交部正式回应勃列日涅夫。3 月 26 日，新闻司司长钱其琛举行新中国外交部第一次新闻发布会，也是外交部历史上最不正规的一次新闻发布会。当时外交部没有专门发布新闻的场地，也没有一把供发言人或记者坐的椅子。几十位记者簇拥着钱其琛，听他新闻发布，我有幸担任翻译，历时约 7 分钟。

此后，外交部发言人制度正式启动，一般由新闻司司长和两位副司长轮流担任。我作为主管新闻发布工作的副处长曾在筹备会上提出：是否把司长叫发言人、副司长叫副发言人？老钱（当时我们对领导的称呼就这么亲切随便）说：算了，越简单越好，都叫发言人。外交部是我国最早设立发言人制度的国务院部委。钱其琛可以说是我国第一位政府部门发言人，或者说是第一位正式的发言人，之后有齐怀远、马毓真、金桂华、李金华等，他们是发言人制度建立后正式的发言人。当然，建国初期，新闻司首任司长龚澎女士在出席日内瓦会议期间当过中国代表团发言人。

1985 年春，我从驻莱索托使馆回国，先后任新闻司副司长、司长，直到 1990 年任部长助理，在发言人的岗位上一待就差不多 6 年，成为外交部任职时间最长的发言人之一。我本来对发言人这一岗位不熟悉、没经验。为了尽快熟悉工作，我注意学习，经常工作到很晚，不知道什么是周末和假日。晚上回家，我常让老外交官我的岳父岳母充当记者问我问题，我来练习回答。当发言人必须熟悉新闻，我没有时间看中央台《新闻联播》时，便强制性地要求我在读小学的儿子记录每晚《新闻联播》的要点。他最多一次记了 30 条，他记得越多，我便“表彰”越多。

除在部里向记者吹风外，我经常参加党和国家领导人会见外宾的活动，任会见的发言人，即负责写会见的新闻稿，向中外记者宣读；说得更明白点儿，大体相当于为国家通讯社起草新闻稿的初稿。记得第一次任邓小平同志会见外宾的发言人时，我拿着新闻草稿向他请示，他笑了笑，摆摆手，用浓重的四川话说：消息稿？不用念了。责任制嘛，这是你的事。新闻稿经在场的外交部领导审阅，于当晚在中央电视台播出，第二天在各大报纸刊登。我深受鼓舞，觉得只要好好学，发言人也不是不能当的。

我也常担任党和国家领导人出访代表团的发言人，参加过李先念主席、杨尚昆主席、乔石委员长等领导人出访的代表团。那个时候，代表团中新闻司只有一个名额，什么活儿都干，做记录、给领导读外文报、管理记者、发言……现在发言人只管吹风，另有一个小团队分担其他事情，真令我羡慕。

我边学边干，慢慢明白，发言人必须准确把握方针政策，并能用公众听得懂的话对外介绍；发言人上电视，但不是演员，也不像有的抱有侥幸心理参加考试的学生，不会的可以“蒙”——“蒙”对了，白捞两分；“蒙”错了，最多扣几分。发言人是一种机制，代表国家。应以如履薄冰的心态，字斟句酌，只说可以说和应该说的实话。

外交部发言人是老百姓比较熟悉的外交官。我当副外长时，有一天与发言人沈国放在街上散步。小沈常上电视，一个行人认出了他，惊喜地对同伴说："看，外交部发言人沈国放！"同伴看了一眼说："不可能，他旁边的那个人根本不像保镖！"我的老同事吉佩定大使被提拔为部长助理后，成了家乡苏北的名人。乡亲们勉励他："好好干，争取再提拔提拔，当外交部发言人。"

有些事情似乎真有轮回。2009 年 3 月，我在离开外交部发言人岗位近 20 年后又成了发言人。这次是让我出任第十一届全国人大外事委员会主任委员兼大会发言人。重操"旧业"，我注意学习人大老发言人曾建徽、姜恩柱等的好经验，学新华社前总编南振中求真务实的作风，老战友杨洁篪关于国际形势的公开报告。洁篪和我同是外交部京剧协会会长，还共有一位外国会员朋友——前韩国驻华大使李揆亨，不同点是：洁篪会唱京剧，我不会。

我时时保持警觉，注意与传统中不太好的东西划清界限，如"文人相轻"、"同行是冤家"等糟粕。

我特别重视向年轻同事学，包括向全国人大的傅莹、全国政协的吕新华、各部委的发言人学。好例子写不完。记得关于朝鲜半岛形势，王毅在北京说，"希望任何一方都不要在中国家门口惹事儿"——全面客观、有理有节。关于钓鱼岛问题，崔天凯在华盛顿说："希望美国朋友不要搬起日本这块石头砸自己的脚"——入木三分，实实在在。孙玉玺在新德里应询给我个人讲过猪八戒的"八戒"——极为难得，我都不舍得轻易对人讲。

更有翟隽能用五句话就把中东形势讲清楚，而我讲 50 分钟，人家还说听不明白。朱邦造则在半小时内把南欧国家安道尔的民风民俗讲得令我印象深刻，尽管我对该国只访问了两个小时。

作文说话，简洁是一种美。我的英文老师许国璋和周珏良这样教过我。

五大洲的外国领导人和发言人同行可以做老师。普京总统多次接见过我。记得他说过：俄罗斯土地辽阔，但没有一寸是多余的。好得令人拍案叫绝。

上好“必修课”

几年下来加上后来的经历，我觉得发言人有一些“必修课”。要学会几招儿才能当好发言人。

第一课：忠于祖国，忠于职守

从做外交部发言人第一天起，我就感到责任重大，因为发言人的字字句句事关政府立场、人民利益和国家尊严。

我的第一次记者招待会是在北京国际俱乐部。几位西方记者有点儿“欺生”，就所谓“西藏独立”连珠炮似的向我发问。我尽量列举事实，讲明道理，批驳在涉藏问题上的种种谬论。我说：西藏自古以来就是中国的领土，西藏事务是中国的内政，不允许任何外国干涉。西藏“独立”不行，“半独立”不行，变相“独立”也不行。所谓“独立”问题是压根儿不能讨论的。我的回答好像说服了在场的多数记者。可是，有位记者冷不丁地冒出一句风凉话：“我也有自己的家乡，如果你说我的家乡不属于我们国家的一部分，我才不在乎呢！你为什么对西藏这样在乎？”听到这话，我不客气地回敬了一句：“你对自己的国家怎么看是你的问题，但我的祖国——中国的主权是神圣的，任何外国人都无权干涉！”那位记者当场无话可说，但后来和我成了朋友。

经验告诉我，发言人的爱国情怀、维护祖国利益的决心和摆事实的态度会得到多数记者的理解和尊重，尽管他们不见得都同意你的观点。

第二课：只说真话，不说假话

刚担任发言人时，心里没底，就去向我的老师季羡林请教。季先生对我说，不要把当官儿、当发言人、当主持人太当回事儿，把工作和学问当回事儿，争取做个普通好人就行了。好人绝不能说假话，同时真话不可全说，要说有用的。老师的话一针见血，既是做人的道理，也是当好发言人的准则。

发言人要说真话，说对祖国和人民有益、至少无害的话，说对世界和平、发展、合作有利的话，在这个前提下可以尽情发挥。当然，真话全说也不行，说多了太啰唆，也永远说不完。

有位朋友曾说我很会“应付”记者。我不知道他是表扬还是批评我，反正觉得自己“冤”得很，就认真地对他说：“我从来没有应付记者，我就是说可以说的真话。”我对外交部的年轻同事说，世上最难也最受欢迎的事之一，就是说真话，还要把真话说清楚、说准确、尽可能生动简洁一点儿。

第三课：尊重和理解别人

我感到，做任何外交工作都要尊重你打交道的对象。发言人打交道最多的是记者。工作中，那些聪明、敬业的记者给我留下了很深的印象。

1988 年 12 月 1 日，我作为新闻司司长陪同钱其琛外长访问苏联。早上 7 时 20 分，我来到首都机场一号休息室为“老钱”登机前将举行的记者招待会作准备。一位美国记者过来问：“是否可以说，钱其琛外长这次访问苏联是中国外长首次正式访苏？”我愣了一下，仔细一想，感到这位记者出言不“俗”。中国外长最后一次访苏是在 1956 年，但周恩来当时是以总理兼外长的身份访苏的。苏外长最后一次访华是在 1959 年 9 月，葛罗米柯是以外长的身份陪同部长会议主席赫鲁晓夫前来参加中国国庆 10 周年活动。中苏蜜月时期，交往频繁，但中方外长单独访苏却不曾有过，在这个意义上此次是中国外长首次正式访苏。

飞机起飞不久，我又碰到一个 “意想不到”：钱外长刚刚系上安全带，前面一位“旅客”便回过头来攀谈。未等他反应过来，那位“旅客”就来了个“突然袭击”，提出采访要求。我一下就认出此人是常驻北京的日本记者，看来他已经等候多时了。这是一次别出心裁的成功策划。这位用心良苦的记者根据半个月前外交部发言人李金华宣布的钱外长访苏日期，算准了他将乘坐的航班，预先订购了同一航班的头等舱机票……我不由得钦佩地多看了几眼这位头等舱里唯一的新闻记者。他太专业了。

尊重记者，与记者交朋友，可以形成良性互动。尊重记者包括认真对待记者出于职责提出的任何问题。对发言人来说，不能埋怨记者的问题偏激或刁钻，记者怎么提问都可以，提问题是他们的工作，就是说记者有提问的自由，怎么回答则是发言人的事，是发言人的自由。不必区分记者提的问题友好还是不友好。记者的水平体现在所提问题的犀利和得体上。我喜欢记者招待会上能有人提出尖锐问题，尖锐而有深度的问题本身就是对发言人的一种激励。如果只在无关紧要的问题上纠缠，记者招待会就没有多大意义。一次好的记者招待会，需要有高水平的发言人，也需要有高水平的记者。

第四课：尽量不要“无可奉告”

外交部流传着这么一个故事：1976 年 10 月 6 日，“四人帮”被抓了起来。有一位常驻北京的英国记者嗅到了某种味道，打电话到外交部新闻司，直接问有没有这回事。外交部回答不了，也做不了主，就向上面请示汇报。上面同意答“无可奉告”。记者听到这句话很快就琢磨出其中的奥妙，心中大喜：这里面一定有名堂。如果消息不是真的，外交部肯定会把我批一顿；不批我，那消息就是真的了。他马上把这条消息报出去，当年得了一项国际新闻奖。

据说，美国总统艾森豪威尔曾郑重其事地告诉他的一位助手，在任何情况下，都不要对记者说“无可奉告”；一听到这样的话，他的鼻子就开始歙动，以为你在试图隐瞒什么；他就要四处嗅，想找出你藏匿的东西。艾森豪威尔可能是吃过记者的苦头，否则说不出这样深刻的话。

但事情也不是绝对的。有一年，旅居法国的华人高行健获得诺贝尔文学奖，有记者问我对这件事怎么看。高的作品我当时一本没读，而且他已加入法国国籍。对这个问题，我无法多说，一点不说也不好，只好说“我对一个外国作家获奖这事无可奉告”。

2004 年 3 月我到柏林参加阿富汗问题国际会议，和欧盟委员会对外关系委员彭定康见面。谈起雅典奥运会，彭好心地问我：“你会来雅典参加今年的夏季奥运会吗？”我心想，中国外长一般不会去观摩奥运会，直接说“不”不是不可以，但这样交谈没意思，就拐了个弯说：“奥运会的比赛项目，我哪一项都不行，没资格参加呀！”彭心领神会地笑了，说他也一样。

有时候，我碰到不便回答的难题，会友好地问对方：“您叫什么名字？哪里人？哪家报社或电视台的？来这里多久了……”这样就可以为自己争取一点儿思考的时间，回答起来也可能更有针对性。我的法文老师——法国的戴高乐小姐和比利时的贝湖先生教过我，不管你多大年纪，都要像纯真的小孩一样学会真诚简明地提问题。

第五课：敢于面对敏感、尖锐的问题

记者出于职业需要，往往会问一些敏感问题。发言人最好不要躲躲闪闪，显得理亏心虚，要认真正视问题，必要的时候先发制人。

20 世纪 90 年代初，邓小平同志的健康问题受到媒体的普遍关注。特别是那些西方记者，过一段时间就要提这事；国际上一有风吹草动，他们更是如此。

“我们经常被告知邓小平先生身体健康，不知现在是否仍然如此？”有一次，一位彬彬有礼的外国记者首先问道。我不假思索地回答：“邓小平先生的身体很好。最近有些报纸与此相反的说法是无中生有。”考虑到记者可能会纠缠不休，我快刀斩乱麻，把该说的话说在了前头。

另一位外国记者不肯善罢甘休，紧追不放：“邓小平先生现在是在家里还是在医院拥有良好的健康状况？”这位记者有点儿居心叵测，我严肃地说：“有普通常识的人都知道，一个身体健康的人应该住在什么地方。”之后，我又调侃了一下：“我不知道你在身体好的时候是否住在医院里。”在场的人都笑了。

要摒弃那种害怕人家提“挑衅性”问题的心理。确实有人会提挑衅性问题，但也确实有人提“怪”问题不是为了挑衅，而是想了解情况。要正确看待记者提问，有时候问题越有刺激性，越可能刺激出好的回答，起到好的宣传效果。

我体会答记者问不要太刻板，要自然一点儿，通俗一点儿。原则问题要严肃回答，但不必太生硬、太冷漠，要尽量多摆点儿事实，以情感人，以理服人，并力求严谨、简短。平常同外国记者交谈要与记者招待会有所区别，要与当时所处的环境相符，让人愿意同我们接触。

我当了部长助理后，听一位新上任的发言人抱怨说，他看的内部文件太少了。我半开玩笑地说：“这是外行话，发言人就是要说与内部文件不完全一样的话。”

2004 年 10 月 11 日，我与联合国秘书长安南在钓鱼台国宾馆会谈，会谈后与记者见面。一名外国记者问安南：“你有没有就中国的人权状况向中方表示关切？”

我一听到这个问题就有些气，当安南正在犹豫时，我对提问的记者说：“我不知道你是否读过《中华人民共和国宪法》，让我告诉你，《中华人民共和国宪法》明确写有保护人权的条款。我也不知道你是否读过《联合国宪章》，我的感觉是，采访联合国秘书长这样一位重要官员却不熟悉《联合国宪章》是令人遗憾的。”那位记者知趣地不说话了。

有一天上午，我在外交部橄榄厅会见到访的十几位美国著名大学的教授。教授们一落座，其中一位就说，“很高兴与外长阁下就共同关心的问题交换意见，30分钟前我在国际俱乐部饭店上网，看到一条有关美国波音公司与中国波音用户的消息。消息说，美国情报部门在中国订购的一架波音飞机上安装了一些尖端的窃听设备，因为美国情报部门估计，这架飞机有可能成为中国领导人的专机。请外长先生谈谈对这件事的看法。”

我稍稍转身看了一眼身旁陪同会见的外交部美大司负责人。这位年轻同事用眼神告诉我，他不了解有关情况，而我也不了解。

我心里琢磨，对这个问题不能直接评论，但又不能留“尾巴”。于是，我只好对那位教授实话实说：“我不了解你刚才所谈的消息。但我的初步看法是，在国际贸易中应当坚持公平原则，我们已经加入世界贸易组织，要按世贸组织的规则办事。在中美贸易中，我们买什么，只要付了款，美国就应该给什么。凡是没花钱的东西，我们都不要，也不希望美国免费赠送。”

美国教授们先是一笑，然后鼓掌。有记者事后对我说，回答得妙。我说，没什么，只是介绍一点儿实际情况。

倡导“大外宣”

使馆除了与驻在国政府打交道，承担着与该国公众沟通交流、增进相互了解和友谊的任务。大使是公共外交的排头兵。我在美国的时候，一直牢记毛主席的一句话：一个人只要对别人讲话，他就是在做宣传工作。

任常驻联合国代表和驻美国大使期间，我跑遍了美国的50个州，给美国的大学、学术机构、行业组织演讲30多次。在美国演讲有个好处，就是美国人请我去，由他们承担差旅费。我去做美国人的工作不用花中国的钱。我主要讲国内发展情况、中国对外政策、中美关系、中国文化。我鼓励使馆三秘以上的外交官多应邀出去演讲，对有“回头客”的同事总是热诚表扬。

有一次我在俄亥俄州立大学演讲时，一位女学生的奶奶也来听。我结束演讲后开始互动，这位老太太质问道：“大使先生强调和为贵，这很好。可你们为什么要‘侵略’西藏、占领西藏？”听到对方用“侵略”一词，我没有表现出气愤。中国有句古话：不知者不为罪。估计老太太是因为对中国的历史不了解，才会在西藏问题上产生误解。要是美国高官这么说，我肯定不客气。我心平气和地问：“请问夫人，您是哪里人？”老太太答：“我是得克萨斯人。”我接着说：“你们得克萨斯1848年才加入美国，而早在13世纪中叶，西藏就已纳入中国版图，从那时起西藏就是中国不可分割的一部分，就像您的胳膊是您身体的一部分了。您能说您的身体侵略和占领了您的胳膊吗？”听到我的比喻，老太太笑了。告别时，她上前热情拥抱我，连声说：“谢谢！你让我明白了真相。中国‘侵略’西藏不是我说的，是电视上说的，别怪我。”

这件事让我明白，要将美国个别反华政客与对中国有误解的民众区别开来。美国人民很伟大，有些人对中国有些误解，是因为不了解真实情况，我们要耐心解释，用他们听得懂的语言告诉他们实情。

我曾说，人人都是祖国的名片，就形象而言，我一点儿不“酷”，但我在努力为祖国交朋友。有一年，我应邀前往哈佛大学演讲，哈佛有一点点像中国的北大，学生有时被称为“天之骄子”。其中有一些人并不好好听讲，而不断交头接耳。我假装没看见，不为所动，我讲我的。5 分钟后，台下鸦雀无声了，十几分钟后，开始响起阵阵掌声。

我努力开拓公共外交的渠道。中美建交后，一些美国人开始收养一些中国幼儿，不少是残疾孤儿。有一个小男孩，脚天生畸形，走不好路。美国养父把他接到美国后，让他接受了最好的治疗，小男孩的脚基本上治好了，能走来走去帮大人接电话、开门。养父母对孩子的身世并不保密，告诉他们亲生父母在中国，将来会带他们回去寻根。从这里也能看出美国人民特别善良的一面。每年过春节，我夫人秦小梅和使馆妇女小组都会举办联欢会，请这些孩子和他们的美国父母到使馆看中国电影，听中国音乐，玩中国游戏，吃中国饭菜，联络联络感情。

我有位永远感谢的美国老师叶玛茜，她丈夫姓叶，中国科学院院士。读大一时，她教英语音标，要求特别严厉，比如学发英语音标“θ”，她要求我们一定把舌尖平平地放在两排牙齿中间，再平平地抽回去；学说“5”（five），她要求我们把嘴张到最大，再让上牙轻轻落到下唇上……她退休后住在旧金山郊区，我常借出差之便去看望她。她的邻居不认识我，但都说中国学生真好。她逝世后，我托驻美大使周文重替我送了花圈。我这样本是为了感恩，现在从美国朋友的反应看，也可算一种公共外交活动了。

网聊天下事

我个人基本上属于“网盲”，但在家从孩子那里，在单位从同事那里经常听到各种网络新词。有一次在出国的飞机上，新闻司司长孔泉向我介绍了外交部网站的建设情况，希望我能在线与全国的网民聊聊天，介绍中国外交成就，展示外交新风。我不好推辞，又忐忑不安，因为我从未上网聊天。

2003年12月23日下午两点半，我来到新闻司，通过“中国外交论坛”及新华网“发展论坛”与公众进行在线交流。两万多名网友参与了访谈，提出了上千个问题和建议，我就其中近40个问题作了回答，详情如下。

孔泉司长以唐诗“花径不曾缘客扫，蓬门今始为君开”作开场白，欢迎网友参与交谈。我说：“很高兴能够和这么多的中外网友谈心、交流看法。蓬门今始为君开，说得好，但这里已不再是远方‘蓬门’，而是外交部最贴近群众、设备最现代化的地方。”

网友“小叶子”：李外长勇敢地与网民交流是基于怎样的心情或信心？

我实话实说，向网民“坦白”：“我愿意和大家交流，我相信大家和我一样都热爱我们的祖国，我也相信会向网民学到许多东西。我的那位古代同乡孔子说过：三人行，必有我师。万人上网对话，其中必有我许多老师。”

网友“耕耘”：你给中国外交打多少分？是及格还是优秀呢？

自己给自己打分，打高了别人会说你不谦虚，打低了又对不起外交战线广大同志在中央领导下为祖国外交事业所作的努力。我只能说：“这样的问题应该让全国人民来回答。我认为，一年来，整体而言外交工作为中国经济社会发展创造了比较好的国际环境，这首先要归功于党中央的正确领导和全国人民的热情支持。”

网友“阿彬”：现在的外交政策还是以韬光养晦为主，我们什么时候才能有所作为？

不仅是专家，广大干部群众也对“韬光养晦，有所作为”有不同的看法。我觉得有必要向网民做一些解释：“韬光养晦与我们自己国家所处的地位、所面临的国际环境密切相关。中国既是一个发展速度很快的国家，从人均收入看，又是一个经济不太发达的国家。我们不能当头，也没有资格当头。同时，中国的综合国力、在国际上的地位和外交宗旨决定了我们需要也能够有所作为。‘韬光养晦’与‘有所作为’之间，是一种辩证关系，不能片面强调一个方面。譬如，有人说，中国现在能把载人飞船送入太空，就什么事都能干；在朝鲜核问题这样的敏感问题上，你们就在当领导。对这样的‘表扬’我们就得心里有数。朝核问题的主要当事方是美国和朝鲜，中国只是在中间积极、耐心地进行斡旋，希望能够通过对话来和平解决朝核问题。只有这样，才能够实现朝鲜半岛无核化。这是中国需要的，也是其他各方需要的。”

网友“绝望的生鱼”：你个人经常上外交论坛或新华网等其他论坛吗？你觉得网民的观点对你的具体工作有启发吗？如有，可否举例？

随着改革开放的深入发展，我国民众对外交上的事情越来越关注，并通过各种形式把这种关注表达出来。许多意见是中肯的，当然好多人也有不同看法。前一段有人批评我们外交太弱，缺钙。事实上，处理国际问题，不能简单地用“软”和“硬”作为标准，而是要把能否维护国家的根本利益作为出发点和落脚点。对什么是“软”、什么是“硬”，要具体问题具体分析。面对国际间的分歧和争端，冷静观察，沉着应对，把握好斗争的时机和分寸，不是软弱的表现，而是一种政治智慧和外交策略。“硬”不等于一定要跟别人发生正面冲突。一味强硬，不仅无助于解决问题，而且有可能四面树敌，影响经济建设这个中心。

我回答道：“我希望能有更多的时间上网浏览。网上有许多观点很有参考价值。如，关于中国外交‘软’、‘硬’之争就能促使我们经常反省和深思。我们的外交官都有很强烈的爱国情感，但有感情不能等同于感情用事。现阶段中国外交最大的任务就是为全面建设小康社会营造良好的国际环境。”

网友“山东老乡”：作为在国外的留学生，我们始终挂念着祖国。我觉得我们现在有些驻外机构人员的所作所为让人寒心。外交部如何改变这种状况？

这位老乡提出了一个近年来比较突出的问题，对我们外交工作是一个提醒和批评。作为外长，我应当接受这种批评，并承诺查找问题、解决问题。我感谢这位山东老乡，我在国外工作的时候，更习惯把所有的中国人都叫作老乡。我说："我感谢你那么坦率地提到我们少数驻外人员的一些缺点和不能接受的工作作风，我也碰到过一些情况。一个外交官，除了必备的基本素质外，还有非常重要的一点，就是一定要学会平等待人。个别外交官对外国人态度礼貌，对自己的同胞态度就差了一点儿。这是我最不能接受的。我认为对外国朋友要以礼相待、平等相待，对自己的同胞也是一样。这里我想起上初中的时候，老师教过我的一段鲁迅先生的话，大意是一个人要骄傲自满是很容易的，要卑躬屈膝也是很容易的，最难的是做到平等待人。人与人之间的关系是这样，国与国之间的关系也应该遵循这样的原则。总之，我感谢你这样坦率地提出问题，我会和我的同事们一起，提醒有关同志，不断改进工作作风，做好本职工作。外交工作说到底也是一种服务性的工作，为中国人民服务，为全面建设小康社会服务。外交部愿意接受全国人民的监督和帮助。离开全国人民的帮助和支持，我们是不可能完成任务的。"

网友"SHEILA"：最让你感到满意的事情是什么？最让你头痛的事情是什么？

这是一个无论怎么回答都会引起争议的问题，我只能绕着走。我的回答是："现在最让我满意的事情，就是我还没有遇到什么头痛的事情。我感到在中国做外交官有一个很大的优势，那就是只要你忠于自己的祖国，忠于自己的人民，你就基本上可以做到和世界各国人民的利益保持一致。因为我们的国家和人民，所需要的非常简单、非常朴素，那就是我们要发展自己，我们需要一个和平的环境，需要更多的朋友，这一点恰恰和世界各国人民的利益相一致。"

主持人：有许多网友都问到，中国作为一个发展中国家，今后如何进一步加强同发展中国家的合作？

“我曾经在非洲工作多年，对非洲有一种特殊的感情，担任外长后对非洲的事情特别关注。不久前，温家宝总理到埃塞俄比亚出席中非合作论坛第二届部长级会议，受到热烈欢迎。非洲国家都在看着我们。他们主要不是希望得到中国多少帮助，而是希望同中国一起探讨开展多种形式的、富有成效的合作，共同维护发展中国家的合法权益。我陪同温总理参加了有关活动，看到了非洲人民这些年来取得的巨大进步，也看到非洲大多数农村还那样落后。我看到非洲年轻姑娘、中年妇女，甚至是老年妇女，还背着沉重的柴火，背着用来做燃料的牛粪饼，这使我受到震动。看起来，包括中国和非洲国家在内的广大发展中国家，发展任务还非常重。经济全球化带来新的机遇，也带来新的挑战。在出访的路上，我写过这样几句话：只要人类还有毛驴这样诚实的朋友帮助，温饱就多了一线希望；只要母亲还风雨无阻、拉扯着孩子去上学堂，世界就多了一缕亮光。”

主持人：李部长，公众想知道外交人员应该具备哪些素质？外交部的干部现在是否具备这些素质？

“外交官是国家公务员中一个特殊的群体，多数公众不熟悉。我认为外交人员首先要具备的素质是对祖国的热爱，对人民的忠诚。对一个外交官来说，除了祖国和人民的根本利益，没有其他个人的利益。同时，外交人员要有比较广博的知识，否则很难开展工作。还有，外交官不是个体户，而是集体的一部分，是祖国的一部分，必须善于和自己的同事及相关部门合作，必须严格遵守纪律。外交工作很累人，身体素质要好。总体讲，中国的外交队伍令我感到骄傲，这是一支不怕苦、不怕累甚至是不怕牺牲自己生命的、可靠的、能战斗的、忠于祖国的队伍。

“在我们的外交队伍里，有许多感人的、可歌可泣的事迹。比如在伊拉克战争爆发前，中国驻伊使馆的全体同志在张维秋大使的带领下，先是安排在那里工作的中国劳务人员和专家离境，直到战争爆发前不到两天他们自己才撤离。外交部还有些同志常年工作在非常艰苦的地方，比如在玻利维亚，我们使馆所在地海拔高达 3 650 米，相当于西藏布达拉宫前广场的高度。就是在生活条件比较好的地方，他们也有不少困难，包括长期离开自己的亲人，长期离开自己的祖国。他们克服了种种困难，努力完成组织上交给的任务。”

网友“1221”：如果别人说你长相不敢恭维，你怎么想？

没有想到，网友关心中国外交外，对我个人的情况也这么关心。记得我当外交部发言人时，就有人提出，外交部人才济济，就找不出比李肇星长得好点儿的发言人了？还有一次我上街，有人看见我就问，你是李肇星的哥哥吧？真好，你弟弟干得不错。我问他，你觉得我和李肇星像吧？他说，我觉得你就是他哥。看来，我长得比自己的实际年龄老。这次问题又来了，我只好回答说：“我的母亲不会同意这种看法，她是山东农村的一位普通女性，曾给八路军做过鞋。她对我的长相感到自豪。我在美国的俄亥俄州立大学演讲时，近 3 000 名学生曾起立给我鼓掌三分钟。如果我的工作使外国人认为我的祖国是美好的，我就感到幸福和荣耀。”

网友“CF619”（北京一媒体记者）：李部长，这次访谈是迄今中国政府最高级官员与网友直接面对面，感想如何？有人评论这是新政府新作风的又一看点，有何评论？

“619 先生或者同志，我在和你通过网络交流的时候，并没有把自己看作什么高级官员，而是看作一个网友同胞。网络没有国界，但网民是有祖国的。就外国人来讲，我相信今天大多数同我们交流的人是喜欢中国、热爱中国，至少是对中国感兴趣的。能参加这次论坛活动，我高兴。”

两个小时的在线交流结束了，说实话，我当时感到有些压力，毕竟是第一次，但这种交流使我从网友那里学到不少东西。

但我发现，这种网上对话不平等，对方知道我的底细，而我不知道对方是谁。我再透露一个秘密：我答问时不用自己打字，我只负责说，有几个年轻同事在帮我录入，再发送到网上。

启动开放日

作为外长，除了官方外交，还得从外交全局角度考虑公共外交问题。

公共外交发挥着政府与公众之间、政府与媒体之间、国内政策和国际认知之间的桥梁作用。不断推进公共外交是落实以人为本、外交为民理念的必然要求，是增进中国与各国相互理解和信任的重要途径。公共外交关乎国家利益，直接服务于为和平发展营造客观友善的舆论环境。

我们在加强公共外交方面做了一些事，包括鼓励各级外交官，在国内更加积极地走向公众、走入高校、走近媒体；在国外更加积极地走出使馆，向驻在国各界介绍中国国内情况和外交政策，把“中国故事”讲好。

一个比较大的步骤是，2003 年 9 月 6 日外交部举办了第一次“公众开放日”活动，我出差在外，部党委书记戴秉国、部长助理沈国放与公众亲切交流。

算起来，在我外长任上，外交部共举办了 9 次规模较大的公众开放日活动，我参加了 8 次。开放日拉近了外交部与公众的距离，增加了公众对外交工作的了解。

有一次在开放日的活动中，我邀请几位大学生到我的办公室坐坐，聊一会儿天。事先，我让秘书抽空把办公室收拾了一番。我的办公室不大，到处放着书。秘书忙了好一阵子才算弄利落。大学生们进来一看，很是惊讶。他们说，想不到外交部长的办公室是这个样子，比许多公司老板的办公室差远了。一位广东来的同学说，还不如我们广东东莞一个镇长的办公室宽敞，真想不到，真好。

就整个公共外交而言，外交部无论从思想观念还是体制机制上，都注意与时俱进，开放日越办越好，先后设立了公共外交办公室、公共外交部际与部内协调机制、公共外交咨询委员会，部分驻外使领馆设立了公共外交处，搞得有声有色。

越来越有所作为的公共外交是中国外交事业发展的缩影，是中国外交开拓创新的体现。

第六部分

乐在其中

以铜为鉴，可以正衣冠；以人为鉴，可以明得失。每个人走的路都不一样，把经历沉淀下来就算经验，只要对人对己有参考作用，就有价值。这里谈的外交经验有我个人的，为一己之见；有我见证的、学来的，属他人之长。

第二十四章　书到用时方恨少

知识就是力量。随着阅历的增加，我对这句话的体会在加深。书到用时方恨少，越感到学习的必要。

“半瓶醋”也救急

1964 年 1 月 27 日中法建交时，我正在北大写毕业论文，根本没有想到这件事会和我自己的人生路有何联系。这年 7 月，我毕业后被分配到外交部，先是安排我到北京外国语学院英文翻译班学习，没多久，领导找我谈话，说周恩来总理指示，中法建交是件大事，预示着新中国在不久的将来有可能恢复在联合国的合法席位，现在就要为此培养一批能说英、法这两种联合国主要工作语言的干部。就这样，我和应谦、庄伟刚同学被选派到了法语专修班。

我们三人大学本科都没学过法文，学校却派了一位不懂中文、不讲英文的法文老师教我们三人。她叫戴高乐，是法国总统戴高乐将军的一个远房侄女。她上课没有教材，第一节课就通过翻译告诫我们，从下一个小时起，她再也不想听到我们讲中文或英文，每天从早上6点起床到晚上10点熄灯都必须也只能说法文，而且她和我们之间再也不会出现翻译。她休息时，一位比利时先生和两位中国女老师分别辅导我们。国家为培养我们仨可费了心了。

戴高乐小姐把我们当作小孩，像教幼儿园的小朋友一样教我们听法文、说法文。我们都20来岁了，开始觉得不好意思，后来发现这样学得快。3个月后，戴高乐小姐逼着我们陪她参观中国人民军事博物馆，让我们轮流用法文给她作介绍。从第二个学期开始增加写作练习，她一丝不苟地为我们修改作文。一年的学习快结束了，我们进步很快。原计划当年9月去瑞士或法国深造，可1966年5月16日开始了“文化大革命”，6月学校停了课。我学习法文告一个段落。当时想，留不了学，自然也就去不了联合国，法文算是白学了，老师们苦也是白吃了。没想到，若干年后，我学的那点儿法文多次派上用场，20多年后真去了联合国。

1970年，我去非洲的肯尼亚工作。扎伊尔、多哥、马里等国的大使来拜会我们的临时代办，都由我凑合着用法文来翻译。同事们开玩笑说，我在使馆一个人当两种语言的翻译，应该发双份工资。

1982年12月，出任外交部长不久的吴学谦到阿尔及利亚、突尼斯、几内亚、赞比亚、纳米比亚等非洲国家出差。我作为新闻司外国记者处副处长随同访问，为会谈会见写新闻稿，向中外记者吹风。

这次我那点儿法文又发挥了作用。有一场计划外的临时活动需要用法文，吴外长说：“我的法文不大够用，肇星，你学过法文吗？”我回答：“学了不到一年。”他马上说：“那就由你来当翻译，有些词我可以帮忙。”就这样，我靠“半瓶醋”——可能仅五分之一瓶法文给外长当了翻译，对付下来了。

在访问另一个国家的一次会谈中，一位第一次任外长英文翻译的小伙子不知道当年在南部非洲常使用的一个关键词“种族隔离”。吴外长说：“这个词不宜用别的词替代。肇星，你在非洲多年，这段话你来翻译，下一段他接着来。”这样我又给外长当了一回英文翻译。

吴外长可能因为这两次翻译对我有了点儿印象。一天晚上他找我聊天，亲切地鼓励我：“能用两门外语，好。有几年在非洲工作的经历也好，就像在国内有机会到艰苦地区锻炼几年一样。”

那天吴外长兴致很高，谆谆教诲我：“一个人、一个国家千万别忘本，别忘记朋友对自己的帮助；要平等待人，不要染上嫌贫爱富的毛病。同志之间、上下级之间，要团结，要相互学习。这一点说起来容易，做起来难。关键是要真正记住个人很渺小，伟大的是我们共同的祖国、共同的党中央、共同为人民服务的事业。做人做官、内政外交都有相通之处。”

我跟吴外长提起我30岁时在肯尼亚外长办公室看到的一个座右铭：“永远不摆架子，架子是扔在地上也没人捡的东西。”他听后开怀大笑，连声说“好”。吴外长的教诲让我一生受用无穷。

读书少，我就按孔子说的“每事问”来弥补。我什么都想问。记得陪胡锦涛主席访问波兰时，我“钻空子”抢问当年踢过足球的波兰总统如何提高中国男足的水平，总统对胡主席笑着说：不难，就是要刻苦训练和加强配合。经请示两位元首，我把这段谈话发挥一下，用笔名写了篇短文，发表在《中国体育报》头版，稿酬给了云南红河州一所大山里的希望小学，可能够买两双运动鞋。

词源学挺管用

在北京外国语学院，我有幸碰上英共产党员克鲁克老师。他讲课生动有趣，说有两条船在海上相遇，其中一条船的船长傲慢，打出旗语说：“没有谁比我们强。”（We are next to none.）另一条船的船长不紧不慢地用旗语回应道："我们就是那个'没有谁'。"（We are the none.）

克鲁克讲的词源学课尤其令我着迷。他说，人类创造了文字，无论是中文还是英文，都不是随便来的，就如同父母给孩子取名字一样，都是有含义的。他问全班同学，谁知道学校（school）这个词的来源？见大家都摇头，克鲁克娓娓道来："学校"这个词最早是从法国传到英国的，但这个词的老家并非法国，而是希腊。古希腊的孩子上学和旧中国的孩子上私塾一样，老师看谁不听话，就用板子（戒尺）打学生的手心。古希腊文中，那块木板就叫"school"。

克鲁克教的词源学激发了我一生对学习语言文字的兴趣。不管人家是否会被问得不好意思，也不管是否有什么用处，我和一个人认识后，总会找机会问他名字的含义。至于不熟悉的地名，我也会向当地人打听其来历以及在当地语言中的意思。几十年来，我乐此不疲，国内国外莫不如此，并从中了解到当地一些民俗风情和语言文化方面的知识，有时还为外交谈话提供了素材。

2004 年 1 月，我去非洲的科摩罗访问，在飞机上从同行的非洲司同事那里得知，"科摩罗"在当地语言中是月亮的意思。到了之后，科方对我们很热情，总统为我举行欢迎宴会，全体内阁部长出席。宴会上，埃尔-阿明外长致祝酒词。他说："中非关系密切，中国人民对非洲人民好，向非洲提供了大量援助，平均每 4 个非洲人就有一人被中国大夫救过命或治过病。中国的工程技术人员帮我们修建了首都最好的公路，农业技术人员帮我们提高了粮食的产量。中国是最早承认科独立并与科建交的国家之一。我们是好朋友、好兄弟。"

听到这么一大堆好话，我蛮舒服。随后，埃尔-阿明话锋一转，开起了玩笑："当然啦，中国朋友也不是一点儿缺点没有，我们对中国朋友也不是一点儿意见没有。唯一的意见是，不久前中国第一位宇航员杨利伟遨游太空，可他为什么不带上一个科摩罗兄弟一起上天呢？为什么有这样的好事却忘记了非洲朋友呢？我们有意见。希望中国朋友记住，我们愿与中国朋友一道，不仅在地面上共同发展，也愿在太空中加强合作。下次中国发射宇宙飞船，请一定不要忘了科摩罗。”这段话引起哄堂大笑。

我在答谢时先讲足关于中非友好的正确套话，然后认真地说：“刚才外长阁下的意见提得很好，我将带回首都，向中国航天部门反映。但实际上我们中国人一直羡慕科摩罗朋友，因为你们世世代代就住在美丽的月亮（科摩罗）上，中国人到了21世纪才遨游太空，比科摩罗落后多了，你们干吗要羡慕我们？倒是有一件事情，我想问问外长。在很久很久以前，中国有个名叫嫦娥的姑娘，聪明善良，优点很多，唯一的缺点是不听丈夫的话，偷吃了丈夫没完全做好的仙药，只能升天，不能返回。她偷偷离开家乡，去了美丽的‘科摩罗’。如果科摩罗朋友知道她在哪里，请给她办个护照，让她回家乡看看，她离家太久太久了。”在场的科摩罗朋友听后心领神会，哈哈大笑。

有一次我访问也门，别人告诉我“也门”一词在古阿拉伯半岛方言中的意思是幸福、吉祥、快乐等词的结合。在为我举行的欢迎宴会上，我在致祝酒词时最后说：“祝也门朋友‘也门’！”全场一片笑声。

2005年我访问以色列时，了解到以色列外长的名字沙洛姆（Shalom）是从希伯来语音译过来的，意思是和平、安宁，就在同他会谈和对国会议员演讲时祝愿中东各民族能够实现“沙洛姆”，并表示愿和沙洛姆外长一起为各国人民的“沙洛姆”而努力。说者有心，听者有意，气氛一下子欢快起来。

“不知者”会露怯

我曾出乎意料地当过中国莎士比亚学会会长，和老同学、莎学专家郑土生一起编过由江泽民主席题写书名的《莎士比亚戏剧故事全集》。有人说我能背多少多少首莎士比亚的十四行诗，太夸张了。我上大学时背了不少，工作后已经“还”给老师了。

因为莎士比亚的诗，我在党和国家领导人面前露过怯。有一次，外交部欧洲司为江泽民主席会见外宾准备了一份谈话参考要点。这份“谈参”引用了莎士比亚十四行诗中的一句话：“和平在宣告橄榄枝永久葱茏”。我审批并签字后，呈送江主席参考。

晚上10点多，我家电话响了，是江主席亲自打的：“肇星，你们上呈的‘谈参’写得很好。我就想问一下，莎士比亚是在哪里说的‘和平在宣告橄榄枝永久葱茏’。这么晚了，你不必帮我查原文。我这里有莎士比亚全集，你就告诉我是第几首诗就行了，我自己去查。”我知道莎士比亚一生写了154首十四行诗，但不记得这句话出自哪一首。没办法，我只好说：“对不起，江主席，我不知道。”

放下电话，我立即问欧洲司司长，他也不知道。我又赶紧找翻译室主任张援远帮忙，他找到莎学泰斗、原驻英国参赞裘克安。裘老说，“和平在宣告橄榄枝永久葱茏”这句话应该出自莎翁的第107首十四行诗。欧洲司也很快传来消息，结论同样是第107首。

已经是晚上10点半了。我给江主席办公室打电话，问江主席休息了没有。秘书说：没有，还在看你们外交部的材料。我赶紧向江主席报告结果，江主席高兴了，说：“外交部不错，查东西还挺快。”我很惭愧地接受了江主席这一“表扬”。

在此后的一次部务会上，我告诫自己和同事，作为下级，我们再也不要向领导报送自己只知其一、不知其二的材料；要像江主席那样学而不厌，要有打破砂锅问到底的精神，把事情的来龙去脉搞清楚。我听说，周恩来总理批评过类似的事儿。有一年，他去视察武汉长江大桥，当地领导汇报说，这是世界大江大河上最长的公路铁路两用桥梁。周总理问，哪座是第二长？当地领导说不知道。周总理说，不知道第二怎么知道自己是第一呢？

这件事对我教育很大。工作中，回答领导问题和做学问有点儿类似于开百货商店。店里即便有一千种、一万种货，也有顾客想买而买不到的东西，所以得尽量多准备一些。向领导汇报，准备一百句，汇报时能用上十句八句就不错了，关键是要经得起追问。

上世纪 80 年代，一位领导人访问非洲，我随团担任新闻官。在阿尔及利亚，有天早晨我正给领导读当地报纸，驻阿大使来了。他是广东人，70 来岁（那时的大使多是老革命）。他汇报说："昨天国内通报，我们又同一个国家建交了。"领导问："哪个国家？"老大使本来记得那个国家的名字，但突然愣是想不起来。他说："是哪个国家我给忘了。好像叫什么瓜来着。"领导笑了："是什么瓜？"大使说："忘了。"领导问："这个国家在什么地方？"大使答："不知道。"一问三不知，老大使吓得够呛，我站在一旁替他着急。领导倒体贴老大使，说老了都爱忘事，没关系。那时候还没有退休制度。后来一查，是安提瓜和巴布达。

2000 年，法国总统希拉克访问中国，在扬州参观时正值国际运河论坛召开。大家由运河谈及隋炀帝，不知怎么就说到"隋朝有几个皇帝"的问题。我们一位同志不假思索地说："两个皇帝，隋文帝和隋炀帝。"希拉克说："不对，隋朝有三个皇帝，最后一个是恭帝。"希拉克自有道理，隋炀帝被推翻后，有个小孩被拥立为帝，尽管实际上只是傀儡。江主席说，外交部的同志们啊，要加强学习，人家一个法国人都比我们知道得多。

有一次，温家宝总理访问英国。我正吃饭时，他的警卫员来找我，说温总理让我查一位英国作家的一段话，还说要是我答不上来，就算了，不用再找别人问了。我感谢领导的信任，但那次我就是答不上来。

学而知不足，干而知不足，学习永无止境。

好学者能感人

2001 年 4 月，江泽民主席准备出访拉美。大约在出发两三个月前，他要我推荐一位西班牙语老师。原来，江主席打算在智利用西班牙语发表演讲。我推荐了外交部拉美司司长李金章。

在之后的两个月里，江主席利用所有的周末时间学习西班牙语。金章告诉我，江主席学得非常认真，有时为了一个词的发音会练上十来遍。有一次，钱其琛副总理带我去汇报工作，警卫拦住我们，说："对不起，江主席正在上课。"我们只好等着。20 分钟后，江主席与"李老师"才兴致勃勃地从屋里出来。

在智利，江主席用突击学会的西班牙语就中国与拉美国家关系发表演讲，受到热烈欢迎。当地一些官员还以为江主席大学学过西班牙语。当他们得知江主席是两个月前才学的，情不自禁赞叹他的勤奋，更赞叹中国领导人对拉美国家的重视——为了更好地沟通，年逾七旬的老人居然从头开始学一门外语。

江主席有一次访问英国，去拜谒马克思墓。他在那里看到"Workers of all lands，unite"，就问我，为什么这句话会译成"全世界无产者联合起来"？这一点，我去了那么多次，从来没有想过。经请教老朋友、外交学会会长梅兆荣才知道，这是从德文"Proletarier aller Lander, vereinigt euch!"翻译而来的。

还有一次，江主席到一个东欧国家访问。抵达宾馆后，我和驻该国大使一起向江主席汇报。江主席虚心地问大使："当地话'你好'怎么说？"这位大使说："我刚到这里，还不会。"江主席又问："那'谢谢'怎么说？"他回答说："对不起，江主席，我学的不是这个国家的语言。"

江主席语重心长地说：我和你一样，也不是学这个国家语言的。但是，既然我在这个国家访问，你在这里常驻，为了显示对当地人的尊重，起码要会说"你好"、"谢谢"、"再见"这些常用语，而不需要翻译。

江主席的话引起在场所有同志的深思。第二天，我在活动中发现，江主席能用当地语言说“你好”、“谢谢”。对方听了先是一愣，后是欣喜。

1999年朱镕基总理访问美国，要到麻省理工学院（他的母校清华大学的姊妹高校）演讲，想在演讲中举些例子，其中会提到著名品牌Nike（耐克）。我当时是驻美大使，朱总理把我叫去，说，Nike是开音节，如果按照英文发音规则来说，后面的e应该不发音，这与大家现在的念法不一样，这是为什么？Nike到底是不是英文，这个词是什么意思？

我赶紧去了解，问了几个中国人都不知道。一家美国公司的负责人告诉我，Nike不是英文，不能按英文的发音规则来念；这是希腊文，大家平时念的是希文发音。Nike在古希腊文中的意思是“胜利女神”，这也是许多运动员喜欢这个品牌的原因。我马上报告朱总理，他听后很高兴，可马上又问另一个品牌Adidas这个词重音在哪儿？什么含义？我还是答不上来，周围的同志也一样，后来才了解到，Adidas是该品牌两位创始人姓名缩写的结合。

“小学生”爱学习

我常对外交部的年轻同事说，最幸福、最快乐的事是甘当小学生。要勤于和善于学习，向领导学，向群众学，向外国对手学；向成功学，向挫折学，在不同的环境向不同的人学习。

1965年9月，北京外国语学院安排正在该校进修的我随文化部代表团出国，任务是考察西欧最先进的印刷技术，特别是彩色胶印技术，为高质量地印刷毛主席画像和人民币作准备。为了贯彻“理论与实践相结合”的方针，领导要我暂停上课，专门去新华印刷厂劳动一个月，并向一名从美国留学回来的专家学印刷领域的英文表述。我很用功，很快掌握了铅印、胶印、排字等方面的术语。劳动之余，我查字典、找资料，编了一本供我自己用的英汉对照印刷词典。印刷厂领导表扬说，这是中国第一部中英文对照印刷词典。

1967年，我受中国人民外交学会指派，陪6位非洲“自由战士”到南京中国人民解放军高等军事学院步兵系接受培训。为了准备给许世友等我少年时代就仰慕的教官做翻译，我在两个月内通读了《毛泽东军事文选》中、英文版。课堂上我认真翻译，晚自习时尽我所能辅导学员读毛主席的军事论文，不明白的地方第二天再一起请教教官。几个月下来，我的军事理论和英文水平有所提高。

在美国华盛顿工作的时候，我常去国会山找议员聊天。我问过不下10个议员，国会山（Capitol Hill）这名字中的Capitol是什么意思，因为英文里似乎没有这个词，而它和“首都”（capital）仅有一个字母之差。出乎我意料的是，竟然没有人能答得上来。有的议员说，这个名字没有什么特别的意思。直觉告诉我，他没学过词源学。也有的议员说，一定有意思，只是他不清楚，这倒是中肯的回答。

我离任辞行时，向美国司法部长雷诺告别，觉得这位老太太有学问，便向她打听国会山名字的来历。她说：“我原来知道，一下子又不记得了。我的助理是词源学爱好者，我叫他过来。”之后，一位戴着深度近视眼镜的男士利用送我上车的时间，耐心地向我解释：Capitol一词源自古罗马文。美国的创始人在小山丘上建起国会大厦后，觉得自己的国家太年轻，为了显示深沉，认为至少应给它取一个富有历史感的名字。他们知道古罗马是建在七座小山上的，就将古罗马文中“山”（capitoline）这个词适当简化，以capitol命名了美国国会大厦。我恍然大悟。

学外语的人经常会碰到这样的情形：由于文化差异，中国与外国的成语或典故互译比较困难。比如，中国人常说的“事后诸葛亮”英文如何翻译？在上大学的时候问过许多人，没有得到满意的译法。工作后，我一有机会就请教英国、爱尔兰、美国等国的教授，也都没有得到理想的答案。

后来我在美国当大使，第一次有机会观看美式足球（即橄榄球）。是在美国佛罗里达州的雅典镇，州长陪我一起看。我又向他请教这个问题。我仔细地用英文把“事后诸葛亮”的故事和意思解释给他听，他听完大喜：美式英语中有与之对应的表述，“事后诸葛亮”可以译作“monday morning quarter back”。原来，美国橄榄球一般都是周末比赛，周一上午总结，而四分卫（quarter back）由于能看见全场队员在比赛时的表现，总是在总结会上被要求先发言，点评全体队友的优缺点。

只要有心，处处能遇上好老师。我用英文写过几首诗，想找人指教指教。有一次乘飞机去洛杉矶，发现邻座坐着一位阿肯色大学的文学教授，他热情给了我鼓励和指点。在天津，意外获悉党校好学友赵启正的妈妈在南开大学教英国文学，英文诗写得好，我又登门求教，并与她成为忘年之交。

我个人不大喜欢排比“八股”，特别是当模仿排比句成为时髦、“一是二是三是……七八是”成为风气的时候。但我老能记住两个排比句。第一个，在胶州湾畔红石崖村上初中一年级时潘明玉老师多次讲：列宁说人一生有三大任务——学习、学习、再学习。其次，在美国“政治风”和天然风都多的“风城”（Windy City）芝加哥我请教一位智库名士：在你们美国能竞争当总统的基本条件是什么？他答，主要有三条：有钱、有钱、还是有钱。

我体会，学习是一种习惯，也是生活的一部分；无论哪里都是教室，无论何时都有老师。笨鸟先飞是正确选择，学习是走向不笨和越来越适应工作需要的唯一途径。

第二十五章　我的礼仪入门课

中国人常说“礼多人不怪”，但外交上的礼宾安排需要尊重客人的习惯和感受：礼数不够不行，也不是越多越好，多得不是地方更不行；得恰到好处，让客人有宾至如归的感觉。

饭桌上的学问

1964 年 7 月，我进入外交部，入部教育有一项内容就是礼宾。礼宾的第一课是学吃饭。一开始我有些纳闷儿，谁不会吃饭？这还要学？上了课才知道吃饭有大学问。一、在外交场合，吃饭不能出声。我当时的理解是，不能像我们山东人吃面条那样，呼噜呼噜动静很大。二、在外交场合，你参加宴请，主人给你的东西要吃完，否则会显得没教养，对主人不礼貌，对粮食不爱惜，对厨师的劳动不尊重。三、我们喝酒不能超过平时酒量的三分之一，也不要强劝别人多喝，相互尊重最重要；自己不会喝就别喝，可以象征性地举举杯。

1996年我作为副外长访问安哥拉，同行的一个年轻同事第一次出国。吃饭的时候，上了一道奶油汤。他皱了皱眉头，可能没喝过，也可能不爱喝。我问他，是不是不爱喝这个奶油汤。年轻同志说，是。我拿过来替他喝了。我当时也没考虑太多，主要是出于对主人的尊重和节约的潜意识，自然而然地做了。十多年后，这个年轻人已不再年轻，可他还记得这事，说这事影响了他一生……

非洲国家天气热，卫生条件也相对差一些。到非洲出差一般要打防疫针，还随身带上防治疟疾之类的药，有时候参加完宴会马上吃几片黄连素，以防拉肚子。提前作这方面的准备是必要的，但在饭桌前千万注意礼貌，不能有让主人尴尬的表情，更不能挑三拣四摆架子。

外国人的周到

法国人一向以讲究礼仪著称。我在联合国工作的时候，法国常驻联合国代表叫梅里美，他曾当过法国总统府的礼宾局长，给我讲过法国礼宾的故事。

一次，法国总统宴请中非帝国皇帝博卡萨。服务员上了一道名菜——法国蜗牛，博卡萨拿起蜗牛就放进嘴里嚼，差点儿把牙给崩掉。总统一看客人吃法不对，为了不让客人难堪，也像客人一样把蜗牛咬了咬吐出来，其他人也跟着总统这么吃起来。大家都像什么事没发生一样，边吃边谈。吃完蜗牛，服务员端上来一小碗用来洗手的水。博卡萨不懂，就把水当茶给喝了。总统使了一个眼色，其他法国人也都跟着他把洗手水喝了下去。博卡萨谈兴甚浓，说着说着身子偏向总统一边，不留神把总统的菜当作自己的菜给吃了。总统又使眼色，其他人都跟着他身子往左偏一偏，吃旁边一个人的菜。宴会顺利进行，皇帝大悦。

有一次，我去总统府爱丽舍宫拜会希拉克总统。会见结束后，希拉克亲自送我出门。当时大门正关着，他叫我稍等一下，不叫别人，自己动手推门。可能是门很重，他开始用一只手推，推不动，然后两只手一起使劲，才把门推开。包括我在内的中国客人无不为总统阁下的亲力亲为而感动。在法国外长为我举行的欢迎宴会上，法方用红玫瑰和黄玫瑰拼出了中国国旗的图案。我极为感激，觉得这一礼宾安排体现了我的祖国在世界上的崇高地位。

看似大大咧咧的美国人其实很细心。1997 年，江泽民主席应邀对美国进行国事访问。欢迎宴会上，主人和客人面对面坐着。刚一落座，克林顿拿出一个早已备好的软垫子，走过来放在江主席夫人王冶坪座位后面，让她当靠垫。克林顿可能考虑到中国客人长途旅行有些劳累，想让她坐得舒服一些。

有一次，胡锦涛主席与小布什总统会晤。会晤室没有茶几，工作人员送上的矿泉水没有地方放，大家只好把水杯放在地上。这时，也许因为小布什知道中国人喝茶的习惯，需要茶几，就站起来走向墙边的一盆花，把花端下来，把下面的木凳搬到胡主席跟前，把水杯放在木凳上。胡主席当即表示感谢。

坦桑尼亚并不是一个教育事业特别发达的国家，但有一次首都达累斯萨拉姆上百名老头老太太组成的合唱团用汉语唱中国国歌欢迎中国贵宾，音乐嘹亮，节奏准确。后来才知道，这些老人都没学过汉语，是连续 20 多天在一位中国专家指导下硬练出来的。高端的礼宾水平上面是高端的政治水平。

领导人的风范

1986 年，英国女王伊丽莎白二世访问中国。中共中央总书记胡耀邦很重视，多次听取外交部同志的汇报，还问有什么需要注意的。礼宾司司长吴明廉说：“总书记您很有经验，一般情况下没有什么问题。但有两点要注意：第一，英国女王握手，只伸出三个手指，您只轻轻拉一下就行了，不要用力。第二，为了表示对她作为国王与女士的尊重，会见的时候最好不要抽烟。如果您实在想抽烟，请先征得女王同意。”胡耀邦同志连声说：“提醒得好，提醒得好。”

伊丽莎白女王到北京后，胡耀邦同志很高兴，尽管与女王会面时间较长，还是忍住了没有抽烟。女王离京后，写来了感谢信，并通过菲利普殿下让我转交。她在信中说：“我很高兴访问中国，受到中国政府和中国人民热情接待。我很高兴与阁下见面，特别是在长达一个多小时的会谈中，阁下没有抽一支烟，全是为了我，让我十分感动。我对此表示敬意。”

1996 年 9 月，赤道几内亚总统奥比昂访华。会谈后，江主席与奥比昂都要离开大会堂。可能是协调上出了点儿小问题，两国元首的车队同时准备进入长安街。江主席得知这一情况，立即决定自己等一等，让客人的车队先走。

2005 年 11 月，小布什总统出席在韩国釜山举行的亚太经合组织领导人非正式会议后，对我国进行访问。小布什专机抵京时间与胡锦涛主席会后专机返京时间相隔不足 30 分钟，但首都机场南停机坪不具备在如此短时间内接待两架专机的条件。胡主席指示将专机停机坪留给美方使用，他的专机降落到别处。

外事活动中，中国领导人很注意照顾客人、礼让来宾，让客人感受到中国礼仪之邦的风范，感受到中国对所有建交国，无论大小、贫富，都一视同仁、平等相待的态度。

进行中的改革

一开始，新中国的礼宾做法有一些是从资本主义国家学来的，有一些是从当时的社会主义国家学来的。慢慢发现，这些东西不完全适用于中国，我们要有自己的礼宾风格，要顺应时代潮流。比如，我们过去欢迎国宾都在长安街悬挂标语、彩旗，在木樨地、大北窑等地竖起来访领导人的画像，有时在机场举行上千人参加的欢迎仪式；领导人出访，要在机场举行送、迎仪式。这都慢慢被取消或改革了。

我任外长期间，我国礼宾搞过几次改革。2003 年初，中央本着务实、精干、节约的原则，对出访次数、代表团人数、出访国家和时间、专机安排、赠礼及送迎仪式等做出新规定。从那年 5 月胡锦涛主席对俄罗斯进行国事访问开始，党和国家领导人代表团都精简随行人员，简化送迎安排，取消在人民大会堂举行送迎仪式。

2006 年，外交部礼宾司在《关于进一步改进礼宾工作建议的请示》中提出，出访安排要从实际出发，尽量做到客随主便，注重实效，避免一味追求高规格，并要视往访国华侨数量和侨务工作量，适当安排我领导人会见华侨代表。

我自己参与和推动了几项小改革。2004 年 10 月 10 日，胡主席在钓鱼台国宾馆养源斋宴请来访的法国总统希拉克夫妇。我坐在总统夫人的下手。当时国宴标准是四菜一汤。我边吃，边和总统夫人聊天。用完第二道菜，总统夫人说，她已经吃饱了。

我说："如果您不喜欢，下面的菜您可以不吃。"总统夫人说，她很为难，不吃的话，对主人不尊重；吃的话，自己难受。到上第四道菜时，她说："感谢上帝！"意思是菜终于上完了，她快要"解放"了。

其实，四道菜后还有点心与水果。我说，这两道不算菜，总统夫人无奈地摇摇头。

宴会后，我就找礼宾司商量，国宴的菜是不是多了？在联合国和美国，宴会只是一菜一汤一甜食。我们的宴会剩菜多不是第一次。只有法国总统夫人比较坦率，才说了出来。多数客人对宴会浪费早有想法，嘴上却不说。更重要的是，领导人在一起，主要是交流，少上一点儿菜可以节省领导人的时间。搞这么多，何必呢？

讨论中，也有人提出不同意见，说现在四菜一汤，与过去比已经少多了。我国是美食大国，美食是中国文化的一大特色，让客人多领略中国美食是有意义的。我说，法国也是美食大国，但法国宴请外国来宾并没有上这么多菜。关键是不能浪费，奢华、铺张在国际上属落后现象，丢人。

最后，外交部本着实事求是的精神，并参照国际惯例，商定将国宴改为三菜一汤，不上白酒，除非客人要求喝白酒；一般宴会时间由 1 小时 15 分钟压缩到 1 小时；席间乐由 12 首减为 10 首，文艺表演除军乐团演奏保留曲目，还视情况演唱来访国歌曲。这些年下来，方方面面的反应都比较好。

2006 年 2 月，我正式访问法国，见了总统希拉克、国民议会议长德勃雷、总理德维尔潘、外长杜斯特－布拉齐。我与每位法国领导人会谈会见后，他们无一例外都把我送到门口，等我上车，目送我离去。我明白，这是对我本人更是对我祖国的尊重。

从法国回来，我就要求外交部的同事，无论是在部内还是在宾馆见客人，谈完后都要把客人送出门外，送到车边，以体现对客人的尊重。我发现，这样做比多上两道吃不完的菜更受客人欢迎。

为落实中央有关勤俭办外交的精神，外交部又规定，部长出国访问，随行人员不超过 7 人，副部长出访不超过 5 人，司局长出访不超过 3 人，国际会议也适当减少参会人员；外长抵、离北京，无须礼宾司领导去机场迎送；别国外长来访，欢迎午宴原则上是两菜一汤。

周恩来总理一贯倡导“客随主便、主随客便”。这两句话的核心是平等互尊。我们到外国做客，作为客人要尊重主人的安排，尊重对方的风俗习惯；外国人到中国来，我们作为主人，要体谅外国人的风俗习惯，使对方有宾至如归的感觉。

中国人善良，不愿麻烦人。人家问吃什么，总是回答“随便”。人家问喝什么，咖啡还是茶？也爱回答“随便”。外国朋友如果不了解中国文化，就会觉得不好办。最好实话实说，别太拐弯抹角，让人家猜哑谜。

记得我任驻美大使期间陪同克林顿总统访问上海后，他私下告诉我，上海的礼宾接待水平比中国其他几个城市大概先进一二十年。我问：其他城市包括我们的首都吗？他笑而不答。我琢磨，他可能是指上海陪同人员少、劝酒少、菜剩的少，用外交套话说是“舒适度”把握得较好。

第二十六章　多交朋友，善交朋友

俗话说，在家靠父母，出外靠朋友。做人如此，外交上也是同样的道理。外交官如果没有朋友，对外工作就难以开展。交朋友是外交官的基本功之一。要学会多交朋友、善交朋友，交好朋友、交真朋友。

送上门的朋友

20 世纪 80 年代初我在莱索托工作当临时代办，美国驻莱大使雪莱是我的邻居，两家只有一墙之隔，经常相互走动。雪莱曾是一位眼镜商，由于支持里根总统竞选有功，获得政治“犒赏”，被任命为大使。我们就成了朋友。我向他了解美国的历史、文化、社会等情况，他向我了解中国。我们还常就莱内政外交交换看法。

雪莱与我保持联系 30 多年。每年圣诞节前，我们都互致明信片，问候一声。前几年，我得知他儿子英年早逝，给他写信表示慰问。他回信说：现在也想通了，用中国话说是知足常乐。我儿子没了还有孙子，想孙子的时候就给他寄一包爆米花。他们真会安慰自己：他夫人曾告诉我夫人，他们曾向儿子、儿媳“借”当时学龄前的孙子来非洲陪他们玩几天，机票食宿均由他们负责，但被儿子、儿媳婉拒，理由是孩子一上学就不好玩儿了，他们也没有多少时间把孩子当玩具了。现在儿子去了，孙子大了，祖孙两代可随时直接交往没问题——孙子永远是孙子，到30岁40岁，也是爷爷奶奶可靠的玩伴儿。中国人不是各国人中最早发现“隔辈儿亲”的嘛，向中国老人学也会增添快乐……

聊出来的朋友

1986年6月，中共中央总书记胡耀邦访问意大利，我作为代表团发言人随行。在总统举行的国宴上我按礼宾顺序一坐下，就发现左边早已坐着一个胖男士，派头大，半躺在椅子上，胡子没刮，没系领带。我心里嘀咕，这是谁啊？在国宴上这么不修边幅。

当外交官有个好处，说不定哪天就碰到世界名人。当时我们国家刚开放不久，我不像现在青年人那样见多识广。我不认识这位男士。我不会意大利语，便先后试着用中文、英文、法文问他贵姓。驻意使馆的文化参赞看到这种情形，赶紧过来给我解围。

文化参赞郑重地告诉我，这是大名鼎鼎的帕瓦罗蒂。我悄悄问帕瓦罗蒂是谁。参赞告诉我，是世界最著名的三大男高音之一。我确实孤陋寡闻，还是不知道他著名在哪里，但心里踏实了。

席间，我和帕瓦罗蒂慢慢有了亲近感。我向他请教了一些欧洲艺术史方面的事，赞扬了意大利歌剧，并问他：为什么有史以来的意歌剧剧本仅用了700个不同的词就表达了那么丰富的内容？帕瓦罗蒂显得有些吃惊，说：你还知道这个？有学问啊！他详细地向我作了说明。

我们又谈到芭蕾舞。几年前我翻译过《欧洲芭蕾舞史》一书，并就芭蕾舞的特点等写了一篇论文，发表在《舞蹈论丛》季刊上。凭着这点儿积累，我对帕瓦罗蒂说，所有优秀的东西包括芭蕾，都是劳动人民创造的。是意大利佛罗伦萨的餐厅服务员踮着脚尖上菜，慢慢发展成芭蕾，后来在法国趋于成熟，在俄罗斯走向顶峰。为了芭蕾，我们首先要感谢意大利的餐厅服务员。

帕瓦罗蒂边听边点头，最后说："想不到中国外交官还懂欧洲艺术，我喜欢你，李先生，愿意和你交个朋友。一个月后我将在北京人民大会堂举行演唱会，我一向不主动给人送票，但这次愿意给你和你的好朋友送票。"

俗话说得好，山东人的优点是实在，缺点是太实在。我当即掏出记事本看了看说，谢谢你，可惜那时我不在北京。他听了更惊讶，可能从来没有发生过有人谢绝他赠票的事。他笑着说，没关系，以后还有机会。因为这事，我回到北京可没少挨"批评"。夫人说我是"傻瓜"，这么好的机会没抓住。部里同事说我"自私"，只想到自己不能去听音乐会，却没有想到同事们可以去。从上海专程来听帕瓦罗蒂演唱会的一个朋友更狠狠把我埋怨一通，他花了 3 000 元人民币买了一张黑市上的票。

2001 年 6 月，在北京争取 2008 年奥运会主办权的重要阶段，为支持北京申奥，帕瓦罗蒂同两位中国歌唱家在故宫午门广场联袂举行音乐会。我这才有机会首次听他引吭高歌。那次，江泽民主席专门宴请了帕瓦罗蒂一行。

交出来的朋友

我在美国当大使期间，交了一个很特别的朋友：快满 100 岁的参议院临时议长瑟蒙德。这位老先生担任参议员 48 年，是美国任职时间最长的参议员。

为了反对一项有关公民权利的议案，瑟蒙德在国会曾连续演讲 23 小时 18 分钟，创下了一项历史纪录。他告诉我，此前他洗了三天桑拿，作了充分准备。演讲的时候，他的助手在边上备有装着水的木桶，他站累了就把一只脚放进去解解乏。他这项纪录再无人能够打破，因为美国国会后来规定，“冗长演说”最多不能超过 18 小时。

瑟蒙德对华友好。我们访美团组多，见美国领导人（美国领导人少）遇到困难时，我们就找他。他每次都爽快答应。会见时，他的话很简单：支持美中友好，坚持一个中国政策，欢迎再来。我猜想，这可能是他助手给他写的“谈话参考要点”。

我是慕名主动登门结识瑟蒙德的。我们年纪相差 30 多岁，但一见面就成了朋友，越交越深。瑟蒙德很讲“政治”，有一次他请我参加他小女儿的婚礼，特意把我安排在他身旁，而把中华台北经济文化处的人安排在我几乎看不见的另一桌。

2001 年 11 月的一天，99 岁的瑟蒙德突然晕倒在参议院大厅。有人怀疑他能否继续履行公职，他通过发言人幽默地说：“瑟蒙德唯一可能发生的变化，是晚上换一个睡觉的地方，什么时候换，现在答不好。”对于自己能活这么大岁数，瑟蒙德很得意。他曾告诉我：“有时候，我会在起床时偷着乐，因为我掐了自己一下，挺疼——哈哈，我还活着！”2003 年 6 月，101 岁的瑟蒙德逝世，我从北京发去了唁电。

从瑟蒙德我联想到北京大学老校长马寅初。他 100 岁时给我打过电话，叮嘱我当了外交官也要继续好好学习。和瑟蒙德一样，可敬可泣的马校长逝世于 101 岁上。

我常和年轻的同事说，搞外交也有竞争，但这个竞争应该是和平的、良性的，是通过公平友好比赛交朋友，交各行各业的好朋友。

我们党有三大法宝，其中一个就是统一战线。我体会，统一战线的实质也是交朋友。在外交战线上，我们要团结一切可以团结的人，结交一切可以结交的朋友，建立最广泛的国际统一战线。

第二十七章　动口不动手

外交官动口不动手，动口的目的就是为了不动手。我经历过上百次谈判，大到两国建交，小到座次排列；有公开的，有秘密的；有友好顺畅的，有针锋相对的。为了维护国家和人民的利益，该说的话要说，能用的招儿得用。

"忽悠"阿根廷外长

2004 年 11 月，胡锦涛主席访问巴西、阿根廷、智利、古巴。我们希望这几个拉美国家都能承认中国完全市场经济地位。

11 月 16 日，胡主席代表团到达阿根廷，发现中阿此前关于承认中国市场经济地位的谈判进展不大。谈判在商务部女副部长马秀红与阿外交、国际贸易与宗教事务部部长别尔萨之间进行，双方吵得厉害。胡主席当晚把我叫去，让我去试一次。

我对这个问题了解不多，现学也来不及，只能另辟蹊径，作最后努力。夜里两点多了，我仍坚持要见别尔萨外长老熟人。

见到别尔萨，我反客为主："听说阁下对我们的女士副部长很不礼貌。你是部长，级别比她高半级，你又是大老爷们儿。我真没想到老朋友你竟然这么对待中国一位温柔、美丽的女士！"

别尔萨很"委屈"地说："是她先发火的呀！你说她美丽，我同意；说她温柔，我不同意，是她先拍了桌子。"我早就敬佩马副部长的胆略和气势，我故意强词夺理："那肯定是她先受了委屈才拍桌子的，肯定是你这绅士不够绅士。"

别尔萨不吱声了，我接着说："中国就是市场经济国家，凭什么不承认？承认中国市场经济地位对你们有什么损失？你想想，你们承认这一点，等于解决了中阿关系中一个问题，对两国关系是一个促进，对你们国家、对你个人都是好事，你何乐而不为？"

我又说："我们国家元首的代表团不远万里来访问阿根廷，就剩这个问题没解决。作为外长和主人，你难道希望看到中国代表团带着遗憾离开吗？阿根廷足球队多次获得世界杯冠军，今年又在雅典奥运会上夺冠，这让亿万中国人敬佩，外长先生难道想让那么多喜爱阿根廷的中国人失望吗？"我大道理、小道理一齐上。别尔萨没词了，只好说："算了，我同意承认中国完全市场经济地位，我的总统也会同意，但国会是否会批准，谁也无法预料。"我说："谢谢老朋友，我早就知道你很绅士，马女士心里也知道。至于国会那边的事，你、我、她确实都无权管了。晚安！"别尔萨比我清醒，看看表，笑话我："亲爱的，还没倒过时差来吗？早上好！"

第二天，我和别尔萨外长在希尔顿饭店签署了《中华人民共和国与阿根廷共和国关于贸易和投资领域合作谅解备忘录》，阿方在备忘录中正式承认中国完全市场经济地位。一年后，我访问阿根廷，又和别尔萨外长聊起这事，一起乐了一阵子。他悄悄告诉我，到那时他们的国会还没有批那项关于市场经济地位的备忘录。

“偶遇”塞内加尔总统

我经历过中国与哥斯达黎加建交、与塞内加尔复交等秘密谈判，对与塞内加尔的那次谈判记忆尤其深刻。

2005 年 5 月 21 日，我正在以色列访问。我们一个驻外使馆报告说，中国与塞内加尔就两国恢复外交关系的接触取得进展，塞外长希望与中国外长尽快在第三国意大利会面，请中方尽速回复。

国内判断，这次不一定会签署建交公报，但有可能是一次决定性的接触。去还是不去，由我决定。

我想，台湾问题事关中国的核心利益，塞内加尔是西非大国，现在双方接触正处在关键时刻，对方提出与我见面，不去恐怕不好。我建议跑一趟，国内表示同意。

与以色列外长会谈结束后，我让同行的亚非司司长翟隽紧急与驻叙利亚使馆联系，告诉叙方中国外长有紧急公务，建议访叙推迟一天。然后，我带着秘书张昆生直飞意大利罗马，驻意大使董津义到机场迎接，意方跟上来两个长着红头发、穿着花衬衫的男子。我有些奇怪，不知道他们是干什么的。董大使说，这是意方派来保护中国外长的贴身警卫。我听了心头一紧：当着两个第三国贴身警卫，我怎能完成双边任务？董大使可能看出了我的担心，告诉我，按意方规定，别国外长来了，必须派警卫，有什么事情到饭店再说。

使馆在罗马中心广场的一家宾馆订了房间。我进去一看，有点儿豪华，就对董大使说，怎么这么破费呀？他解释说，只有在这个大套间才能摆脱警卫。原来，这里的备餐间有一部电梯直通楼下厨房，我们可以经过厨房悄悄进出饭店，而警卫是在房间正门外警戒。董大使想得真周到。

放下行李，我马上和董大使、张昆生到卫生间去。大使掏出一张纸，小声说，最新消息：塞内加尔外长晚上 6 点半在罗马另一家饭店地下一层咖啡厅等你。时间很紧了，我和大使乘备餐间的电梯“偷偷”溜下去，昆生装模作样从正门出去，一本正经地告诉意方警卫：外长要在房间里休息。对方说，如果外长先生要出去，请提前通知。昆生说，好，谢谢，然后他一个人设法到约定的地方接大使和我。我们仨等到快7点，还没有人来。昆生问大使，会不会搞错了？我看了他一眼说：“意大利这么好的咖啡你怎么不喝？”意思是要沉住气，不用着急。来之前，昆生打电话问过非洲司的同志，塞外长加迪奥40岁左右，中等身材，健壮精明；总统瓦德大约一米七五高，身体瘦弱。

又过了一会儿，咖啡厅进来一名约莫30岁的黑人青年，怎么看也不像部长。这时我们发现，在咖啡厅另一个角落还坐着一个黑人，看起来彬彬有礼，正在看报纸。昆生觉得那人像塞外长，走过去和他搭话：“先生，你觉得这儿的咖啡怎么样？”对方回答：“这儿的咖啡很好，对来自塞内加尔的客人来说更是如此。”昆生又说：“你喜欢这儿的咖啡吗？”他说：“当然，似乎中国人也喜欢这儿的咖啡。”这样，两人就像电影里秘密特工一样对上了“暗号”，接上了头。那人马上说：“欢迎你的到来，我是塞内加尔外长加迪奥。”昆生马上过来叫我们去。

加迪奥对我说：“我很尊重中国和中国人民，我读过毛泽东主席的著作。中国人最大的优点是讲诚信。我们只是试探性地提出想见中国外长，没想到你就飞到这儿来见我，我很感动。我想跟你谈两点：第一，我认为所有的政治问题我们都已经谈了，我们遵守一个中国原则，愿立即纠正在对华关系上犯下的错误。这一点我和你们非洲司的许镜湖司长谈过。她是我的‘姐姐’，我有她的电子邮件为证。”他是想证明，他与许镜湖司长接触多、关系好。我摆了摆手，意思是不用看他手里的“证据”。

加迪奥接着说：“第二，一旦我们纠正错误并发布消息，台湾方面就会撤资，一些基础设施项目将停止，我们想知道中方能否把台湾留下的项目接过去，让塞内加尔政府不会因做出这样重大的决定受到国内批评。还有，我们有 20 多名学生正在台湾学习，对他们最好的安排是离开台北到北京去。我今天就想听听你的意见。我还想告诉你，现在已经到了我国政府做决策的时候，最晚不会超过秋天。”

我一边听，一边观察，插空在咖啡桌的菜单上写了几个字：“是塞内加尔外长吗？”悄悄推给董大使。我心里已有七八分把握，只是为保险起见，再听听大使和昆生的意见。大使看了一眼，推给昆生。昆生看后写道“看起来像”，把菜单经大使推回给我。大使点了点头，用中文说“同意”。通过这种小动作，我们达成了共识。

听完加迪奥的话并基本确认他的身份后，我介绍了我们有关一个中国的公开立场，接着说：“国家有时也和人一样，难免会犯错误。犯了错误不要紧，纠正了就行。关于你提到的两个具体问题，可以由工作层来谈，我们该讨论的是国家政策。我只想说，你们想纠正错误是个正确决定。其他问题，建议你通过有关渠道继续与许镜湖司长商谈。中国是信守承诺的。中国是一个发展中国家，并不太富裕，但在援助非洲国家方面做得如何有目共睹。你可以在其他非洲国家看到很好的例子。”

听完我的话，加迪奥面露喜色，说：“这儿的咖啡很不错，我提前来这儿等你们，喝了好几杯，现在需要去一下卫生间。”结果，他一去就好久没回来。等了差不多 15 分钟，昆生有些担心：“会不会出事了？这也许是台湾当局设的圈套。”董大使也不无担心：“台湾当局什么事都干得出来。如果他不回来，今天这事不好收场，没法儿向国内交代。”前两年我们曾与一个非洲国家在欧洲谈建交，“台独”分子知道后千方百计捣乱，结果谈判半途而废。我说：“我看这个人像外长，刚才我只是顺着他的话讲，没说什么出格的话。他不回来，也没有什么不能收场的，如实将情况报回去就是了。”

这时昆生发现，那个 30 多岁的黑人又出现了，就走过去问：“先生，你从哪儿来？”他马上答道：“我从塞内加尔来。”昆生又问：“你认识刚才和我们聊天的那位先生吗？”他说：“当然，他是我们外长。”昆生又问：“那你知道他现在在哪儿吗？”对方嘟哝说：“不知道。”

又过了十来分钟，加迪奥回来了，显得特别高兴：“李肇星外长，非常抱歉，我去卫生间时间长了一点儿。我想征求你的意见，如果有机会，你想见一下我们的总统吗？”我说：“我希望有机会拜会你们的总统，但要看机会是在哪里、在什么时间，时间是否对得上。”加迪奥说：“那好，总统就在楼上。你愿意去吗？如果愿意去，可带一名助手。”

就这样，我和昆生跟着塞外长走出咖啡厅，上了饭店电梯。电梯外走廊里有好几个意大利警卫，着装跟我们甩在饭店的那两名警卫一样，腰间别着枪。昆生看到这阵势，小声对我说：“今天应该不会有错。”我心里也更踏实了：要是“台独”分子设圈套的话，是做不到这个份儿上的。

瓦德总统半躺在沙发上，看到我们进来就起来和我握手，开门见山地说：“外长先生，我非常感动。在我们提出试探性的见面请求后，你飞越地中海来到这儿。我知道你还有重要访问，只占用你 5 分钟时间，请你报告你们的国家主席，塞内加尔政府和我本人坚持一个中国政策。我们在这个问题上犯过错误，但对我而言，我不能犯别人犯过的错误，更重要的是我敢于纠正别人的错误。现在是纠正错误的时候了，我们将重新回到一个中国的立场上。我同意你刚才与我的外长所谈的内容，犯了错误就要改，这个进程会非常快。不过我们有一些具体关切希望中方认真考虑。我不愿在纠正错误后在国内遇到麻烦，导致国内出现要求我们再犯错误的压力。我必须作最坏的打算，但希望也相信中国能帮助我。我不会与你谈具体问题，我将指示我的外长与你们的具体部门商谈。我考虑，我们相互承认不应晚于今年冬季。我想问你，届时如果我们外长秘密访华，到北京签署复交公报是否可行？”

我越听越高兴，当即回应：“感谢总统先生在这个时间、这个地点、以这样的方式与我见面，这在我的外交生涯中是第一次。这表明你对中塞关系的重视和对一个中国原则的尊重，我表示钦佩。我注意到你强调坚持一个中国政策，这是我们恢复邦交的原则和基础。至于其他问题，那不是条件，只是我们恢复邦交后两国间正常的交往与合作，这方面我们可以做许多事情。塞内加尔是非洲的一个大国，我们重视塞在地区和国际事务中的作用。”我把话讲得很清楚：只要塞方承认一个中国原则，我们就可以复交，但复交不能附加条件，不与别的事情挂钩；同时我又给出一颗定心丸：中国不会让他们吃亏。

我接着说：“一段时间以来，我们与塞方进行了比较频繁的沟通，希望继续保持联系，实现你刚才提及的目标。回国后我将立即向胡锦涛主席报告，我期待着在北京尽早见到我的塞内加尔同事。”瓦德说：“我说过只用你 5 分钟，我知道你有重要公务在身，我的话讲完了。”我起身告辞：“我们在罗马见面尽管只有 5 分钟，但这对于两国关系有重要意义。”

返回饭店后，我和昆生在卫生间商定，由他赶快去驻意使馆将与塞方的谈话情况报告国内。他一个多小时后回来，我们随即动身去机场。出发时，意方警卫还守在房间门口。他们跟董大使的秘书开玩笑说，你们外长真有意思，坐飞机到罗马来睡了一觉，就又要回到飞机上了。我们直奔机场，连夜飞赴大马士革，对叙利亚的访问基本没有受到影响。

5 个月后，我与塞内加尔外长加迪奥在北京签署两国复交公报。2006 年 1 月，我正式访问这个西非国家，同总统、外长的会见时间均超过“罗马会见”的 10 倍。

第二十八章　来而不往非礼也

中国人有礼轻情意重之说，也有礼轻情浅之论。在外交活动中送礼，重在表达心意，显示真诚，并非越贵、越多越好，而要讲究特色、讲究恰到好处。

在不知不觉中宣传

我在外长任上的时候，国务院研究室主任魏礼群老友向我推荐说，他家乡江苏睢宁县的儿童画不错，适合作为礼物送给外国人。我也认为，给外国人送礼应该反映自己国家或家乡的独特风情和文化，于是专门见了睢宁的县委书记和县长。我一看他们带来的儿童画就喜欢，随即让礼宾司去挑选。

外交部从睢宁县选购了一些优秀的儿童画，作为国家领导人和外长送给外宾的礼物，外方反应极好。孩子们主要画家乡的美好风光和爸爸妈妈爷爷奶奶劳动的场景，清新、朴实，不是专业水平，效果超过专业水平，让外国朋友同时看到了中国的今天和明天。

在依法依规中送礼

许多国家对政府官员收受礼品有金额规定。在对外交往中送礼，不能违反对方国家的规定，否则可能被视为行贿，至少收礼人会因礼品“超标”而不得不上交。

美国国会特别注意议员的廉洁问题。有两位参议员曾坦率地告诉我，礼品价值不能超过 50 美元，超过 50 美元的东西不敢收，选民们都在瞪着眼监督。有一年，我应美国会参议院外委会邀请，率全国人大外委会代表团访美。我带的礼品除了画册，就是手工艺品，包括杯子之类的小瓷器、领带等。赠送时，我一般不说礼物的价格，而强调友谊无价。当有的美国朋友问及，我总是说：“放心，我送的小礼物肯定不违反你们的规定。”他们听了就会愉快地收下礼物。

我发现，外国人送礼，最好的礼物是有自己个性的东西。1986 年英国女王伊丽莎白二世访华，她送给胡耀邦总书记的礼品是女王夫妇的照片，上面有两人的签名。仔细想一想，这确实是难得的礼品，全世界独一无二。

我收到最多的礼品是外国同事自己的著作，我喜欢，常常收到后当晚就读，不超过第三天晚上就读完。我告诫自己，朋友送书，不读非礼也。当然，有的友人送我的书我根本看不懂，我便转给能看懂的年轻同事，让他们看后讲个大意给我听。

在意外情况下解围

我遇到过送礼出现意外的情形。1997 年 3 月，我作为副外长到智利参加两国外交部政治磋商。按照惯例，会谈结束时要互赠纪念品。当我把从中国带来的仿青铜工艺品“马踏飞燕”郑重地交给智副外长费尔南德斯时，意想不到的事情出现了。因为按照西方习惯，受礼人要当着赠礼人的面将礼品盒打开看，再表示谢意。可打开古色古香的礼品盒，发现盒内的骏马不是踏着飞燕，而是躺在飞燕的旁边！显然，这件礼品在运输途中被碰坏了。

现场气氛顿时凝固。负责保管礼品的礼宾司同事吓得不知所措。他自知有责任：礼品盒是到智利后由他包装的，如果包装时打开盒子看一下，就不会把一个断裂的礼品再包装送人了。

为打破尴尬，我将错就错，不慌不忙地从盒子里把骏马和飞燕拿出来，对费尔南德斯说：“这是我国 2 000 多年前的文物，珍贵。”我一边说一边把骏马与飞燕对接好：“你看，这骏马奔腾的姿势，这矫燕飞翔的动作，多么生动、逼真。2 000 多年前就有这么高超的艺术水平和铸造技术，恐怕今人也会自叹不如。”气氛开始缓和。我话锋一转：“勤劳、智慧的中国古人也有考虑不周之处。你们看，骏马与燕子结合的地方，做得不够结实——不过这也不能责怪他们，他们哪里会想到，几千年后的今天我会万里迢迢把它带到大洋此岸，送给智利朋友呢？”

听了这番话，在场的人热烈鼓掌。费尔南德斯接过断开的马和燕，又学我方才的样子把它们连起来，说：好极了，我也参与这珍贵艺术品的创作和保护了。

第二十九章　外交官的基本功

外交官的基本要求是什么？懂外语？会开车？善交际……表面上看是这样。但最重要的是，外交官得报国为民。外交官的使命就是维护国家利益，不爱国爱民行吗？外交官走到哪里，都得严于律己，要遵守本国的法规，还要遵守当地的法规；外交官要与外国人打交道，还得过语言关。

心里有祖国

马克思说，“革命者首先应该是爱国者”。热爱祖国是一种大爱，是对外交官的基本要求，是外交官的天职。

陈毅外长曾风趣地说，对从事外交工作的人来说，对国家和人民的忠诚以及扎实的专业基本功是最起码的要求；就像是飞行员，如果不忠诚，飞到敌方去，就坏了；如果没有专业本领，飞着飞着掉下来，也坏了。

1993 年我去联合国工作前，江泽民主席在我笔记本上手书林则徐的两行诗赠我：“苟利国家生死以，岂因祸福避趋之。”

2006年，我随胡锦涛主席访美。他在耶鲁大学演讲，引用了美国民族英雄内森·黑尔一句话："我唯一的憾事，是没有第二次生命献给祖国。"听众报以雷鸣般的掌声。

我在北大西语系读书时，季羡林老师说过一句话："每个人都有两个母亲，一个是生母，一个是自己的祖国。"

我在美国工作有个很深的体会：在美国，如果你不热爱自己的祖国，你很难交到朋友。有个美国人说同一个连自己祖国都不爱的人交友，怎么能靠谱呢？我有同感。在涉及主权、领土完整问题上，我一向为祖国寸土不让、滴水必争。一些美国人是因我"强硬"而与我成了朋友的。

我到过180多个国家，品尝过名目繁多的饮料，但仍觉得家乡的白开水最好喝。我经历过上百次艰苦的异域谈判，有时从白天谈到深夜，常会忍不住面朝祖国的方向遥望"中国的月亮"。遇到困难的时候，总盼近在心中、远在天涯的祖国给我智慧和力量。

无论到哪里，我总是对年轻人说，我们只有一个祖国，就像我们只有一个母亲。驻利比里亚大使林松添有一次接受电视台采访，记者问：利比里亚局势危险，美国大使、联合国代表等人都有贴身保镖、防弹车，中国大使是否也有保镖？林大使指着使馆上空的五星红旗说："这就是我的保镖！"回答得多好！

有一年，干部司司长吴恳让我给新考入外交部的青年人讲几句话。看着那么多纯真阳光的面孔，我又羡慕又兴奋，突然想起我和小梅是同时进入外交部后三年结婚的，便临时插了一段话：到了外交部，最要紧的是把忠于祖国和人民放在首位，恋爱结婚也要找爱国敬民的，那样才能把爱情进行到底。大道理吴恳司长肯定讲过了，小道理很简单：一个连祖国都不真爱的家伙能真爱你吗？年轻人灿烂地笑了起来。

如果说外交官有什么不同于其他公民的地方，那就是更要刻骨铭心地忠于祖国，并把对祖国的忠诚化作报国为民的有效劳动。

2004 年，我在全国人大记者招待会上举了不少例子，向全国人民介绍中国外交官如何为祖国奉献。我说，外交部的李建国同志长期在艰苦条件下工作，48 岁牺牲在中国驻几内亚使馆岗位上。符华强同志在中东战乱地区被子弹打中，子弹在他身上留了 20 多年。邵关福同志在东帝汶独立后负责建馆工作，他和建馆小组在近一年的时间里在用集装箱改成的简陋房子里办公，施伟强同志“走后门”要求去高寒缺氧的地方锤炼……

2003 年 2 月 10 日深夜，几内亚比绍首都比绍市断电，全城漆黑一片。在结束了一天的繁忙工作后，高克祥大使和两位同事在回大使官邸途中，被 4 名歹徒劫持。为逼要钱财，歹徒们对高大使等拳打脚踢，并用铁棍、枪托猛击大使背部、腿部，大使的肋骨被打断三根。歹徒在官邸上下乱翻财物，折腾了两个小时。由于所获不多，他们又逼迫高大使等人返回使馆。大使利用歹徒不懂中文，找机会让同事设法报警，并命令在场的外交官，如果歹徒动文件，就跟他们拼命。歹徒抢完使馆财物想离开时，当地警察已接到我使馆人员报案，赶来与歹徒展开激烈枪战，一名歹徒被当场击毙。高大使等同志劫后余生，但留下终身伤痛。

有一次，国内一个代表团访美，我陪团领导批改简报到深夜。这位领导想到外面透透气，我带他到使馆后院溜达。午夜 12 点后，他见使馆大部分办公室灯还亮着，好奇地问：“你们下班不关灯？”我解释说，是同志们在加班。他带着怀疑的口气问：“你们有这么忙？”我说，华盛顿与北京有 12 个小时时差，现在国内正上班，有事情好沟通；驻美使馆工作量较大，白天确实干不完，所以准点下班偶然，加班正常。他听后感叹：“你们真不容易！”我感谢他的理解和同情。

言行守纪律

我牢记周恩来总理兼外长那句话：“外交官是文装解放军。”就是说，外交官要像解放军那样严格要求自己。多年来，外交部一直强调纪律，涉及政治、组织、外事、保密、财务纪律的《五大纪律手册》，是每个工作人员必须学习的。

我外事纪律的“第一课”是第一次出国上的。1965年9月，我随文化部代表团访问英国。代表团一行三人去驻英代办处拜会商务参赞。这位参赞正巧有急事需要出去一会儿，让我们在他办公室等候。

等的时间很长，我走到办公桌前，见桌上的台历很漂亮，国内没见过，伸过头去瞅了一瞅。坐在一边的代表团团长姜信之严肃地说：“小李，过来，领导的办公桌不能随便看。”我说：“我没看什么，只是看看日期。”他说：“领导的台历上往往会记着日程，其中内容可能有你不该知道的秘密。”从那以后，我再没有看过别人的日历，再没看过不该看的东西。

我逐渐养成遵守纪律的习惯：该知道的一定记住，不该知道的不打听，掌握的秘密对自己的亲人也不说。在外交部的43年间我从来不把内部文件带回家。当了大使、副部长、部长，也明白自己“授权有限”，外交大权在中央……

在保密问题上，2005年7月21日是我最难熬的一天。

那天上午中央领导把我叫去单独谈话，说我们将进行人民币汇率改革，晚上7点《新闻联播》会正式公布消息，外交部要把这个决定提前通报美方，但必须把握好时机。听完领导交代，我回到部里让美大司司长何亚非准备口径，并适时把美国驻华大使叫到外交部向他通报。这些年来人民币汇率问题是中美关系中的难题之一。现在我们要进行改革了，提前告诉美国朋友，等于送一个“人情”。友好国家间就重大问题提前通报也是外交惯例。

我手头没有美元，也不懂如何兑换，让我违法我也不会。但知道秘密，就有责任，那大半天我心理负担沉重，生怕一不小心说出去。我中饭、晚餐也吃得不香。直到临近晚上7点向美方通报完、《新闻联播》把有关新闻报完，我才又一身轻松。

我越来越理解，要求严守纪律是对干部的关心和爱护。

语言要学好

外交官先要学母语，语言中母语第一。母语水平不高，学外语也很难学得到位。外交官当然最好懂外语，光懂还不够，还要讲得、写得准确严谨，必要时还最好能用外语思维，有效有力地进行交流，甚至辩论。

我在肯尼亚的时候，经贸部的一位副部长来访。代表团的翻译不够用，使馆推荐我去。一见面，这位副部长考了我三个英文单词：云母、剑麻、除虫菊。碰巧这几个词我会，算是过了关，就一直陪着他考察，完成了任务。

英语table是一个很简单的词，不少中国小学生都认识。但我在这个词上出过错。在纽约，联合国大会议案用语table的意思是“提出”。这好理解，把议案放到桌子上（作为名词，table的意思是“桌子”），就提出来审议。在华盛顿，美国国会议案用语table的意思则是“搁置”。再一想，议案放到桌子上，倒也可以理解为不采取进一步行动，也就是搁置。看来，学语言光死记硬背不行，还得联系实际学，联系实际用，知识面越广越好。

联合国秘书长潘基文曾任韩国外长，和我有很多交往。2006年，他为竞选秘书长，来北京寻求中国支持。我在联合国工作过，他希望我给他出点儿主意。我想了想说：“联合国有6种工作语言，你英文很好，但法国人自尊心强，喜欢听人讲法文。为争取法国那一票，你最好学点儿法文。”潘基文表示：“我学过法文，愿意接受你的意见，再努力增加法文的词汇量。”他后来果然在学习法语。在说好以英文为交流语言的记者招待会上，有的淘气记者用法文提问，他大体上都能应对。他也尊重中国的语言文字，很愿意学，但听说能力可能还比不上韩国首位女总统朴槿惠。2013 年应国家主席习近平之邀访华时，朴槿惠总统讲话所用的一些语言恐怕只有中文系毕业的人才能全懂。

外交官有种职业病，就是大多喜欢咬文嚼字。有一次在国际会议上，讨论缅甸问题。美国对缅甸政府有偏见，称缅甸为Burma。我觉得不合适，便提出异议，坚持用Myanmar。美国人说，这两个词意思一样。我反驳说，不一样，我的母语是中文，英文水平不高，但我的英语老师是地道的英国教授，他曾告诉我，没有意思完全一样的两个英文单词，就像没有一模一样的两个人一样。缅甸人民叫自己国家Myanmar，我们就应尊重缅方的选择。美国人没有被说服，我又说，在国际场合叫一个国家的国名至少要与联合国保持一致，联合国大会为会员国缅甸摆的国名标牌就是Myanmar。联合国前秘书长安南当时在场，他说，李先生曾是中国常驻联合国代表，他说得对。美国人这才让了步。

语言是工具。说任何语言都得特别注意内容上的正确、公正，尤其在外交工作中。

时刻准备着

有一次在外交部公众开放日活动中，一位女中学生对我说，她特别想当首位中国女外交部长，问我有何经验可供她借鉴。我说，我做梦也从没想过当外长，只想不断学习，不断顺乎自然地为人民边干边学，这就是我 40 多年的经验。那女孩开心地笑了。我希望她 20 年、30 年后梦想成真。

我说的不是外交辞令。每个人都是历史的。在历史面前，人都很弱小，只好像当年中国少年儿童队的口号那样，“时刻准备着”去践行自己的信仰。人没法跟历史较劲，我的几次留学“未遂”就是这样。1959 年暮春的一天，山东胶南一中的领导颇为神秘地通知我，准备安排我到北京外国语学院留苏预备部突击学俄文一年，然后去苏联留学。我们那一代人多么向往苏联！可我的高兴劲儿还没过，留苏的事因中苏关系出了问题就黄了。我上北大一年级时，西方语言文学系领导通知我，让我准备次年留学英国。可第二年——1960 年，国家经济极为困难，出国留学的事自然告吹。1965 年，我被组织上安排去学法文，准备次年出国深造。结果次年开始了史无前例的“文化大革命”，留学一事又泡了汤。

我反复拿自己这些例子来说明，作为一个公民，祖国和民族的历史就是你的大命运。个人的机遇同国家和时代的步伐紧密相连，个人的成绩同你所在团队的素质紧密相连。

我很久以前在为少年读者写的《彩色的土地——肯尼亚游记》中说：“我有一个美丽的信念：我今天的读者将来一定会比我们这一代人走得更远，见得更广，对祖国和人类的贡献更大！在我们这些新中国第一批少先队员中，至今尚未出现登上月球的人。但毫无疑问，在今天和明天的‘红领巾’中间，必将产生更有作为的人，包括‘星际游记’的写作者。”

社会在进步、一代更比一代强，是历史规律。祖国唯一、人民万岁，是朴素真理。报国为民是内政外交、各行各业中华儿女的共同壮志。只要我们携手努力，中华民族振兴、人类文明进步的美好梦想就一定会实现。

后记

读者喜欢是我的心愿

四年前的一天，我在一所大学和年轻人聊天，有几个同学对我说：我们读过你的诗集《青春中国》、散文集《从未名到未名》，可没发现你有外交方面的书，你打算写吗？我们很期待。这个问题把我难倒了，我当时没有答案，只好绕弯子说：谢谢你喜欢我的书，我那些书都是业余水平的，都是业余时间在飞机上、火车上、汽车里写的。

听到那么真诚的话，看到那么渴望的眼神，我还真动了心：这些同学的话像批评我有点儿“不务正业”。我小时候的理想是当记者或作家，但近半个世纪以来外交才是我的本职工作，理应干什么吆喝什么。

思来想去，也听了一些朋友的意见，我决定试着以自己的亲历与思考为素材，说说中国外交。

我是这么考虑的：第一，以讲故事的形式谈外交，夹叙夹议，语言上力求通俗，内容上力求实在，用时兴的话说，就是要“接地气”，让人读得下去。第二，外交无小事，外事有重点。我在多个不同岗位干过，经历的事不少，只能写些可以写的重要事，也不放弃一些值得写的平常事。第三，无论做什么，都会有自己的体会，我想把自己的点滴外交经验和人生感悟记下来供年轻朋友参考。第四，外交关乎国运，外交政策有连续性、传承性，也要与时俱进。把有关事理讲明白并不容易，我愿意尽力而为。第五，有首纪念“七 · 一”的歌唱道：“老百姓是共产党永远的挂念，老百姓是共产党生命的源泉。”我特别想说，中国外交也是为老百姓服务的，老百姓则是中国外交正能量的源泉。一个前职业外交官同老百姓拉拉外交家常本在情理之中。第六，把还能记得起的东西记下来，是一个学习和复习的过程，有时甚至会产生温故知新的效果。

前前后后写了三年多。令我鼓舞的是，从一开始就得到外交部领导的支持，一些老同事也给了很多指点。我有兴致就写快一点儿，懒毛病犯了，就放一放，还自我安慰说慢工出细活。因涉及的事较多，有的年代已久远，我请年轻同事花了不少精力到档案馆认真核实，力求准确，还找过不少同志共忆当年为国家利益和人类和平辛勤工作的情况。对此，我心怀谢意。

网上说，眼下写书的多，看书的少。我只盼这本小书兴许会有人看一看，并说一句买书的钱没白花、读书的时间没白费。

读者喜欢是我的心愿，也是我的快乐。

2013 年 12 月 3 日夜自新西兰奥克兰飞广州南航班机上